The Evaluation Methods and Application on Equilibrium of Highway Network in Plateau Mountainous Areas
Taking Yunnan Province as the Case

高原山区路网均衡性评价方法与应用
——以云南省为例

张长生　著

人民交通出版社

内容提要

本书通过分析公路网均衡性影响因素，科学界定了路网均衡性的概念及内涵，提出了高原山区地形条件下的公路网规模、布局均衡性评价方法以及基于均衡性分析的公路网发展模式。能有效解决交通发展不充分、不平衡和交通资源分配不公平、不合理等问题。

本书主要涵盖高原山区公路网均衡性内涵和基础理论，高原山区公路网规模与区域经济、面积及人口均衡性评价，高原山区公路网结构与社会发展空间布局均衡性评价，综合运输体系下高原山区公路网均衡性评价，基于均衡性的高原山区公路网规模确定方法，基于均衡性的高原山区公路网布局等内容，最后列出基于理论研究的应用实例。

本书对当前区域路网规划和设计具有指导意义，可供交通路网规划、设计及相关专业研究人员借鉴使用。

图书在版编目(CIP)数据

高原山区路网均衡性评价方法与应用：以云南省为例/张长生著. —北京：人民交通出版社，2012.12

ISBN 978-7-114-10235-6

I. ①高… II. ①张… III. ①高原—山区道路—公路网—地区综合平衡—研究—云南省 IV. ①U412.1

中国版本图书馆 CIP 数据核字(2012)第 283387 号

书　　名：高原山区路网均衡性评价方法与应用——以云南省为例
著 作 者：张长生
责任编辑：孙　玺　岑　瑜
出版发行：人民交通出版社
地　　址：(100011)北京市朝阳区安定门外外馆斜街 3 号
网　　址：http://www.ccpress.com.cn
销售电话：(010)59757973
总 经 销：人民交通出版社发行部
经　　销：各地新华书店
印　　刷：中国电影出版社印刷厂
开　　本：720×960　1/16
印　　张：17
字　　数：320 千
插　　页：1
版　　次：2012 年 12 月　第 1 版
印　　次：2012 年 12 月　第 1 次印刷
书　　号：ISBN 978-7-114-10235-6
定　　价：49.00 元

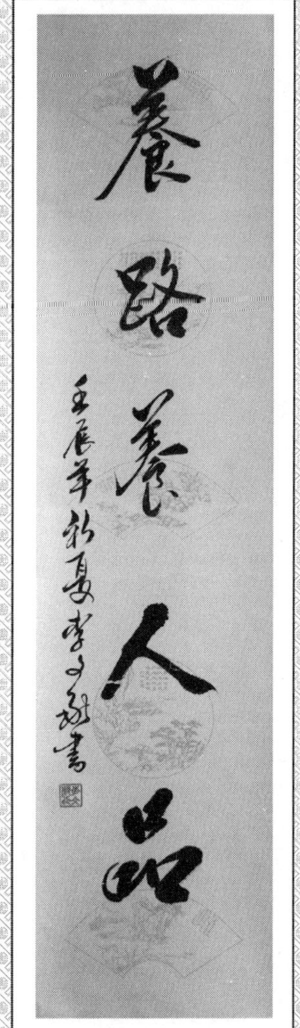
養路養人品

修路修人生

序

云南省地处中国西南部，与缅甸、越南、老挝三国接壤，是中国通往东南亚和南亚的重要陆上通道。改革开放以来，云南省高度重视交通基础设施建设，按照“增加总量，提高质量，优化网络，完善功能”的思路，大力发展高速公路、干线公路和农村公路，初步形成了连通内外、通江达海，连接城乡、覆盖村镇的公路网络。但云南是一个集边疆、民族、山区、贫困为一体的省份，经济社会发展相对滞后，公路建设资金配套能力弱，交通“瓶颈”制约严重，特别是约占全省国土总面积94%的山地高原区域，地形地貌特殊，地质构造复杂，公路建设难度大，路网规模不足、布局结构不合理问题十分突出。因此，探索解决全省特别是云南高原山区公路平衡发展问题，是云南交通实现科学发展的必然要求，也是加快桥头堡建设、推动云南跨越发展的现实选择。

张长生同志和课题组的其他成员立足云南经济社会现状和高原山区交通建设实际，认真总结我省公路建设的成功经验，借鉴教育学、经济学等学科领域的均衡性理念，采用理论研究、数学建模与软件计算相结合的方法，经过两年多的艰苦努力和辛苦工作，成功完成了“高原山区路网均衡性研究与应用”课题。该项研究以科学发展观为指导，以实现政治、经济、社会发展的公平性为出发点，通过分析公路网均衡性影响因素，科学界定了路网均衡性的概念及内涵，提出了高原山区地形条件下的公路网规模、布局均衡性评价方法以及基于均衡性分析的公路网发展模式，以有效解决交通发展不充分、不平衡和交通资源分配不公平、不合理等问题。

目前，该项研究成果已经在云南交通运输行业相关单位进行了应用，取得了较好的经济和社会效益。《高原山区路网均衡性评价方法与应用》一书，是张长生同志在课题研究成果的基础上，提炼出的一本集理论性和实践性为一体的专业学术著作。本书的正式出版，将为云南省科学制定公路发展政策和规划、合理安排项目建设时序和投入等提供有力的理论和技术支撑，对有效解决全省交通发展"瓶颈"制约、推动地方经济社会发展、加快推进桥头堡建设等具有积极的促进作用。本书也能为国内具有高原山区特性的其他省区路网发展提供有益的参考和借鉴。同时我也希望有更多的同志致力于研究我省公路建设面临的理论、实践与技术问题，为实现全省公路建设科学发展、和谐发展、跨越发展多献良策。

刘平

2012 年 10 月

前　　言

目前我国正在以“科学发展观”指导社会经济的建设发展，科学发展观要求“坚持以人为本，树立全面、协调、可持续的发展观念，促进经济社会和人的全面发展”。因此，在交通政策和交通规划的制定过程中必须考虑公平性原则，建设公平的、可持续的交通运输系统，已成为交通运输发展的方向。同时，云南省正处在建设桥头堡的历史机遇期，交通建设发展最迫切的就是突破交通瓶颈，充分发挥国际大通道的作用，而均衡的路网发展规模和布局，以及综合运输体系下各种交通方式的均衡互补，能够加快交通集散速度，提升路网服务水平。路网的均衡发展模式，是应用科学发展观解决云南省交通问题的有效途径。传统的规划方法忽视了“潜在经济”和社会效益的发挥，极易造成社会经济发展“贫者愈贫、富者愈富”的不均衡局面，如何能够有效地实现交通资源的均衡配置成为重要课题。我基于“高原山区路网均衡性研究与应用(批准文号：云交科教[2008]907号)”课题开展研究，并将相关成果编入本书，试图从宏观和微观的角度对云南公路建设的历史、现状和未来进行分析，为研究公路规划的读者提供一本参考的理论工具书。

我从参加工作就与公路结下了不解之缘，我的每一步成长经历，使我对公路建设与管理的认识与理解一步一步加深，我长期从事公路计划工作，多次参与全省路网中长期规划，并三次到基层，组织了区域性的规划实施工作。在这一过程中，我收集了大量的国内外公路资料，对公路建设在国民经济和社会发展中的地位和作用及其内在规律进行了系统地思考。多年来，我把自己的业余时间都倾注在了对云南公路行业的思考之中，这其中的甘苦，当捧着油墨飘香的誊清稿时，真有点感慨万千，情不自禁。

本书共包含8章，其中第1章综述了公路网规划常用的方法、均衡性理念在高原山区公路网发展中的应用，并对高原山区的地形条件和交通环境进行实地调研和数据采集，分析了高原山区的地理、社会经济与交通的特性；第 2 章提出了高原山区路网均衡性的概念及其特点，为制定规划期公路网均衡发展的总目标和大布局提供了新的思路，利用数据资料，给出了高原山区公路网不同技术等级等效里程的求解方法，作为均衡性研究的基础；第 3～5 章分别从路网规模、布局结构等方面对公路网均衡性进行了评价，充分考虑了各子区域经济发展潜力和社会公平性。在路网规模均衡性评价方面，在考虑潜在经济需求的基础上，基于基尼系数法对区域公路网规模均衡性进行评价；在路网布局结构均衡性评价方面，建立了科学的评价指标体系；提出了基于点、线、面三个层次的公路网布局均衡性的评价思路，同时，基于三角系统理论分析了公路网布局结构发展的稳定程度，并将公路网均衡性研究置于综合运输体系大背景中，提出高原山区综合运输体系下公路网均衡性评价方法；第 6～7 章根据均衡性评价结果，通过建立数学模型，从公路网规模和布局结构两个方面提出高原山区路网均衡性发展思路；第 8 章介绍了理论成果在云南省公路交通运输“十二五”规划的体现以及 3 个省级单位及 7 个州市的具体应用情况。

本书在撰写过程中得到了云南省交通规划设计研究院规划处刘学华，云南省交通运输厅规划处徐绍能，云南省交通科学研究院陈勤彦、蒙奕、何永军、姚庆华，长安大学马荣国、梁国华、邓亚娟、吴焱等同志在数据采集、技术支撑与成果应用方面的大力支持，在此深表感谢。

由于作者水平有限，书中难免有不妥之处，恳请专家、读者批评指正，以期不断改进和完善。

张长生

2012 年 10 月 20 日

目　　录

第1章　概　　述

1.1　高原山区环境特征

海拔高度在1 000m以上，面积广大，地形开阔，周边以明显的陡坡为界，比较完整的大面积隆起地区称为高原。人们习惯上把山地、丘陵分布地区，连同比较崎岖的高原，都叫山区。因此我国领土范围内的内蒙古高原、黄土高原、青藏高原和云贵高原都属于高原山区。本节通过对这四大高原的地形地貌、地理区位、气候、经济特性和社会特性的分析，总结得出高原山区环境特征。

1.1.1　高原山区地形地貌、地理区位特征

1)内蒙古高原

内蒙古高原位于中国北部，是中国的第二大高原。海拔1 000～1 400m。地面坦荡，起伏和缓，多宽广盆地。内蒙古高原东起大兴安岭和苏克斜鲁山，西至马鬃山，南接祁连山麓和长城，北接蒙古人民共和国，和俄罗斯接壤。东西长两千多公里，面积约130万km^2。内蒙古高原地势高山、平原相间，丘陵沟壑交错，丘陵面积占总面积的45%，高原占20%，山地占35%，整个地形由南向北渐低，略呈长方形。境内平均海拔1 500m，西南最高点2 053m，西北最低点1 322m，境内超过海拔1 500m的山峰有46座，其中西南部灰腾梁山、苏集梁山、大脑包山、韩勿拉山、玻璃脑包山较高，平均海拔1 900m。

2)黄土高原

黄土高原东临华北平原，北接内蒙古高原，西与青藏高原相毗邻，处于我国第二级地形阶梯上，四周由几条深大断裂带所包围。黄土高原沟壑纵横，形态复杂，发展速度快，它们是河流泥沙的供给地和初期搬运通道。黄土物质疏松，具垂直节理，易遭受侵蚀。黄土塬、梁、峁地形是今天黄土高原基本的地貌类型。黄土高原可以分为六盘山以西、六盘山以东、子午岭以西和子午岭以东三个地貌地区和若干地貌区。以六盘山为界，西部最大侵蚀强度一般不足1 000t/(km^2·年)，东部多在10 000t/(km^2·年)以上。其中，无定河支流大理河、淮宁河和清涧河的河源地区，以及皇甫川、窟野河的中下游，侵蚀模数都在20 000t/(km^2·年)以上，甚至超过25 000t/(km^2·年)。

3)青藏高原

青藏高原位于中国西部及西南部,包括西藏自治区和青海省全部、四川省西部、新疆维吾尔自治区南部、甘肃省西南部及云南省西部。青藏高原东南端,即墨脱以及云南的西端,是缅甸、老挝,青藏高原南侧自东向西分别为印度、不丹,青藏高原西南侧,即阿里地区,周边国家也是印度,青藏高原西侧,喀喇昆仑山再向西已属于帕米尔高原。青藏高原是世界上最高、最年轻的高原,有世界屋脊之称。高原南有喜马拉雅山脉,北有昆仑山脉和祁连山脉,东为横断山脉,西为喀喇昆仑山脉,内有唐古拉山脉、念青唐古拉山脉、冈底斯山脉等。这些山脉海拔大多超过 6 000m,喜马拉雅山脉许多山峰超过 8 000m,是长江、黄河、雅鲁藏布江、恒河、印度河、怒江、澜沧江、塔里木河等东亚、东南亚和南亚许多大河的发源地。青藏高原平均海拔在 4 500m 以上,多高山和极高山,受地质构造的影响,高原主要山脉、河谷和盆地的走向以沿东西向为主,其次是沿南北向。高原地貌的内外引力种类多样,形成种类繁多的地貌类型。

4)云贵高原

云贵高原位于中国西南部,包含云南省东部、贵州省全部、广西壮族自治区西北部以及四川省、湖南省、湖北省交界地区,是中国南北走向和东北—西南走向两组山脉的交汇点,平均海拔 1 000～2 000m。西部和西南部与缅甸接壤,南部与越南、老挝相邻,水路经澜沧江—湄公河可直接抵达缅甸、老挝和泰国。西北高东南低,是长江、西江(珠江的最大支流)和元江三大水系的分水岭。其支流金沙江、赤水河、乌江、沅江、柳江、南盘江、北盘江等切割地面,形成深切峡谷,地形较破碎。石灰岩地形普遍分布,有岩洞、石林等,是典型的喀斯特地形,到处都有溶洞、石钟乳、石笋、石柱、地下暗河、峰林等。云贵高原依据地貌分为东西两部分:①东部贵州高原。有乌蒙山、大娄山、武陵山、苗岭等,基本呈东北—西南走向。地势以西部最高,分别向北、东、南倾斜,碳酸盐类岩石分布广,厚度大,质地纯,经间歇性新构造运动和温湿气候作用,形成深邃的峡谷、幽深封锁的圆洼地、深陷的漏斗和落水洞以及天生桥、古河道、干悬谷等,地形坎坷。②西部云南高原。有点苍山、龙山等,以南北走向为主,地形较完整,高原面上分布红色岩系,有红色高原之称。多断层形成的山间结构盆地(坝子),云南省 1km^2 以上的坝子有 1 400 多个,约占全省面积的 6%,众多的断层湖分布其中,如滇池、抚仙湖等。坝子地面平坦,土层深厚。

综上所述,我国高原山区地形,地貌、地理区位特征主要有如下几点:

(1)地势西高东低,呈阶梯状分布

我国地势西高东低,自西向东逐级下降,形成一个层层降低的阶梯状斜面。

高原内部分布着一系列近东西走向或北西—南东走向的山脉，海拔均在5 000～6 000m以上，在这些山脉之间，分布着地表起伏平缓、面积广阔的高原和盆地。

(2)山脉众多，起伏显著

山脉虽然纵横交错，分布范围广泛，但其分布具有一定的规律性，不仅是构成宏观地貌分布格局的骨架，而且也是重要的地理分界线。

(3)地貌类型复杂多样

除五种基本地貌类型外，由于地势起伏大，海陆位置差异明显引起的外应力的地区差别及地表组成物质不同等，还形成冰川、冰缘、风沙、黄土、喀斯特、火山、海岸等多种特殊地貌。

(4)地理区位优越

除黄土高原外，其他几个高原均与邻国相接壤，尤其是云贵高原，其西部和西南部与缅甸接壤，南部与越南、老挝相邻，水路经澜沧江—湄公河可直接抵达缅甸、老挝和泰国。由于高原山区地理区位的优势加强了我国对外经贸关系的发展，利于开辟新的市场，同时可以依据国际分工，加快我国产业转移，促进双方产业结构的调整和优化。

1.1.2 高原山区气候特征

高原山区气温随高度增高而降低，气候垂直变化显著，在一定高度内，湿度大、多云雾、多降水；愈向山地上部，风力愈强。高原山区气候特征具体总结如下：

(1)大气压力按指数律随海拔高度增加而降低。在晴空条件下，无雪覆盖的高山白天太阳直接辐射强度和夜间有效辐射强度随高度增加而增大。因坡向不同，阳坡和阴坡得到的太阳辐射不同，并因此影响气温和气流的分布。

(2)气温随海拔高度增加而降低。一般气温垂直递减率在一年中以夏季最大，冬季最小。山脉走向和坡向对气温的影响主要表现在使山脉两侧的气温产生差异，并导致不同的气候现象。阳坡气温高，变化大，阴坡气温低，变化小。山顶和山坡的气温日较差和年较差相对较小，而且有秋温高于春温的现象，山谷和山间盆地的气温日较差和年较差相对较大，而且有春温高于秋温的现象。

(3)降水量和降水日数随山地海拔高度增加而增加。在一定高度以上的山地，由于气流中水蒸气含量减少，降水量又随高度增加而减少。降水量达到最大值的高度称为最大降水高度。坡向对降雨的影响表现为迎风坡雨量多于背风坡。特别是高大山脉两侧，雨量的巨大差异造成植被景观的很大变化。例如，北美西海岸科迪勒拉山系中南部处于温带西风带，迎风的西侧为森林景观，而背风的东侧为荒漠或半荒漠景观。山地地形也影响降雨量的日变化。一般山脉顶部以日雨为多,而山谷盆地则以夜雨为主。

(4)风速随山地海拔升高而增大。山顶、山脊以及峡谷风口处风速大,盆地、谷底和背风处风速小。高山上风速一般夜间大,白天小,午后最小,而山麓、山谷则相反。山地还能产生一些局地环流,如山谷风、布拉风、焚风、坡风、冰川风等。

(5)在湿度方面,水气压随海拔高度增加而降低。在多数情况下,山地上部因气温低、云雾多,相对湿度高于下部,但冬季高山区也有相反情况,山顶冬季云雾较少而相对湿度小。山谷和盆地相对湿度日变化大,夜高而昼低,午后最低。山顶相对湿度日变化一般很小。

1.1.3 高原山区经济特征

经济特征是指在空间地域经济的范畴,在地区经济分工与联系的总体格局中能明显表现一个地区经济结构较其他地区具有特别突出的特点和优势的特征。高原山区地域辽阔,自然地理环境恶劣,灾害频发,贫困人口众多,给交通基础设施建设和社会经济的发展带来许多困难,经济水平远低于全国平均水平。但同时高原山区也蕴藏着丰富的林产、矿产、水能、太阳能和旅游等资源,战略地理位置重要。由于高原山区是我国通向东南亚和南亚地区的重要通道,战略地位突出,地理区位优势明显,发展潜力巨大。

综上所述高原山区经济特性可分为以下几点:

1)资源

高原山区资源种类众多,尤其是矿产资源。矿种多、总量大,部分矿种不能自给,资源配套程度高。富矿比例大,共、伴生组分多,矿床开采条件较好。新的资源富集区潜力巨大,老矿山资源枯竭与外围资源丰盈并存。矿产资源富集区相对集中。高原山区的其他资源也是比较丰富的,旅游资源最为典型。

2)产业

高原山区的产业分布较为集中,大多与人口密度有着直接的关系,但同时产业结构发展不合理,工业化水平总体偏低。第一产业较为发达,居经济发展的主导地位,所占比重高于全国经济发展平均水平;第二产业所占比重偏低,与全国平均水平相比尚有一定差距;第三产业发展滞后,还处于低层次、欠发达阶段,其占国内生产总值的比重仍处于全国落后水平。

3)城镇发展

高原山区城镇发展相对落后,建制镇仍处于以数量增长为主要特征的粗放型发展阶段,城镇规模小、分布密度低、辐射带动功能不强、区域分布差距大,作为城镇发展主要推动力量的乡镇企业发展严重不足。总体上看城镇的发展还处于从以数量增长为主要特征的粗放型发展阶段向以规模扩大和质量提高为主要特征的集约型发展阶段的过渡时期。

4)对外贸易

我国的高原尤其是高原山区基本上分布在我国的边疆地区。内蒙古高原北接蒙古人民共和国,和俄罗斯接壤;云贵高原,其西部和西南部与缅甸接壤,南部与越南、老挝相邻;青藏高原东南端是缅甸、老挝,青藏高原南侧自东向西分别是印度和不丹。这些地处中国边疆的高原山区省份,由于特殊的地缘关系,有着重要的地理区位优势,是连接中国和沿边国家的地缘经济板块,是世界各国从蒙古、俄罗斯、东欧、东南亚、南亚进入我国内陆腹地的重要通道。在地缘便利的条件下,这些边疆省份更容易促成与沿边国家和地区的区域经济合作,促进经济要素的合理配置。近年来随着我国对外贸易的开放,这些地区的对外经贸关系迅速发展,对外贸易额迅猛增长,出口产品种类增多,贸易结构发生变化,制造业产品的重要性日益增强,初级产品的比例逐渐减小,但是这些贸易基本是通过内陆运输实现的,因此内陆交通设施不足,运输成本高、周期长、货物破损率高等问题制约着对外经济与贸易的长远发展。

1.1.4 高原山区社会特征

高原山区社会特征多表现在人口分布,而高原山区人口分布较为广泛。同时受到自然地理、交通区位和经济区位劣势的影响,人口分布少,社会发展落后。人口分布的变动是向生活条件比较优越的地方聚集,特别是自然生态环境或者社会经济环境比较优越的地方。人口空间分布相对密集,易使生态环境遭到破坏。高原山区自然生态系统受高程、坡度、地质构造等自然因素的制约,具有自身固有的脆弱性和不稳定性,对人口的承载能力远远低于平原地区和丘陵地区。

综上所述,高原山区社会特征可分为以下几点:

1)人口

高原山区人口分布均为地广人稀,人口数量与密度差异性大。人口分布在地势低缓的地区,具有较强的趋向性,随着海拔的逐渐升高,人口密度迅速下降,由于地理条件不同,各个地区人口垂直分布的特点可谓同中有异,各具特色。

2)少数民族人口

高原山区少数民族人口分布以聚居区或散居区不断向全国各市县扩散,使其分布范围越来越广,各地区的民族成分也呈多样化。少数民族人口交错分布,大杂居,小聚居。没有一个单一的少数民族群会全部分布在某一省或者某一市。

一些民族既有一定的聚居区，又散杂居于其他民族中；一些民族则高度集中于一个市或者县乡中；有的民族则散居于城镇及交通沿线，以村寨聚居。

3）贫困人口

高原山区贫困人口多分布在不利于经济和交通发展的地区。所以导致高原山区贫困人口分布多呈现宏观分散、微观集中的分布特点，呈现出点（贫困村）、片（特殊贫困片区）、线（沿边境贫困带）并存的特征，贫困人口较为集中、贫困程度较深、扶贫难度较大的特性。

1.2 高原山区公路网现状

由于自然条件和历史发展原因，高原山区公路的发展落后于社会经济的发展，公路已成为制约社会经济发展的重要因素。近年来，由于高原山区加快了公路发展，干线公路建设尤其是高速公路建设取得了较大成绩，结合高原山区公路网的结构、等级、密度，分析出高原山区公路网的现状有如下几点：

（1）路网结构不合理，干线公路网规模不足、高等级公路明显不足

高原山区公路网总体规模较大，一方面，与高原山区土地面积较大有关，另一方面，高原山区多山多河的地理条件，导致路线里程增加较多。虽然高原山区拥有较大的公路网规模，但干线公路网里程却明显不足，路网结构严重失衡。高原山区干线公路里程占总里程比例较低，不能适应高原山区社会经济和交通发展的需要。高原山区公路网总体技术等级偏低，高等级公路所占比重明显偏小，致使公路网服务水平较低。例如2009年云南省公路网总里程达20.6万km，但二级及以上公路里程仅为8 113.118km，占公路总里程比重为3.93%，远远低于全国10.72%的平均水平。目前云南省公路网主要由四级、等外公路构成，里程达到188 396.9万km，占到91.4%。

（2）高速公路规模不足，尚未形成网络

经过几年快速发展，高原山区高速公路已具有一定规模，缓解了部分通道的交通拥挤状况，但总体上看，高速公路里程仍然不足。高速公路覆盖面明显不足，许多市州尚未形成高速公路连接，区域间交通联系十分不便。根据国内外的相关研究，高速公路只有形成布局合理的网络，连续运输距离达到800km左右才能显现它的独特优势，发挥其运输效益。例如目前云南省高速公路密度为0.64km/100km^2，略高于全国水平（0.63km/100km^2），远远低于发达国家，与国内发达省份也有很大差距。云南省高速公路尚未形成规模适当、布局合理的高速公路网络，高速公路的规模效益还远远无法得到充分发挥。

(3)与周边省市缺乏有效连接的快速通道

高原山区对外快速通道尚不完善，不能有效支撑对外开放和区域经济的交流。例如云南省与贵州省之间形成了较为便捷的快速通道，而通往重庆市、四川省、西藏自治区的道路条件相对较差，难以满足区域经济发展及泛珠三角区域经济合作的需要。从长远来看，云南省与周边省市之间至少需要一至两个快速通道。另外，云南省是与东南亚国家联系的重要窗口，目前通往越南、老挝、缅甸的快速通道尚未完全形成，不能有效支撑中国—东盟自由贸易区的建立。

(4)公路网的铺装率水平低

高原山区公路网的铺装率水平低，例如至2008年底云南省有铺装路面铺装率才达到全省的11.65%，而简易铺装率和未铺装率达到全省的6.45%、78.84%。路网铺装率在全国排名居30位，而国省干线路网铺装率在全国居25位。

1.3 公路网规划常用方法

1.3.1 公路网规模常用预测方法

公路发展规模是一个国家或地区社会经济发展水平的重要标志，为了避免和预防公路发展成为社会经济发展的瓶颈，又能够使公路充分发挥其社会经济效益，不至于造成不必要的浪费，必须对公路网的发展规模进行预测。目前，国内外在公路网规模预测上常用的方法有以下几种。

1)国土系数法

(1)方法简介

根据国土系数理论，“道路长度与人口和面积之积的平方根以及经济指标成正比”，即：

$$L = k\sqrt{P \cdot A} \tag{1-1}$$

式中：L——区域道路网总里程；

P——人口；

A——区域面积；

k——道路网经济指标。

道路网经济指标k用人均国民生产总值与路网长度的调查资料进行统计回归分析，采用的回归模型为：

$$K = a + b \cdot P_{GDP} \tag{1-2}$$

式中：a、b——回归系数；

P_{GDP}——人均国内生产总值。

(2)方法评价

国土系数法是国内公路网规划研究中最常用的方法之一，此方法可操作性强，并且将土地面积、人口、人均 GDP 等影响公路网发展的最主要因素皆考虑在模型之内，能够较好地反映公路网规模与其主要影响因素之间的函数关系。其不足之处在于考虑的经济影响因素过少，因为公路网的发展规模是土地面积、人口、GDP、民用汽车拥有量、社会销售品零售总额、人均收入、综合运输体系、公路客货运量、客货周转量及三次产业等多种因素综合作用的结果，如果仅仅以土地面积、人口、人均 GDP 三项作为衡量指标，可能会降低计算结果的准确度，所以在实际应用中，要根据不同情况对其进行改进。

2)节点连通度法

(1)方法简介

连通度模型法也叫节点模型法，是由德国卡尔斯鲁厄大学 W·洛伊茨巴赫教授和科隆大学 R·维勒斯教授提出的一种用于计算区域公路网期望规模的方法，它反映的是公路网是否能够很好地连接网络节点。根据网络几何形状结构分析，可以建立如下公路网合理规模的连通度模型：

$$L = C \cdot \xi \cdot \sqrt{A \cdot N} \tag{1-3}$$

式中：L——公路网的合理规模里程数；

ξ——路网变形系数(非直线系数)，为各节点间实际线路里程与直线里程之比；

N——节点个数；

C——路网连通度，就是区域内构成路网的边数与节点数的比值，它从整体上表达了公路网中各节点连通和通达情况，其值从平均意义上反映公路网节点连通的强度，与当地经济发展水平有关，在 C 接近 1.0 时，路网布局为树状，各节点多为两路连通；C 为 2.0 时，路网布局为方格网状，节点为四路连通；C 略大于 3.0 时，路网布局为三角形网状，节点多为六路连通；

其余符号含义同前。

(2)方法评价

节点模型法是公路网规划研究中常用的方法之一。该法以图论为基础，从布局的角度来考虑路网规模，可以撇开 GDP、人口等经济因素，避免了烦琐的计算过程，其难点在于：路网连通度以及路网变形系数两个参数值难以确定。对于路网连通度，实际研究中一般采取与国外进行对比的方法，但是，由于我国城镇化水平不断加快，作为节点的行政区划也在不断变化，因此，运用此法时必须对研究区域城镇规划的未来发展方向有较好的把握，同时，由于计算区域路网总规模必须考虑到行政村这样的小节点，而这一级行政区划的变化是较快的，这难免对计算结果造成不良影响，再则，国外的行政区划以及规划理念都与我国有较大的差别。因此，实践中此法较多地被运用于计算干线公路网或者高速公路网的规模，因为干线公路网基本上连接的都是地级市以上的经济节点，这类节点相对来说比较稳定，长期来说，变化都不会很大。对于路网变形系数，该值与研究区域的自然地理条件有很大的关系，因此，确定该值的难度也较大。因此，该法有待改进和完善。

3）类比法

（1）方法简介

类比法是基于因素分析法的思路提出来的，主要包括以下步骤：首先，确定类比变量，即通过与类比对象的对比需要确定的变量；其次确定类比对象，即选取可以作为研究对象参照的样板，选取过程中，应尽量选取与研究对象类似的类比对象；第三，确定类比因素，即挑选研究对象与类比对象所共有的，同时又与类比变量密切相关的影响因素；第四，确定类比关系，即研究对象与类比对象之间存在的函数关系。

类比分析模型：

$$L = \sigma \cdot A \tag{1-4}$$

式中：σ——面积密度，km/km^2，用类比方法确定；

其余符号含义同前。

由国外公路发展历程可知，发达国家的公路网现已经基本处于稳定状态，公路网规模不再增加，因此考虑与发达国家（美国、日本、英国等）相应时期作类比，选取国土、面积、人口、国内生产总值作为类比因素，来确定公路网规模。

（2）方法评价

该法的优点是简单、直观、实用，相对国土系数法来说，考虑因素较全面，计算过程较简单，并且还能够根据决策者的经验以及不同国家或不同地区的特点，通过改变类比对象、类比因素、类比变量、类比关系等相关参数来调节类比结果，使其更接近于实际，充分体现了“定性分析与定量分析相结合”的原则，因此也受到广大研究工作者的青睐。其不足之处在于：①类比关系中，各类比变量因子权重的确立缺乏严格的论证；②在第二步确定类比对象时曾提到，应尽量选取与研究对象类似的类比对象，然而在实际研究工作中，什么样的类比对象与研究对象是类似的，类似程度又有多大，这个原则很难把握，无方法可循，实际上，从掌握的资料来看，目前的研究对此关注不多，基本上都是简单地选取美、日、英、法等发达国家作为类比对象，这对计算结果的可靠度必然会产生一定的影响。

4）生长曲线法

（1）生长曲线模型

$$L=\frac{L_0}{1+\alpha\cdot e^{\beta}} \tag{1-5}$$

式中：L——公路网规模，km；

L_0——极限规模，可用类比法结合专家经验确定，km；

α、β——参数，可用最小二乘法确定。

（2）方法评价

该方法考虑了在一定国土面积下，公路发展里程不可能无限增长，符合事物的发展规律，其缺点是对经济发展水平、人口等因素考虑不足，极值确定有主观性，数据要求高等。

除以上四种常用的方法外，实践中还有运输强度需求预测法、时间序列法、经济指标线性回归法等，这些方法都相当简单，对其过程在此不再赘述，其思路基本上都是以自身的演变历程为依据，通过对公路网与GDP、人口或者客、货周转量进行相关分析，找到它们之间的相关关系，然后对公路网未来的演变进程进行趋势外推，从而得到某特征年的合理规模。事实上路网规模的影响因素是多方面的而且是非常复杂的，因而这些方法没有一种为人们所公认。因此，在实际应用中，这些方法的计算结果只能作为一个简单的参考，同时其不足之处在于，只适合于公路网发展规模近期的预测，如果预测时间过长，则容易造成较大偏差。

1.3.2 公路网等级结构确定的常用方法

合理的公路网等级结构设计是公路网规划设计的一个重要组成部分，按照资金情况可分为无资金约束条件下的等级结构优化设计和有资金约束条件下的等级结构确定两种形式。等级结构的确定工作可以在路网规划布局完成后进行，也可以在建立建设项目序列后完成。考虑到路网规模对公路网规划具有重要的指导意义，先期完成路网等级结构对路网布设优化更有应用价值。

通常情况下公路网等级结构确定主要考虑三个主要方面，即“路网建设资金最少”、“路网出行时间最少”、“路网通行能力最大”。对于其他影响因素，也可以结合实际情况增、删到影响因素体系中来。

下面建立等级结构模型,如下式所示。

$$f = \min[(n_1^+ + n_1^-)(n_2^+ + n_2^-)(n_3^+ + n_3^-)(n_4^+ + n_4^-)] \tag{1-6}$$

其中约束条件 s. t:

$$\sum_{j=0}^{5} A_j L_j - n_1^+ + n_1^- = I + I_n$$

$$\sum_{j=0}^{5} K_j L_j - n_2^+ + n_2^- = Q_{\mathrm{NTF}} T_{\mathrm{N}}$$

$$\sum_{j=0}^{5} C_j L_j - n_3^+ + n_3^- = Q_{\mathrm{NTF}} / S_{\mathrm{NF}}$$

$$r_j \sum_{j=0}^{5} L_j \leqslant L_j \leqslant R_j \sum_{j=0}^{5} L_j (j = 0,1,2,3,4,5)$$

$$\sum_{j=0}^{5} L_j = L_{\mathrm{N}}$$

式中:n_j^+、n_j^-——离差变量;

r_j、R_j——j 级(j=0,1,2,3,4,5)公路所占比重的变动上下限;

I、I_n——规划期公路建设可用资金及现有道路的折算费用;

T_{N}——公路网单位里程平均行程时间,h/km;

Q_{NTF}——规划年度公路网交通周转量,辆·km/d;

K_j——j 级公路上设计车流密度,辆/km;

L_j——j 级公路规划里程,km;

S_{NF}——公路网规划服务水平;

C_j——j 级公路通行能力,辆/d;

A_j——j 级公路的造价,万元/km;

L_{N}——各级公路规划里程总和。

该模型的约束条件,同时还受到资金约束与否的限制,如果没有资金约束,通过对上个模型的分析求解,便可得到等级结构方案。如果在资金受限的情况下,还要完成确定资金可利用最大限数值的工作,可按照如下方法来实现。

核准新建、改建公路的基本造价,按式(1-7)和式(1-8)计算出路网规划方案所需要的资金总额,并在一定浮动范围内,取上限作为资金约束值。

新建费用计算公式:

$$F_j = \sum_{i=1}^{N} R_{ij} K_i \tag{1-7}$$

改建费用计算公式:

$$F_j^* = \sum_{i=1}^{n} C_{ij} L_i \tag{1-8}$$

式中：F_j——新建项目的费用，万元；

F_j^*——改建项目的费用，万元；

R_{ij}——新建单位里程造价，万元/km；

C_{ij}——改造单位里程造价，万元/km；

K_i——新建路段里程，km；

L_i——改建路段里程，km；

n、N——构成新建(改建)项目的路段数。

该模型从路网建设资金最少、路网出行时间最小、路网通行能力最大三方面出发，将各等级公路在路网中所占比重的增减作为变量，通过经济参数、交通参数、道路参数来反映不同等级结构所取得的效果，进而实现完成路网等级结构的确定工作，并可以进行方案的优化。

1.3.3 公路网布局结构确定的常用方法

目前公路网的规划布局常用方法主要有四阶段法、交通区位法、总量控制法、节点重要度法和重要度联合区位法。

1)四阶段法

四阶段法主要应用于交通需求预测。四阶段法主要是通过对规划区域 OD 现状进行调查，以及分析规划区域往年资料，建立数学模型，研究规划区域内经济与交通之间的关系。然后通过对各规划路网方案流量、车速、饱和度等交通运行指标的分析对规划方案进行评价和选择。四阶段法的准确性较多依赖于 OD 交通流量资料调查的准确性。

2)交通区位法

交通区位法是以交通区位论为理论依据产生的一种路网布局规划方法。交通区位法强调系统的内在属性，通过分析路网系统本身高度稳定的结构性因素来进行路网布局规划。它是以地域空间经济、政治、安全等相对稳定的需求结构来作为规划依据，以满足长期相对稳定的交通需求为目的，在适应交通需求的同时引导交通需求。

3)总量控制法

总量控制法是一种从宏观角度出发进行路网布局规划的方法，它是以系统整体为研究对象，来研究规划区域内公路运输与社会经济发展的联系，分析规划区域内公路交通需求量。通过计算规划区域内路网中各项道路与交通参数的数据来揭示路网建设与经济发展的不协调，运用公路网总里程和公路技术等级结构的数学模型把握规划区域公路网的合理发展规模，并对公路网布局进行优化。

4)节点重要度法

节点重要度法是通过节点重要度模型计算节点重要度,根据节点重要度值对节点进行大小排序,以确定规划区域内不同节点在路网中的功能地位,根据层次划分法将节点划分为几个层次,以确定各个不同层次的主要节点,根据节点层次原理,得到规划区域公路网的重要度最大树,根据约束条件,不断优化,使公路网由树状向网状扩展的一种路网布局规划方法。

5)重要度联合区位法

重要度联合区位法是从对区域内节点分析和计算重要度入手,通过动态聚类分析,划分节点层次,同时对区域内交通区位形式作出分析,找出区域内主要交通区位线,在此基础上结合区域内社会经济发展状况和公路发展特点分层次构建公路交通网络,并进行整体优化的过程。

6)布局方法分析和评价

四阶段法对公路网进行布局是以路段交通量的分配结果为依据,忽视了公路运输网络发展对公路交通状态的影响,使得与公路网布局的目的相违背,缺乏正确的理论依据;四阶段法路网布局在进行路段交通量分配以后,由专家决策,最终确定几个路网方案,主观随意性大。

交通区位法目前的理论还不够成熟,其中的交通区位线是以社会历史、地理变化为背景的大概率原理线,是一种以意识形态化,非实物方式存在的线。因此,在确定交通区位线时并不十分明确,随机性很大。

总量控制法在交通量需求的预测方面,由于对现状交通量的来源和最终去处无法确定,这样不能客观反映出区域经济发展速度不均匀对路段交通量的影响,路段交通量的预测精度较低。

节点重要度法中节点选择重要度模型指标选取和权重的确定中定性成分相对较多,无法对线路布局进行优化分析。

1.4 均衡性理念与高原山区公路网发展

1.4.1 均衡性理念的提出

“均衡”这个词最早源自于物理概念,意思是指当作用于某一系统运行的诸种对立力量处于均势时,其作用力正好相互抵消,其净作用力为零,于是系统运行的既定状态便没有改变的力量和倾向,则该系统将处于静止或匀速直线运动状态。均衡一词在新华字典中的基本解释为:平衡。其中“均”的含义为平均,引申为调和,“衡”泛指秤,衡器。后来均衡的概念被引入到各个领域,作为研究问题的重要手段。下面介绍各个不同研究领域当中,有关均衡的不同界定。

(1)**博弈论中的均衡。**均衡是博弈论的核心概念,是博弈达到的一种稳定状态,没有一方愿意单独改变战略,其中最著名的就是纳什均衡:假设有 n 个局中人参与博弈,给定其他人策略的条件下,每个局中人选择自己的最优策略(个人最优策略可能依赖于也可能不依赖于他人的战略),从而使自己利益最大化。所有局中人策略构成一个策略组合。纳什均衡指的是这样一种战略组合,这种策略组合由所有参与人的最优策略组成。意味着在给定别人战略的情况下,没有任何单个参与人有积极性选择其他战略以获得自己的最大利益,因而也就没有任何人有积极性打破这种均衡。

(2)**经济学中的均衡。**在经济学中,均衡一般是指经济体系中变动着的各种力量处于平衡,因而变动的净趋向为零的状态。

(3)**社会学中的均衡。**均衡的概念也被广泛应用于社会学领域,在社会发展的过程中,我国取得了巨大的经济成就,人民生活水平进一步提高,科学技术水平大幅攀升,但同时也存在各种不均衡的现象。比如,经济增长的资源环境代价过大,城乡、区域、经济社会发展不平衡等现象,必须对各种问题的规律加以认真研究与分析,既要达到人与人的和谐,又要达到人与自然的和谐;既要实现微观的各个社会组织细胞的和谐发展,又要促进宏观的整个社会的和谐发展。均衡的观点指出国家建设、区域发展、企业管理、家庭仁爱乃至人与自然相处等都得以均衡时,社会才真正实现了和谐。

1.4.2 均衡性理念在高原山区公路网发展中的作用

传统的公路网规划方法仅考虑了现有经济需求,忽视了资源引发出来的潜在经济需求,而高原山区自然资源大多分布在贫困山区,这样传统的公路网规划方法很容易造成“贫者越贫,富者越富”的局面。而运用均衡性确定路网的规模、布局、等级结构时,挖掘了贫困地区的发展潜力,体现潜在需求,体现了以人为本,促进社会公平,实现交通资源分配中统筹兼顾,缩小区域贫富差距。基础设施的均衡配置成为实现社会公平的基础,而国家安定、团结、稳定发展离不开社会公平这一基本原则。在特定的区域中,由于先天因素、优势的多寡存在着很大的差距,导致各个子区域之间客观存在一种优劣并存、长短互见、发展水平及发展方式趋于两极化的不均衡现象,以此区域为一个系统,通过对其路网进行合理配置,促进并实现各子区域间经济、社会的协调发展。进行路网配置时不是单纯地将某些子区域分配的很多,另一些子区域分配的很少,而是在总里程(总投资)

一定的前提下，根据公平合理的原则，在现实经济需求基础上，进一步考虑各子区域的潜在需求和经济、社会等综合效益，对各子区域路网进行合理的有梯度的配置。

1.4.3 基于均衡性的高原山区公路网发展思路

路网均衡性理论与方法体系主要内容包含以下四个部分：

1）高原山区公路交通环境分析

对高原山区区位、地形、人口总量、国土面积、矿产资源、水能资源、旅游资源、综合交通等方面进行分析。

2）高原山区路网均衡性基础理论

借鉴经济学和教育学中的均衡性概念，将交通作为一种促进社会公平的手段，提出具有相对差异性、动态性、可调性和功效趋优性的公路网均衡性概念。通过选取高原山区不同技术等级公路和沿线相应的节点，构建高原山区各等级公路等效里程地形修正系数与地形起伏度的回归关系模型。

3）高原山区路网均衡性评价方法

基于基尼系数法对区域公路网规模均衡性进行评价，并在考虑潜在经济需求的基础上，利用基尼系数对大区域内部各子区域之间的差异进行分析。建立公路网布局结构均衡性评价指标体系，对公路网布局结构均衡性进行评价；构建公路网三角系统模型，分析公路网布局发展稳定程度。合理分析公路网综合密度离散系数值，得出在综合运输体系背景下针对高原山区研究区域内各子区域公路网综合密度合理的均衡性评价结果。

4）高原山区路网均衡性发展模式

在规模均衡理论的指导下，构建路网规模配比方案，形成趋于均衡的路网规模。同时考虑综合运输体系建设对公路网均衡性发展的影响，提出综合运输体系下高原山区公路网规模调整方法。在此基础上，确定出公路网等级结构。通过改进节点重要度法，在节点重要度算法中增加不均衡影响度指标，提出区域公路网布局结构均衡发展模式，并基于公路网布局发展稳定性分析，给出公路网布局结构指标均衡发展建议值。

本书围绕高原山区公路网的均衡性内涵展开，以公路交通内容上和空间上的均衡性为主体，在分析高原山区自然地理和社会经济特征以及交通设施的布局特征基础上，旨在介绍公路网均衡性的内涵和评价方法，且能够为公路交通政策的制定和公路交通规划提供一定的指导。图 1-1 所示为本书理论与方法体系技术路线示意图。

1.5 云南省交通环境现状

云南省是一个以公路运输为主要运输方式的省份，公路运输在云南省综合运输体系中占据极为重要的地位。目前云南省已经形成以昆大高速、昆曲高速等多条高速公路为主骨架，以国道 323、国道 324、省道 220、省道 213 等国省干线为次骨架，以县、乡、专用道路为支脉，以昆明为中心、以市（州）为节点的多级公路网络，通往桂、黔、川和越南、缅甸、老挝的出滇、出境和省内主要通道基本实现了高等级化，见图 1-2。

图 1-2 云南省公路网现状示意图

1）公路总里程

如表 1-1 所示，至 2009 年年底，云南省全省公路总里程为 206 028.339km，高速公路总里程 2 511.834km，一级公路总里程 627.877km，二级公路总里程

4 973.407km，三级公路总里程 9 518.329km，四级公路总里程 120 518.910km，等外公路总里程 67 877.982km。

公路等级总里程表(km)　　表 1-1

地区	公路通车里程	按公路等级分					等外公路
		高速	一级	二级	三级	四级	
全省合计	206 028.339	2 511.834	627.877	4 973.407	9 518.329	120 518.910	67 877.982
昆明	16 126.508	358.956	119.961	715.693	598.568	10 313.022	10 313.022
曲靖	20 311.968	255.286	229.391	304.862	1 004.598	14 658.577	3 859.254
玉溪	16 435.487	239.951	77.747	290.702	1 006.404	1 4367.357	453.326
保山	11 632.519	134.033	21.357	385.887	381.596	7 233.321	3 476.325
昭通	14 599.733	135.345	0.000	97.230	17.000	646.144	669.752
丽江	6 092.305	0.000	14.681	240.301	497.614	3 060.939	2 278.770
普洱	19 104.098	134.592	0.000	152.843	834.909	9 601.236	8 380.518
临沧	13 844.348	0.000	22.147	448.512	214.342	7 250.431	5 908.916
楚雄	16 911.492	300.971	0.000	184.629	707.030	6314.071	9 404.791
红河	19 336.008	333.519	42.864	392.494	1 284.725	12 339.766	4 942.640
文山	13 240.131	303.111	0.000	109.808	1 302.016	8 227.667	3 297.529
西双版纳	6 270.260	90.416	26.710	246.647	25.900	4 129.756	1 750.831
大理	16 792.164	225.654	70.986	541.923	1 048.737	7 802.536	7 102.328
德宏	6 976.323	0.000	0.000	441.453	214.565	3 594.121	2 726.184
怒江	3 726.907	0.000	0.000	32.924	129.360	1 699.701	1 864.922
迪庆	4 628.088	0.000	2.033	170.408	57.487	3 342.642	1 055.518

2)公路等级

一个地区的生产、供应、服务，居民的工作出行、生活出行和交通运输等都依靠道路来完成。近年来，随着云南地区经济的发展和现代城市交通与运输的兴旺，更需要有等级分明的公路为其服务，充分发挥其不同功能，保证城市中生产、生活活动的正常进行，交通运输的经济合理。除此之外，一个地区的各种不同等级的公路数量也可以反映这个地区的经济发展水平。公路网布局的均衡性能够充分体现公路交通资源分配的公平性内涵。由于规划范围内不同地区的人口密度、经济发展水平、资源分布情况存在差异，其对公路需求的程度也相应不一，在公路网规划布局时，必须考虑对不同地区配置与其需求相适应的不同数量、不同等级的公路网，使得整个区域的路网具有量的均衡性。因此，我们有必要对公路等级进行分析。我们通过了解云南地区不同等级公路的现状，进而做出合理的规划，使云南省的公路能够做到合理布局，并且能够均衡地发展。

云南省是一个以公路运输为主要运输方式的省份，公路交通在云南省综合运输体系中占据极为重要的地位。从图1-3和图1-4，我们可以看出：云南省各等级公路的比例相差很多，其中四级公路以及等外公路所占的比例偏大，而高等级公路的数量则相对较少。其次，云南省各地州市之间的公路发展很不均衡，各地区之间不仅在公路数量上相差较大，而且相同等级的公路在不同地区分布的数量也比较悬殊。例如昆明、曲靖高等级公路就相对多一些，而有些地区，如昭通各等级的公路数量都很少。

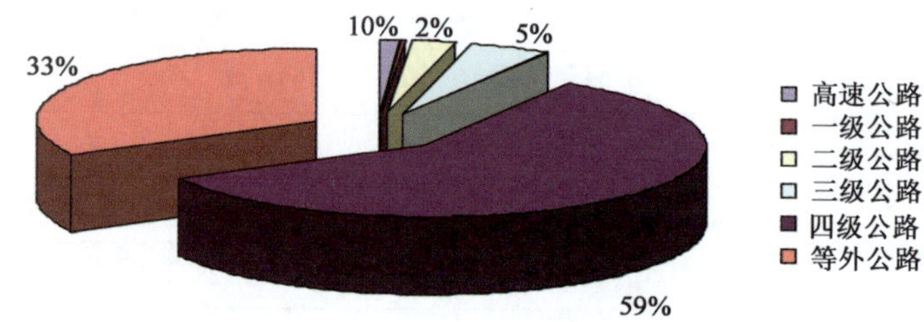

图1-3 云南省各级公路总数比较

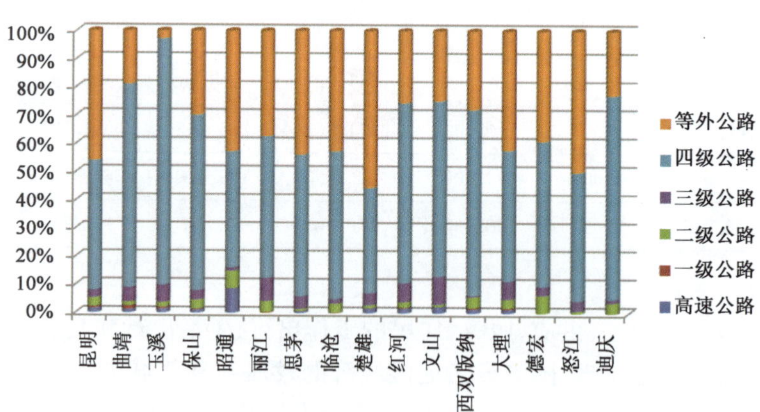

图1-4 云南省各地区公路比较

在公路总里程和高速公路建设方面，将云南省和国内东、中、西部部分省份进行比较，如表1-2和表1-3所示。通过分析表中数据，可以看出：在全国范围内，东部地区公路的发展水平较高，高速公路里程比例较高。而中部和西部地区的高速公路里程比例就相对较少，尤其是西部地区，公路的发展水平还很低。这是由于西部地区的经济发展落后，基础薄弱、起步晚等，导致了西部地区公路建设发展比较慢，交通落后的问题仍然比较突出。尽管近年来云南省高速公路建设有较大发展，但在全国乃至西部地区，其高速公路里程比例仍是较低的，难以满足对外和对内联系的需要。

2008年全国部分省份公路总里程状况表 表1-2

指　　标	山东	江苏	浙江	广东	河北	湖北	四川	陕西	云南
公路网里程(km)	220 688	140 930	103 652	183 155	149 503	188 366	224 482	131 038	203 753
占全国总里程比例(%)	5.91	3.78	2.78	4.9	4	5	6	3.5	5.5
地区	东部	东部	东部	中部	中部	中部	西部	西部	西部

2008年全国部分省份高速公路里程状况表 表1-3

指　　标	山东	江苏	浙江	广东	河北	湖北	四川	云南	陕西
高速公路(km)	4 285	3 725	3 073	3 823	3 233	2 719	2 156	2 512	2 466
占全国高速总里程比例(%)	7.1	6.2	5	6.3	5.3	4.5	3.6	4.2	4.1
占本省公路里程的比例(%)	1.9	2.6	2.9	2	2.1	1.4	0.96	1.2	1.8
地区	东部	东部	东部	中部	中部	中部	西部	西部	西部

云南省骨架公路网是以国家高速网、国道主干线、省际通道和国家重点公路等重要的国家干线公路为基础，分析区域通道、城市密集区、旅游城市、综合运输、重要对外通道等多种因素，完善而形成的骨架路网，见图1-5。

干线公路网一般是在骨架公路网的基础上，进一步连接其他节点，增加路网的覆盖面，而形成的一般干线路网。一般干线路网需考虑的路线：区域中心城市的路线，连接旅游景点的路线，连接国家一类和二类口岸的路线，与相邻省份干线公路网衔接的路线，连接港口、机场、铁路枢纽的路线。

至2008年底云南省国省干线中二级以上公路所占比例在全国居29位，等级公路所占比例位居全国第9位，见表1-4。

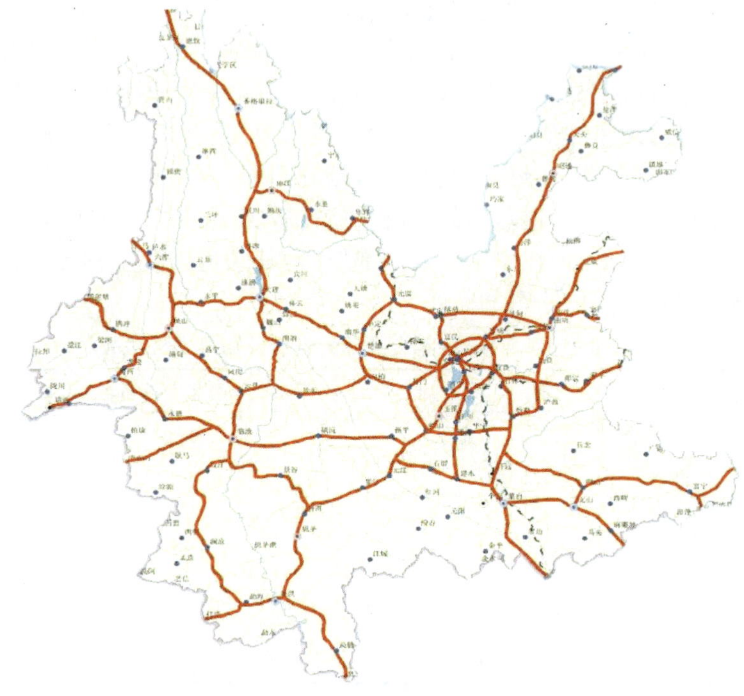

图 1-5　云南省骨架公路网示意图

2008 年全国部分省份公路状况表　　表 1-4

指　　标	山东	江苏	浙江	广东	河北	湖北	四川	云南	陕西
国省干线二级及以上公路(%)	94.47	97.75	84.96	83.71	83.14	95.50	52.88	34.42	61.69
等级公路(%)	98.34	91.77	93.92	84.56	91.94	81.58	62.71	61.12	82.13
地区	东部	东部	东部	中部	中部	中部	西部	西部	西部

由表 1-4 中数据可以看出云南省干线路网等级较低，即使是在西部地区也处于落后水平。

3)公路网密度

公路网密度的大小反映了一个国家或地区的公路发展水平，在某种程度上体现了路网结构规模的合理性，它是公路网技术特征的重要指标之一。2000 年全省公路网人口密度为 38.58km/万人，2007 年全省公路网人口密度为 45.02km/万人，至 2008 年年底云南省公路网人口密度达到 45.14km/万人；

2000年全省公路网面积密度达到41.52km/100km²,2007年全省公路网面积密度为50.85km/100km²,2008年达到51.71km/100km²,见图1-6和图1-7。

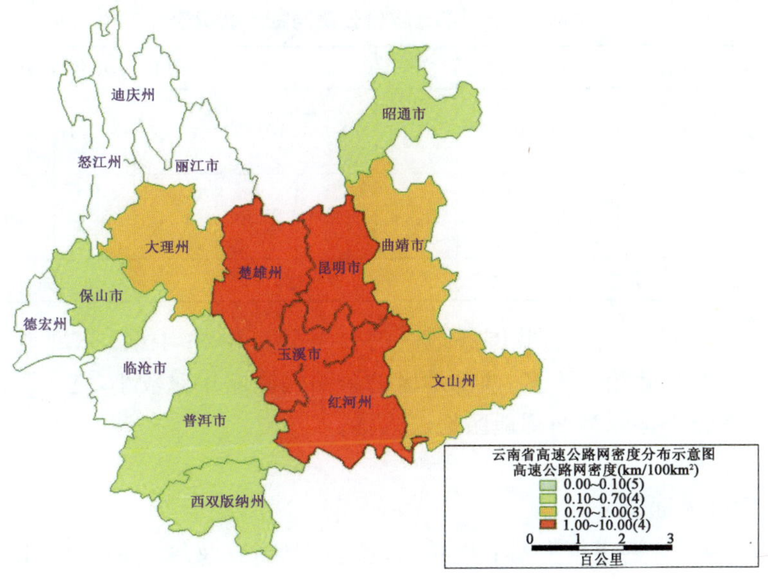

图1-6 云南省高速公路网密度图

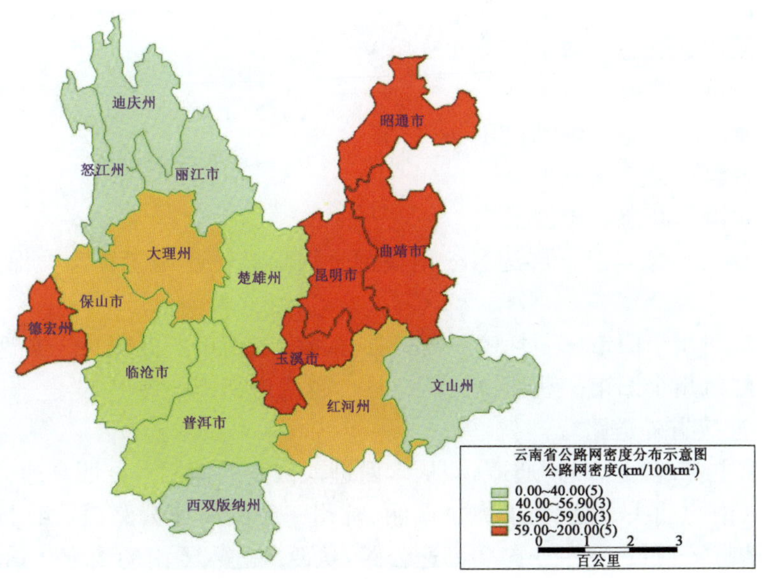

图1-7 云南省公路网面积密度图

到2008年底云南省公路网密度按国土面积计算在全国居21位；而按人口计算云南省公路网面积在全国居第5位，见表1-5。

2008年全国部分省份公路网密度状况表 表1-5

指　　标	山东	江苏	浙江	广东	河北	湖北	四川	云南	陕西	全国
国土面积(km/100km²)	140.83	137.36	101.82	101.95	79.65	101.33	46.64	51.71	63.73	38.86
人口(km/万人)	23.56	19.85	22.25	22.46	22.00	31.14	25.47	45.14	34.64	28.53
地区	东部			中部				西部		

通过表1-5可以看出：我国各地区的公路分布相对均衡。东部地区和中部地区的公路网密度相差不多，西部地区的公路网密度相对较小，之所以西部地区公路网密度较小是因为西部地区地广人稀。

4)对外道路

(1)国际大通道

目前主要是“四出境”，即：中越、中老泰、中缅以及经缅甸至南亚的公路通道，主要有如下几条：

· 昆明—磨憨—磨丁—万象

· 昆明—磨憨—磨丁—琅勃拉邦

· 景洪—磨憨—万象

· 景洪—磨憨—琅勃拉邦

· 普洱—磨憨—万象

· 普洱—磨憨—丰沙里

· 红河州蒙自县—屏边县—南溪河—河口县—越南老街市—保安县—文盘县

· 红河州个旧市—蔓耗镇—河口县—越南老街市—保安县—文盘县

· 红口州个旧市—蔓耗镇—河口县—越南老街市—沙巴

(2)连接省外道路

目前主要是“七入省”通道，即从广西进入云南的衡阳—昆明高速公路，从贵州进入云南的汕头—昆明、上海—瑞丽、杭州—瑞丽高速公路，从四川进入云南的二连浩特—河口、北京—昆明高速公路，从西藏进入云南的西宁—景洪公路。

5)路面铺装率

路面铺装率与整个路网的通行能力和服务水平密切相关，它既直接影响行

车质量，诸如行车的全天候性和舒适性等，又直接影响公路运输经济效益。铺装率定义为高级、次高级路面里程占全路网里程的比例。2000 年云南省高级和次高级路面里程为 18 976km，2007 年高级和次高级路面里程为 35 125km，2008 年高级和次高级路面里程达到 39 557km，2009 年高级和次高级路面里程达到 43 594km。2009 年底云南省路网铺装率百分比见图 1-8。表 1-6 所示为 2008 年国内部分省份路面铺装状况比较。

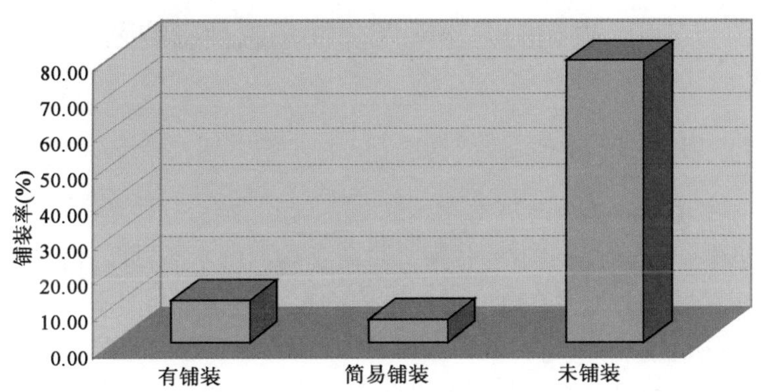

图 1-8 2009 年云南省公路网路面铺装率

2008 年国内部分省份路面铺装状况比较 表 1-6

指 标	山东	江苏	浙江	广东	河北	湖北	四川	云南	陕西
沥青混凝土路面占比例(%)	23.7	25	24	3.5	31	5	7.2	9.6	10
水泥混凝土路面占比例(%)	27.9	55.4	61	50	34	41	21	3	32
简易铺装路面占比例(%)	36.4	2.4	7.8	3.5	10	14	8.8	6.4	19.8
未铺装路面占比例(%)	12	17	7.2	42	25	40	63	81	37.7
地区	东部			中部			西部		

第2章　高原山区公路网均衡性内涵和基础理论

2.1　高原山区路网均衡性概念及影响因素

2.1.1　均衡性基本概念

1)均衡性在经济学中的概念

在经济学中,均衡表示市场各种力量处于均衡的状态,即经济体系中各种相互关联和相互对立的因素在既定的范围内的变动中处于相对平衡和相对稳定的状态,并要求所有财货价格均可以自由变动,使整个市场得以完全清结。经济学把均衡定义为某种模糊的长期收敛于此的吸引状态,即当系统中事物围绕某一状态或趋势上下波动而保持状态、结构不变或者朝一个特定状态不断收敛时,都认为事物是处于均衡状态。

(1)短期均衡

①模型描述

市场经济条件下,供需双方受影响大的一方在市场一般均衡过程中将起主导作用。从图2-1所描述的状态看,在同一价格水平上,由价格水平线、供给曲线S和需求曲线D所形成的,以E为顶点的三角形中,长边属于需求曲线的一段,它所描述的是比供给更快的增长速度(图2-1中为需求方)的边长大于斜率较大的一方(图2-1中为供给方)的边长,也就是说,边长长的一方起主导作用。这一特点称作"长边效应"。需求一方起主导作用的,叫做"需求型长边效应",反之叫做"供给型长边效应"。

②短期均衡过程

如果把传统的一般均衡过程称为"网状均衡",那么真实均衡就是一种"梯状均衡"。顾名思义,均衡过程呈现为一种类似阶梯状的互动过程。

从图2-1中可以看到,在价格为P_1的市场上,存在$S>D$,此时价格将会下降,至P_2时,需求获得增长,但仍存在$S>D$,于是价格仍将进一步下降,供给量与需求量均将逐步增加。由于存在"需求型长边效应",需求的增长速度较快,供

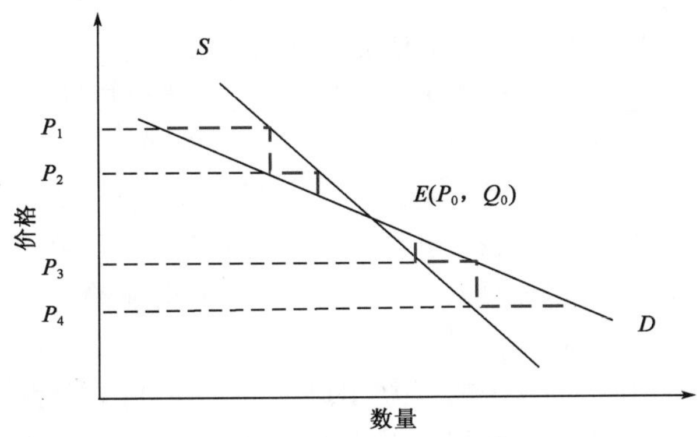

图 2-1 短期均衡模型

求之间的数量差会逐步减小，直至实现供求双方的均衡。

相反，在价格为 P_4 的市场上，存在 $D>S$，物以稀为贵，价格将会上涨。至 P_3 时，在“需求型长边效应”的作用下，需求量已经有了较大幅度的减少，供求之间的数量差因此缩小，但仍存在 $D>S$ 的状况，因此“阶梯”过程会继续下去，直至供给量与需求量实现均衡。

(2)长期均衡

①模型描述

对数年间的经济运行做出比较分析就可以看出，长期的供给曲线是一条右上扬的曲线。需求曲线尽管存在某种程度的起伏，但总的趋势是右上扬的，如图 2-2 所示。

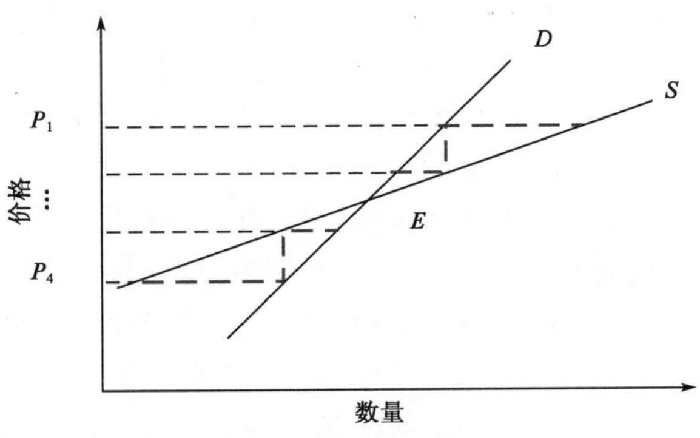

图 2-2 长期均衡模型

②长期均衡过程

当价格为 P_1 时，存在 $S>D$，于是价格自动回落。根据“长边效应”法则，价格对供给的影响将起主导作用，因此，供给将首先较大幅度地减少，以较低的价格和较小的产出匹配较小的需求规模。供方投资的减少势必直接导致需求总量的减少，于是需求也呈现回落的趋势。

当价格为 P_4 时，存在 $S<D$，于是价格持续回升。供方在获得不断增长的回报的利好条件下，势必增加投入，扩大规模，从而提升供给水平。与此同时，投资的增加亦将直接导致需求的增长。此外，如果价格增长速度低于 GDP 的增长速度，供求双方均获得扩大规模的实力，供求数量均将伴随着价格水平的增长而增长。当然，如果价格增长速度超过了 GDP 增长速度，需求就会出现减少的趋势。根据“长边效应”法则，供给增长的速度远大于需求增长的速度，供求之间的量差在梯状均衡的过程中不断缩小，直至达到均衡点。

由于这种相互作用是收敛性的，因此模型存在稳定性。

总之，短期均衡是供求两条曲线的斜率均为负值，且供给曲线斜率的绝对值大于需求曲线斜率的绝对值条件下的梯度式的均衡；长期均衡是供求两条曲线的斜率均为正值，且需求曲线斜率的绝对值大于供给曲线斜率的绝对值条件下的梯度式均衡，这便是经济学上的均衡概念。

2)均衡在教育学上的概念

教育均衡发展体现的是一种公平公正的理念，这不仅是世界教育发展的潮流，而且成为教育现代化的核心理念。

(1)教育均衡发展的基本内涵

教育均衡实质上是指在教育公平思想和教育平等原则的支配下，教育机构、受教育者在教育活动中享受平等待遇的教育理想和确保其实际操作的教育政策和法律制度。其最基本的要求是，教育机构和教育群体之间平等地分配教育资源，达到教育需求与教育供给的相对均衡，并最终落实在人们对教育资源的分配和使用上。

从个体看，教育均衡指受教育的权利和机会的均等，指学生能否在德智体美劳等方面均衡发展、全面发展；从学校看，教育均衡指区域间、城乡间、学校间以及各类教育间教育资源配置的均衡；从社会看，教育均衡指教育所培养的劳动力在总量和结构上，与经济社会的发展需求达到相对的均衡。当前人们关注的基础教育均衡发展，主要是指我国不同地区之间、城乡之间、同一地区不同学校之间、同一学校不同群体之间的教育均衡发展问题。

基础教育校际均衡发展是指在基础教育阶段，在一定行政区域内，校际在教育硬件如校舍、设备及教育经费投入等方面，实现相对均衡，并在此基础上，实现办学条件的标准化、均衡化，在校际之间、城乡之间，初步实现公民受教育权利的平等和公平。

(2)教育均衡发展内涵的特点

教育均衡发展的核心价值观是以人为本的思想。这一发展观的实质代表了最广大人民群众的根本利益；这一发展观的核心是教育的民主化、公平化，也就是尊重每一个学生接受优质教育的权利；这一发展观的最主要内涵是合理配置教育资源，全面提升教师群体的素质，办好每一所学校，教好每一个学生；这一发展观的最终目标是实现人的全面发展。这一发展观要求教育均衡发展不能仅仅拘泥于硬件均衡，还关注更深层次的发展，即人的全面发展。解决这个问题的关键是树立以人为本的教育均衡发展观，既要追求机会均等，更要重视质量均衡，创新办学特色，针对学生中客观存在的差异性和独特个性因材施教，才是教育均衡发展的最高境界。教育均衡发展的实质是代表最广大人民根本利益，核心是追求教育公平，实现教育的均衡发展，就是要让人人均可获得最大福祉，社会获得和谐、可持续发展的教育。

均衡发展不是平均主义，而是要缩小区域之间、学校之间发展的差距；均衡发展不是一个模式，不是“一刀切”，而是要鼓励办出特色，办出重点学校的示范性、实验性，其作用是带动一般学校的教育教学水平提高；均衡发展也不是限制发展，把高水平的拉下来，既要鼓励发展快的地区提高质量和水平，又要在发展过程中逐步把水平不高的提上来；均衡发展从总的发展情况来讲，不搞“锦上添花”，而是要搞“雪中送炭”；均衡发展不仅是指一个静态的结果平衡，更重要的是指一个动态的发展过程平衡。

具体来说，教育应从三个层面，即区域之间、学校之间、群体之间追求平衡发展。要以公平为原则，追求受教育权和发展权的平等，包括机会、过程和结果。当然，这种平等不是同质平等而是差异平等，即适应多样性的平等。义务教育的均衡发展应以追求义务教育质量的全面提高为目的。

2.1.2 路网均衡性概念

1)路网均衡性概念

(1)基本概念

根据马克思“物质第一性”的唯物论哲学思想，“吃、穿、住、行”被视为人的第一需求。人类要想生存下去，首先必须满足这些需求。前三者都是静态的，而“行”是比较高级的状态，前三者的变迁必然要求“行”的跟进，前三者的解决更能体现“行”的弥足重要,“行”的需求是由交通运输来实现的,“吃、穿、住”等物质基础的流通都需要交通运输来完成。而每一种需求从时间坐标看,都可分为历史需求、现实需求和未来需求。人类的历史正是满足各种社会公共需求、不断追求社会需求和谐的过程,社会需求的和谐常常是一个国家、一个地区在走向经济与社会协调发展的过程中,在解决种种社会需求不和谐的矛盾中实现的。

在中国特色社会主义建设过程中,各种社会需求关系的和谐,要求的是一种表里如一、内外一致、上下平衡的社会需求关系的和谐。科学发展观的提出正是马克思主义“社会需求和谐”理论当代价值的集中体现。科学发展观第一要义是发展,核心是以人为本,基本要求是全面协调可持续,根本方法是统筹兼顾。

科学发展观为各行各业的发展指明了方向,交通作为现代社会的血脉,是城市发展的重要基础,在科学发展观的战略要求下,应以实现有效移动为目标,构建和谐交通,就是要通过出行,使人们获得均等参与社会生产及活动的机会。交通基础设施不均衡,社会的公平性就无从谈起。就我国交通运输业的发展现状而言,区域之间交通发展水平差距过大,交通基础设施配置不均衡的现象普遍存在。缩短城市间的时空距离,提供便捷、多样化交通服务的同时,在我国西部甚至连基本的出行需求也常常因为恶劣的交通条件而无法得到满足。而在不同区域及省域内部,这种交通资源分配不均衡的问题仍然比较突出。如何将科学发展观纳入高原山区路网均衡性的“量化”指标中,如何挖掘贫困地区的发展潜力、体现潜在需求,如何体现以人为本,促进社会公平,如何在交通资源分配中实现统筹兼顾,缩小区域贫富差距这些问题都有待解决。基础设施的均衡配置成为实现社会公平的基础。

综上所述,对路网均衡性概念做如下定义:在特定的区域中,由于先天因素、优势的多寡存在着很大的差距,导致各个子区域之间客观存在一种优劣并存、长短互见、发展水平及发展方式趋于两极化的不均衡现象,以此区域为一个系统,通过对其路网进行合理配置,促进并实现各子区域间经济、社会的协调发展。进行路网配置时不是单纯地将某些子区域分配得很多,另一些子区域分配得很少,而是在总里程(总投资)一定的前提下,根据公平合理的原则,在现实经济需求基础上,进一步考虑各子区域的潜在需求和经济、社会等综合效益,对各子区域路网进行合理地有梯度的配置。

由经济学和教育学中的均衡性概念可以总结出,教育的均衡主要是指横向的校际之间的资源配置的问题;经济的均衡是指纵向的不同时间下的价格波动所引起的供需梯度变化。路网均衡性既有资源的配置问题,即投资成本在高原与平原的合理分配，也有各子区域通过路网发展的冗余梯度分布而映射出的经济、社会及潜在需求等综合效益的公平性问题。这里的梯度既有空间上的，也有时间上的。

（2）不均衡现象及其后果

与均衡相对的是不均衡性，也可解释为“马太效应”。马太效应（Matthew Effect），是指好的愈好，坏的愈坏，多的愈多，少的愈少的一种现象。名字来自于《圣经·马太福音》中的一则寓言。社会学家从中引申出了“马太效应”这一概念，用以描述社会生活领域中普遍存在的两极分化现象。后来广泛应用于社会心理学、教育、金融以及科学等众多领域。“马太效应”与“平衡之道”相悖，同样，由于未考虑潜在需求及贫困地区的实际情况，导致路网发展的不均衡，制约了经济的发展，使穷者越穷，富者越富，忽略了交通公平性。

公平性原则是指机会选择的平等性，机会公平或过程公平是指个体发展机遇的公平。它意味着要满足不同层次的需要和差异性个体的不同层次的需要，是一种立体状网络式的公平。然而，纯粹的机会公平存在着不可能性。因为个体的初始状况不相同，这就要求社会应多提供机会，在安排上保证机会是均等的（即非纯粹平等）。交通公平性主要体现在均衡性方面。

路网均衡的过程就是采取积极的方法，对这种不均衡进行适度的调控，使子区域协调发展，以期实现整体区域路网的快速、健康发展，进而实现经济和社会可持续发展。

（3）均质区域路网均衡性概念

均质区域（Homogeneous Region）是区域具有某种一致性，在给定的时空尺度下是均质的，区内各变量的一致性最大，而区际分异也最大，是根据一系列明显的均质特性而进行区划的一种结果。

均质地区是指地形在区域空间是基本一致的，均质地区既包括地形全部为平原的区域，同时又包括地形全部为高原山区的区域。在均质地区内部单位长度公路网建设成本基本相同，因此路网均衡性表现在单位投资及公路网规模所产生的经济效益及社会效益总和是否相同。

为使整个区域的路网具有量的均衡性，按照边际递减的原理，将公路交通“供给”以资源的形式作为“投入”作用于社会经济系统，单位资源投入对产品产出的效用是不断递减的，也就是说虽然其产出总量是递增的，单期增长速度不断变慢，最终趋于峰值，并可能衰退，因此将一条公路用于加密交通便利地区的路网还是用于改善社会经济落后、交通闭塞地区的运输条件，其产生效益是不同的。

(4)非均质区域路网均衡性的概念

非均质区域是指地形在区域空间的分布是不一致的,非均质区域既包括高原山区地形与平原区地形共存,同时又包括高原与山区地形共存。在非均质区域内部,单位长度公路网建设成本是不同的,同时空间上的公路网长度也是不同的(如在高原山区建设直线连接距离为 1km 的公路,由于高原山区地形复杂,复杂的道路线形导致最终需要建设实际距离为 3km 的公路)。在考察非均质地区公路网均衡性的时候,需要将由于地形而导致的公路里程及投资变化进行相应的折减,并在等效里程和投资的基础上,分析单位投资及公路网规模所产生的经济效益及社会效益总和是否相同。

(5)高原山区路网均衡性概念——以云南省为例

我国高原山区面积占国土面积的三分之二,其特征为生态环境脆弱以及经济、社会、文化的贫困。以云南省为例,云南属温带,地形地貌极其复杂,94%以上是山区、半山区,横断山脉由西北向东南延伸,切割出无数条深谷大川,属于典型的高原山区,根据地形地貌的划分,云南省属于非均质区。

由表 2-1 和图 2-3 可以总结出:山高谷深的地形,限制着云南交通业的发展。如果忽略了这一重要的特点及其所带来的不均衡影响因素来研究路网均衡性,显然是不科学的。

云南地形及社会、经济分布状况统计表 表 2-1

地势阶梯	第一阶梯	第二阶梯	第三阶梯
主要地形	高原	高原盆地	平原丘陵
人口城镇	稀疏	较密	密集
经济水平	低	较低	高
路线密度	小	较大	最大

一方面,云南为数不少的贫困地区都是位于交通极不发达的少数民族聚居的山区,居住分散,交通困难。对于这部分地区,效益的表达不应该单从经济上考虑,而应该"以人为本",从公平性的角度出发,结合资源优势,均衡路网配置,发掘潜在效益,增强通达性较差地区的贡献作用,带动贫困地区的经济、社会发展。同时由于其特殊的地理位置,对加强民族团结、促进对外交流、巩固国防都具有重要的作用。

另一方面,云南的道路交通承载着巨大的发展压力,要有比其他地方高的投入,高原区和平原地区的差异必然影响投资成本,同样修 1km 公路,在高原区的造价就要高于平原区,同时还要考虑抵御自然灾害毁坏的能力,以及公路维护的

图 2-3　温带地区各种地形图

难度。在云南平原区内，地势起伏、坡度较缓的交通线路布局受地形影响较小，布局主要考虑将城镇连接起来，平原地区人口稠密、经济发达、城镇密集、建设难度小，所以线路多，呈网状分布。而高原区海拔高度较大、相对高度较小的广阔地区，交通线路布局要考虑避开高大山脉，减缓道路的坡度，多沿山谷延伸，沿线地区人口稀少、经济活动程度低、城镇少，建设所需的资金多、技术难度大，所以线路少且多是过境的，呈线状分布。图 2-4 所示为高原山区与平原地区公路网线路图。

这里说的均衡，不是指数量上的平均，而应该是考虑“潜在需求”，兼顾社会效益，权衡各方面因素后的效益最大化，进而使各子区域协调发展。

2)路网均衡性与平均性的区别

均衡性不是平均主义。平均论是没有重点，而强调“平均用力”，采用削高就

图 2-4　高原山区与平原地区公路网线路图

低、整齐划一的方法，具有明显的限制性。

均衡发展不是限制发展、平均发展，而是共同发展、分类发展。均衡发展不是“削峰填谷”，而是“造峰扬谷”式发展；不是阻碍发达地区的发展速度，而是带动贫困地区的发展。发展是路网规划的主题，没有发展，就谈不上均衡。落后地区要发展，发达地区、基础好的地区同样需要发展。均衡发展不是限制或削弱发达地区的发展，而是要在均衡发展思想指导下，以更有力的措施扶持基础薄弱地区、贫困地区加快发展，不断实现高位均衡。均衡发展绝不是平均主义，而是要缩小地区间的过大差距，要根据不同区域的实际情况，分区规划、分步实施、分类发展。

路网均衡不是同步化发展，不只是发展条件的均衡，还要追求机会均等、质量均衡。各个区域之间造成差距的原因是复杂的，不可能立即解决。在鼓励发展快的地区继续快速发展的同时，要采取有力措施扶持后进地区加快发展。路网均衡不等于区域间路网发展的同步化。那种认为只要区域间的发展条件、发展规模处在同一水准上，就达到了路网均衡目标的观点，是不科学的。因为这忽视了区域间地域区位不同、社会资源环境等方面的不均衡，以及发展理念、发展水平之间的不均衡。

3)路网均衡性与适应性的区别

路网均衡性概念不同于路网适应性，不是简单地去适应社会经济环境的被动式发展，而是带动社会、经济发展的主动式发展，强调其引导作用，因此除了要考虑满足其现实需要，还要考虑其潜在需求以及社会效益。

均衡发展不是划一发展、孤立发展，而是特色发展、协调发展。均衡发展不是将各区域“同化”，而是要在缩小差距的同时，带动各地区不同区域根据实际情况，因地制宜地探索有自己特色的发展道路，最终实现优势互补、特色发展、整体提升，促进各级区域协调发展。这不仅是路网发展的大趋势，而且是实现更高层次均衡发展、深化路网规划的迫切需要。

均衡发展不是短期发展、单一发展，而是持续发展、整体发展。路网发展不均衡有着长期性，解决这个问题需要持之以恒，而非一劳永逸。路网均衡发展是整体发展，当前最需要解决的是区域发展不均衡问题。只有结合各区域进行评价并以此为依据进行规划，才能获得真正的均衡和有效发展。

2.1.3 路网均衡性的特点

1）相对差异性

相对差异性是指同种均衡水平下，为了达到同样的社会效益和经济效益总和，不同区域之间公路配给数量的差异性或者是冗余的差异性。绝对的均衡和不合理的非均衡都是不科学的，均衡性并不是平均，它存在一定的差异；均衡性的内涵具体化是有差异性的内涵，不同地区追求均衡的含义不同。

从路网均衡发展的区域分析，基本实现连通时期是路网由非均衡发展向均衡发展的最佳时期。而实现了连通，进入优化配置的阶段后，由于一些经济条件较好、环境资源较好的区域又会有新的发展愿望和要求，这时，在连通阶段大大缩小了的路网差距就会出现新的扩大的趋势。当连通的路网从巩固提高阶段进入进一步提高阶段时，路网的均衡发展就又进入了一个比较好的时期。从我国路网发展水平看，由于各区域经济社会发展不平衡，路网发展也不平衡。综合分析我国路网均衡发展，可以说，在各区域内每一阶段都不同程度地存在着。目前，经济发展较快地区基本实现了路网的连通，进入了均衡配置阶段，向高级的路网均衡发展；而贫困地区、偏远地区，尚未实现路网的连通。在路网均衡发展过程中，要分析不同阶段的特点，进而采取不同的方法对策，追求高位均衡。

2）动态性

均衡的最明显特征就是稳定，但稳定并不是否定动态性的存在。把均衡分为消极的均衡和积极的均衡。消极均衡是强力压制下的均衡，积极均衡是路网各影响要素之间相对融洽，每个要素都能自由、平等、独立发展的均衡，是从较低层次向较高层次的阶跃性过程，也是低层次均衡——不均衡——高层次均衡的动态过程，也是一个循环往复螺旋式上升的过程，是使均衡不断接近终极目标的过程。均衡与不均衡二者相互交替，不断推动区域体系从低层次到高层次演化，最终实现区域经济发展的动态平衡。而云南这样一个经济落后省份，要想实现经济的跨越式发展，必然选择从非均衡的发展道路走向整体均衡，最终实现区域经济的动态平衡。

3)功能可调节性

可调节性是区域发展走向均衡的表现。均衡发展与非均衡发展实际只是路网发展不同阶段的表象,它们将随时间的推移和环境的不断变化而周期性地演变与更替。借鉴经济学中的“倒U假说”,即区域经济差距随着时间推移和经济增长而呈现先扩大后缩小的趋势,在坐标图上表现为区域经济发展中的“倒U曲线”。同样,路网的发展也存在“倒U曲线”,均衡发展和非均衡发展只是经济增长过程中不同阶段的特征。路网均衡的目的是寻求一套科学的、系统的理论方法,使路网从非均衡到均衡的过渡体现和谐性、效率性和科学性。

不均衡的诸多表象中有些是不同发展阶段的特征,是趋于均衡而必然出现的现象,其不均衡是合理的,通过自调节伴随逐步均衡而消失;有些不均衡是非正常的,或者可以理解成均衡的干扰因素,是无法自调的,必须通过人为的方式干预,排除干扰,才能趋于均衡。

4)功效趋优性

所谓功效趋优性是指路网在均衡状态下趋向总功效最大,即同时兼顾表象经济效益、潜在需求和社会效益。如几何学上的圆,圆周上的任意一个点到圆心的距离是均衡的,圆就成了相同周长封闭性图形中面积最大的图形。而正六面体兼顾了容积最大(功效趋优)和抗挤压能力最强(持久稳定)的特点,主要是在三个方面达到均衡:一是各边边长相等,各角角度相同,来自周围的外力容易互相抵消,故稳定性最强;二是各角到圆心距离相等,在获得抗挤压能力最强的同时,兼顾了容积尽可能最大;三是周长比圆周更短,故材料最省。再如,帕累托均衡,指一项措施的安排(资源再配置)普遍使人们的境况变好而没有人因此而境况更糟的状态。换言之,这项措施是所有当事人一致同意的,并确实能给他们带来更多的权利、福利和自由,在这种均衡状态下,社会效益达到最大值。

2.1.4 路网均衡性的影响因素

要保证区域公路均衡发展,在建设过程中需从影响公路网均衡性的影响因素(区域地理状况、经济发展、社会发展)入手。导致高原山区路网不均衡性的影响因素需环境、经济、社会和综合交通从四个大方面考虑,如图2-5所示,这里以云南为例进行说明。

1)环境

地理环境是经济发展的基础,因此也间接决定着公路网布局结构的发展,在现代科学技术条件下,地理环境条件虽不是公路网布局结构发展的决定性因素,但它仍起重要作用。气候条件决定着农业生产的类型与结构;地形、地貌影响人

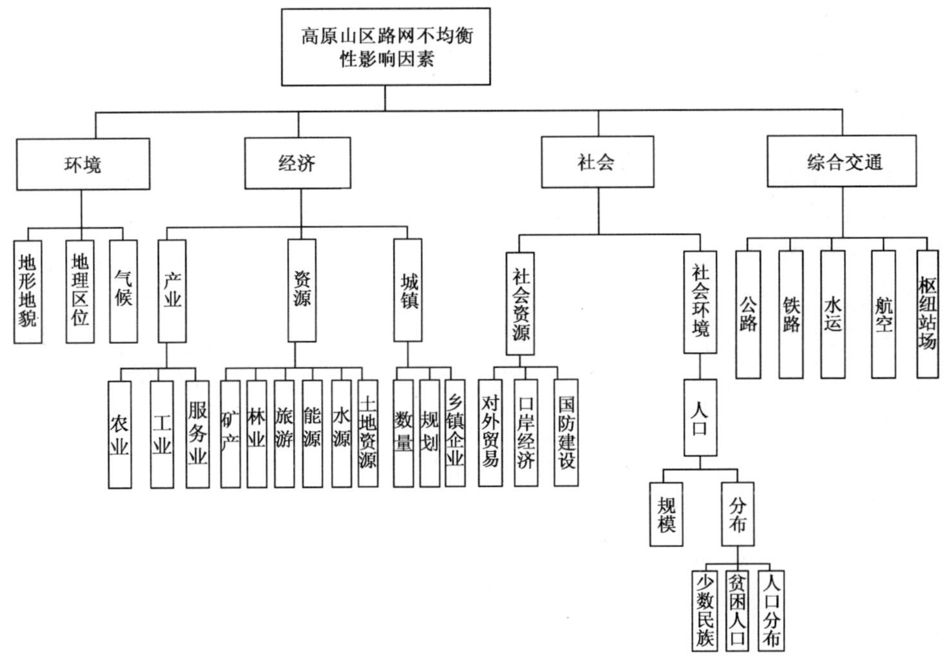

图2-5 高原山区路网不均衡性影响因素图

口的分布、城镇和交通运输设施的空间布局；区域自然资源禀赋状况的差异则制约区域社会经济活动的类型与效率，影响社会经济活动的区际分工，从而在很大程度上决定了各地区公路网布局结构的水平和方向。云南省地处我国西南边陲、云贵高原西南部、青藏高原东南部，地理环境的地域分异十分复杂，形成水平地带性和垂直地带性特征的各种自然地理景观。从国土的自然条件看，云南省大致可以分成东部地区、西部地区和南部地区。东部地区是云贵高原的西南端，也是云南境内云贵高原的主体和云贵高原景观的标志性区域，其范围是楚雄以东、玉溪以北的区域，包括楚雄、玉溪、昆明、曲靖、昭通等行政区域的大部分地区；西部地区主要包括楚雄以西的大理、保山、丽江、迪庆、怒江等行政区域，区域内地形以典型的高山、峡谷为主体性景观，主要的地貌大势受横断山脉控制，地势起伏大；南部地区指云南省水热资源条件较好的区域，主要包括普洱、西双版纳、临沧、德宏、红河、文山等行政区域，是云南省水热资源和矿产资源条件较好，开发潜力较大的区域。总之，云南省的地理环境从地形、地貌上看，其山地高原面积占了94%，坝区仅占6%。其又可进一步分为内地山区、边缘山区、内地坝子、边疆坝子和山间零星小坝子，不同的地理环境区形成了不同的自然生态、社会生态和不同的生产力发展条件，进而影响到各地区公路网布局结构发展的水平差异。

滇东北的昭通市，除永善、盐津一线尚存部分森林外，全境属人为破坏严重的中、高山地，仅少数坝区和平缓山地上有稳定的农耕环境。主要是山地上的粗放垦殖环境、灌丛环境之间的无规则镶嵌分布。环境结构主要由大规模的粗放垦殖控制，表现出在强烈人为干扰下的整体区域环境改变的特征。这一地区气候恶劣，倒春寒、干旱、洪涝灾害和滑坡泥石流灾害频繁。因此，也就在一定程度上限制了公路网的发展。

滇西北的迪庆、怒江等地区，属山高谷深、位置偏僻和受低温寒冻影响的环境。自东向西主要有金沙江、澜沧江、怒江三江自北向南流，自然环境比较恶劣，人们的生产和生活受到许多制约。因此，这些地区公路网发展一直处于比较落后的状态。

滇西南临沧市的一些地区，重峦叠嶂，中山、低山、峡谷、深丘纵横交错，怒江、澜沧江、李仙江、元江纵横全境，水系支流密布，导致该区域环境极度封闭，制约着公路网布局的发展。

滇中的昆明、玉溪、曲靖以及滇西的大理等市州的大部分地区地势起伏平缓，红土高原特征突出，气候为亚热带高原季风气候，季节变化不明显，年温差小，许多河谷地区海拔低，属干热气候，适宜热带经济作物生长，森林资源丰富，自然条件优越，社会经济发展较好，因此在一定程度上也促进了公路网布局的发展。

2)经济

云南省各区域之间公路网规模较不均衡，与经济发展(尤其是经济潜力)较不匹配，偏远贫困山区，由于公路建设滞后，导致资源优势并不明显。

一个区域的公路网布局结构发展与该区域的资源分布是密切相关的，公路网的布局发展不仅依赖于社会经济的发展水平，而且还必须依赖于各种资源的分布情况。从资源分布情况来看，昆明、玉溪是各种矿产资源分布较为密集的城市，除昆明外，旅游资源分布较为密集的地区为玉溪、丽江、迪庆、德宏、大理、西双版纳等市州，而属于滇西地区的怒江、临沧等地的矿产、旅游资源相对匮乏。

云南省地处中国西南内陆，是典型的落后地区，2008 年人均 GDP 为 5 700 元，在全国 32 个省区、直辖市中排名靠后。但是，就是在云南省这样一个经济相对不发达的省份内也存在着严重的地区差异，例如滇中地区和滇西地区，无论从人均 GDP 还是 GDP 总量等经济指标上都相差很大。

3)社会

云南城市化地区发展不平衡影响各地区公路网的布局结构。在 16 个市州

中，城市化水平高于全省平均水平的只有昆明、玉溪、红河、德宏和西双版纳。为了全面了解云南城市化体系的区域分布情况，可以把云南城市简单地分为内圈、中圈和外圈三个层次进行分析，由于地理和历史的原因，云南经济社会活动和城镇主要集中在滇中地区。随着改革开放的深入，特别是近十多年来云南经济、产业结构的不断调整和完善以及面向东南亚地区发展的需要，云南沿边境一线所属地区的城市化发展十分迅速。云南20世纪90年代以后设置的6个城市中，有4个就在边境一线地区，2个在滇中地区。而滇中地区以外和边境一线地区以内的云南大部分地区则发展缓慢。结果，在社会经济发展过程中，云南城市化体系逐步发展成内圈、中圈和外圈三个层次的区域分布状况，即以滇中地区构成内圈层，沿边境一线地区构成外圈层，滇中地区和沿边境一线地区之间构成中圈层。

内圈层包括昆明、曲靖、玉溪和楚雄等市州，该圈层有全省唯一的特大城市（昆明市）、1个中等城市（曲靖市）、4个小城市（玉溪、楚雄、安宁和宣威市）和218个建制镇，分别占全省城市和建制镇总数的37.7%和39.9%，城市和建制镇的密度分别为0.63和22.7，分别高出全省平均水平0.22和8.8。同时，内圈层具有发展潜力的一些城镇正在发展成为不同层次的城市，如呈贡和晋城在现代新昆明发展规划中；宜良和陆良将发展成为综合型的小城市；富源、会泽、新平、易门、元江等县政府所在地城镇将发展成为以工矿业为主导产业的小城市；通海、石林、江川、澄江、华宁、罗平、弥勒、泸西、武定等县政府所在地城镇将发展成为以旅游业为支撑的小城市。

外圈层主要指沿边境一线的所在地区，包括怒江州，保山市的腾冲和龙陵县，德宏州，临沧市的永德、镇康、耿马和沧源4个县，普洱市的4个县，西双版纳州，红河州的屏边、金平、绿春和河口4个县，文山州的麻栗坡和马关县。该圈层内部的社会经济发展和城市化发展水平极不平衡。滇西北的怒江只有8个建制镇，没有一个城市。而滇西、滇西南和滇东南沿边境一线地区在大湄公河次区域经济合作开发、建立中国—东盟自由贸易区和连接东南亚与南亚国际大通道建设战略实施的影响下，近几年社会经济发展和城市化发展较快。到目前为止，该圈层有景洪、瑞丽和潞西3个小城市和7个建制镇，分别占全省城市和建制镇总数的18.8%和28.7%。城市和建制镇密度分别为0.4和20.7，建制镇的密度高出全省平均水平6.8，但城镇规模等级低，城镇经济结构和功能单一，基本上是旅游型的边贸口岸型城镇，缺少具有综合功能和规模等级较高的区域中心城市。

中圈层包括昭通市、文山州（麻栗坡和马关县除外）、红河州（屏边、金平、绿春和河口 4 个除外)、临沧市(永德、镇康、耿马和沧源 4 个县除外)、普洱市(外圈层的 4 个县除外)、保山市(腾冲和龙陵县除外)、大理州、丽江市和迪庆州。该圈层有 1 个中等城市和昭通、开远、保山、普洱、大理和丽江 6 个小城市以及 172 个建制镇,分别占全省城市和建制镇总数的 43.8%和 31.4%。城市和建制镇密度分别为 0.32 和 7.7,均低于全省平均水平。中圈层地区城市化发展水平在全省是最低的,而且城市和建制镇的规模都较小。在云南实施旅游大省建设战略的影响下,该圈层内具有旅游资源优势的丽江市、香格里拉县、德钦县、丘北县、广南县等的政府所在地将会发展成为旅游服务型小城市。大量的国内和国际城市化发展经验表明,城市化发展与公路网发展,特别是布局结构的发展是相互影响和相互促进的。

从人口数量看,全省 16 个市州中人口最多的是曲靖、昭通和昆明市,总人口在 500 万以上,最少的是迪庆州和怒江州,总人口在 60 万以下,相差接近 10 倍;从人口密度看,人口分布最密集的地区是昆明市和昭通市,每平方千米达到 200 人以上,迪庆和怒江州人口最稀少,每平方千米不到 38 人。按人口平均密度区位商(各市州人口密度与全省人口密度之比),可将 16 个市州分为 4 种人口区域:①人口稠密区,包括昭通、昆明、曲靖市,人口密度在 180 人/km^2 以上;②人口较密区,包括玉溪、红河、保山、大理、文山、德宏等市州,人口平均密度在 102~160 人/km^2;③人口较稀疏区,包括楚雄、临沧,人口平均密度在 90 人/km^2;④人口稀疏区,包括丽江、普洱、怒江、迪庆和西双版纳,人口平均密度在 60 人/km^2 以下。

4)综合交通

公路网规模的均衡性与它的综合交通方式有着密切关系,但是不同区域自然地理特征、经济发展水平、人口密度对公路网规模的均衡性也有着很大影响,对综合交通方式也有不同的要求。不同区域的交通资源比较的是单位区域面积、单位经济、单位人口等各种综合交通因素。综合交通的规模在不同的区域发挥的功能是不同的。高原山区也基本形成了多种运输方式相结合的综合运输体系。但是更不能忽视高原山区区域内部的公路交通基础设施的均衡配置问题。高原山区内部公路网均衡配置问题,应当把公路网放在综合运输大环境、大体系中,考虑综合运输中其他的运输方式与公路运输的整体性及其他运输方式对公路网功能的补充,但是也要考虑公路网与环境、经济、社会之间的关系。

为使整个区域的路网具有量的均衡性,按照边际递减的原理,将公路交通“供给”以资源的形式作为“投入”作用于社会经济系统,单位资源投入对产品产出的效用是不断递减的,也就是说虽然其产出总量是递增的,单期增长速度不断变慢，最终趋于峰值，并可能衰退，因此将一条公路用于加密交通便利地区的路网还是用于改善社会经济落后、交通闭塞地区的运输条件，其产生效益是不同的。

2.1.5 路网均衡性基本内容

公路网均衡性基本内容包括：公路网规模与经济、区域及人口均衡性，公路网结构与区域资源、环境及空间布局的均衡性，公路网密度与综合运输体系的均衡性。

1）公路网规模与经济、区域及人口均衡性

作为公路网均衡性的内涵之一，公路网均衡是指不同区域之间路网规模的均衡，而这规模均衡的衡量标准应该从公路网规模和区域经济、人口、面积的均衡匹配角度来体现，探寻合理的区域公路网发展规模。在投资一定的情况下，应当采用均衡发展的理念对所需公路网规模进行分配，促进各地区社会、经济的均衡发展，公路网规模与经济、人口、区域面积及投资之间的关系可以用以下极限公式来解释：

$$\lim_{\substack{\text{公路投资}\\ \to\text{需求额度}}} f_{\text{公路网规模}}(\text{人口因素，经济因素}\cdot\text{区域因素；投资})$$

$$=\sum_{\text{低水平}}^{\text{高水平}}\text{区域经济均衡发展} \tag{2-1}$$

上式中，公路网规模是以人口、经济、区域为自变量，以投资金额为参数的函数。当投资一定时，f 为一般函数，公路网规模发展受到人口、经济及面积因素的制约；取极限时，表示资金不断投入的动态过程，当投资总量不断增加，趋近于需求额度时，能够保障公路网规模由低层次到高层次的均衡配置，最终实现区域社会经济由低水平到高水平均衡发展。

而导致公路网规模不均衡的因素有：①经济发展水平不一，经济结构不同，资源分布不均及资源生产、使用空间的不统一；②人口分布的不均衡；③区域自然条件和开放程度的差异。这些因素导致了经济、人口、区域面积对公路交通供需之间的不均衡。

因此，必须以经济、人口及面积为指标，利用有限的投资，对公路网规模进行均衡配置，最大限度地体现公平性，以此为媒介，带动各区域均衡发展。

2）公路网布局与社会发展均衡性

社会发展空间布局主要是指地域范围内经济发展、人口分布、资源以及城镇体系布局特征等在社会发展上的空间投影。区域的社会发展空间布局是公路网布局结构的基础，不同分区的社会经济发展、人口分布、资源与城镇体系布局情况存在差异，其对于公路网布局结构的需求也相应不一，这就在一定程度上引发了各区域之间公路网布局结构的差异化发展；而目前我国正在以"科学发展观"指导社会经济的建设发展，可持续发展的公平性原则和科学发展观的"以人为本"在交通资源分配方面要求既要考虑个体和群体之间的差异，又要兼顾区域公平和个体平等，还要将交通作为一种促进社会公平的手段。

公路网布局结构的均衡性旨在能够充分体现公路交通资源分配的公平性内涵。在公路网规模既定的前提条件下，由于各个子区域的人口、经济、贫困地区、资源密集区的布局等不同，因此进行公路网布局结构的均衡性研究需要强调在规模既定基础上的公路网布局均衡，而布局均衡的衡量标准是公路网布局结构指标在各个子区域之间的均衡性表现，即以公平性为原则，从公路网布局结构这一宏观角度出发，以云南 16 个地州市的公路网布局发展为对象，综合考虑公路网服务范围与人口分布、社会经济发展、贫困地区分布、资源密集地区分布的匹配程度，在公路网规模满足区域经济发展并带动经济落后地区的发展情况下，分别从公路网结构性能、交通运行和社会效益三方面考虑表示公路网空间布局的各项技术性能指标在不同子区域之间是均衡的。

3)公路网密度与综合运输体系均衡性

我国高原山区也基本形成了多种运输方式相结合的综合运输体系。通过政府的扶持政策减小了高原山区与微丘平原地区公路基础设施差距，但是也不能忽视高原山区区域内部的公路交通基础设施的均衡配置问题。研究高原山区内部公路网均衡配置问题，应当把公路网放在综合运输大环境、大体系中研究，考虑综合运输体系中其他的运输方式与公路运输的整体性及其他运输方式对公路网功能的补充。

不同区域拥有的公路网或综合运输体系中其他的运输方式即使有相同数量的里程也不代表该种交通资源的配置是均衡的。均衡不是平均，均衡的目的不是为了平均交通资源，而是以区域为一个系统，充分考虑不同区域自然地理特征、经济发展水平、人口密度的差异，合理配置公路网资源；当短时间内公路网密度达不到均衡时，可以通过其他运输方式密度的弥补实现区域交通功能均衡，实现交通资源均衡分配。

2.2 高原山区公路网等效里程

均衡性分析是比较子区域的某些特征值是否均衡地分布，因此需要确定子区域的公路网特征值，就必须使公路网特征值具有可比性。例如均衡性分析中的公路网里程不能是单纯的公路网里程绝对值，而是公路网统一折算为标准值之后具有可比性的量，即使得不同子区域公路网统一转化成可以进行离散性分析的二级公路标准，即等效总里程。

2.2.1　高原山区公路网等效里程计算模型

相同规模的不同交通设施的服务特性不同，服务能力差别很大。例如相同长度和车道数的二级公路与高速公路，相同长度的高速公路与铁路在运输的技术经济指标上相差甚远。定义公路网长度的等效里程，以二级公路（双车道）作为标准级公路，把其他等级公路的长度按其车公里（取各级公路的通行能力计算车公里）折算成与标准公路相当的长度。

$$L = \frac{\sum_i b_i \times m_i \times x_i / f_i}{M} \tag{2-2}$$

式中：L——公路网等效里程，km；

b_i——i 等级公路一条车道的等效系数，见表 2-2；

m_i——i 等级公路的车道数，见表 2-2；

x_i——i 等级公路的实际长度，km；

M——一般二级公路的车道数；

f_i——修正系数（地形起伏度修正系数，路线非直线系数修正系数等）。

等效系数换算表　　表 2-2

公路等级	高速 1	高速 2	一级	二级	三级	四级	等外
m_i	6～8	4	4	2	2	2	2
b_i	1.78～1.67	1.83	1	1	0.53	0.2	0.013

公路网等效里程计算公式参数有车道的等效系数 b_i 及地形起伏度修正系数 f_i，对于车道等效系数 b_i 已经有成熟的经验值，见表 2-2，但是高原山区特殊地形条件下地形修正系数 f_i 没有成熟的经验值。在微丘平原地区选线一般不受自然地形条件的限制，但是重丘，山岭地区连绵、起伏的山丘，具有陡峻山坡、悬崖、峭壁、峡谷、深沟和较高的分水岭，这些地区路线平、纵面大部分受地形限制。因此高原山区与平原地区非直线系数是不同的，以往适用于平原地区的非直线系数经验值不适用于高原山区这种特殊地形。因此，以下将对高原山区特殊地形条件下的地形起伏度修正系数进行详细分析。

2.2.2 高原山区公路网地形起伏度修正系数的确定

1)确定 f_i(修正系数)的必要性

公路是连接一定节点的路线,但是公路实际里程却大于节点之间直线距离,即产生了非直线系数。产生非直线系数的因素有很多,地形、气候、水文、水文地质、地质、土壤、植物覆盖、技术因素、政策性因素等都会影响路线的选线,间接地影响非直线系数。无论是在平原地区还是在高原山区,公路实际里程都会因为公路的集散功能、政策性因素、环境因素等而大于连接点之间的直线距离。

但是地形因素对平原、微丘和高原山区的非直线系数影响程度相差很大,平原地形平坦,无明显起伏,地面自然坡度一般在3°以内;微丘地形的丘陵也起伏不大,地面自然坡度在20°以下,相对高差在100m以下,平原及微丘地区的河湾顺适,地形开阔且有连续的宽缓台地的河谷地形,河床坡度大部分在5°以下,地面自然坡度在20°以下,路线纵坡平缓或略有起伏。因此,在平原及微丘地区选线一般也不受地形限制。重丘、山岭地区连绵、起伏的山丘,具有陡峻山坡、悬崖、峭壁、峡谷、深沟和较高的分水岭,地面自然坡度一般在20°以上,地形变化复杂;高原地带多深侵蚀沟,以及有明显分水线的绵延较长的高地,地面自然坡度多在20°以上,这些地区路线平、纵面大部分受地形限制。

因此,高原山区与平原地区非直线系数的不同,关键在于高原山区的地形起伏度较大,公路等效里程折算中修正系数的确定,关键是地形起伏度系数的确定,即基于地形起伏的非直线系数的确定。

地面坡度(简称坡度)是对地面倾斜程度的定量描述,作为描述地形特征信息的重要指标,它能够间接地表示地形起伏形态和结构。高原山区连接两个节点间公路途经不同地形区域时,实际需要建设的公路里程有很大差别。因此,针对高原山区这种特定的地形环境,确定地形起伏系数显得非常重要。

2)确定修正系数的思路及方法

确定高原山区一定范围的区域为分析区域,利用各路段平均坡度与其非直线系数等基础数据资料,定量与定性分析相结合,分析地面坡度与高原山区公路非直线系数之间的关系。

(1)建立模型的基本思路

①相关关系分析

列出内容为地面坡度与非直线系数的相关表,根据地面坡度与非直线系数两类数据,做出二者的相关图,从而得到地面坡度与非直线系数之间的相互关系,然后计算两变量间相关关系的统计指标——相关系数。

通常用 ρ 表示总体相关系数，r 表示样本的相关系数。总体相关系数的基本计算公式为：

$$\rho = \frac{\sigma_{XY}^2}{\sigma_X \sigma_Y} \tag{2-3}$$

式中：σ_{XY}——X 和 Y 两个变量的协方差；

σ_X——X 的标准差；

σ_Y——Y 的标准差。

$$\sigma_{XY}^2 = Cov(X,Y) = E\{[X-E(X)][Y-E(Y)]\} \tag{2-4}$$

$$\sigma_X = E[X-E(X)]^2 \tag{2-5}$$

$$\sigma_Y = E[Y-E(Y)]^2 \tag{2-6}$$

则计算样本相关系数的基本公式为：

$$r = \frac{n\sum xy - \sum x \sum y}{\sqrt{n\sum x^2 - (\sum x)^2}\sqrt{n\sum y^2 - (\sum y)^2}} \tag{2-7}$$

相关系数 r 表示两个变量 x 和 y 之间相关关系的密切程度，其值介于 -1 与 1 之间，即 $-1 \leqslant r \leqslant 1$，其性质如下：

a. 当 $r>0$ 时，表示两变量正相关；$r<0$ 时，表示两变量为负相关。

b. 当 $|r|=1$ 时，表示两变量为完全相关，即为函数关系。

c. 当 $r=0$ 时，表示两变量间无相关关系。

d. 当 $0<|r|<1$ 时，表示两变量存在一定程度的相关，且 $|r|$ 越接近 1，两变量间关系越密切；$|r|$ 越接近于 0，表示两变量的相关程度越弱。

相关系数按三级划分：$|r|<0.4$ 为低度相关；$0.4 \leqslant |r| < 0.7$ 为显著性相关；$0.7 \leqslant |r| < 1$ 为高度相关。具体应用中利用相关系数检验表及样本数量得到相应的相关程度。

②回归分析

假如地面坡度与非直线系数两者的关系呈高度相关，则进行回归分析，确定两者的相关关系模型。

其主要内容和步骤如下，首先将变量分为自变量和因变量，地面坡度为自变量，非直线系数为因变量。其次，设法找出合适的回归模型描述两者间的关系；估计模型的参数，得出样本回归方程；由于涉及的变量具有不确定性，对回归模型进行统计检验，通过检验，确定回归模型。

(2)确定地面坡度与非直线系数关系回归模型的步骤

以坡度为横坐标，非直线系数为纵坐标，做出两者的回归曲线，根据该曲线探讨二者的回归模型类型。假设二者的回归模型之后，给出其带有参数的回归模型。在此基础上，应用最小二乘法对两者的回归曲线进行曲线拟合，确定其关系式中的参数。确定假设参数后，对其进行误差估计和假设检验，最终确定地面坡度（自变量）与非直线系数（因变量）的回归模型。

确定坡度与非直线系数，首先要选择路段，选择路段时节点的选择不是随机的，而是有一定的原则。

①选取节点的方法原则

路网非直线系数作为公路网综合评价指标时，非直线系数是衡量节点间联系程度的指标，而本文分析的非直线系数是衡量地形起伏而导致的公路迂回程度的指标，因此本文节点的选取不同于基于公路网综合评价指标时节点重要度法分类。本文节点的选取原则是选择合适的坡度线，且该坡度线尽最大限度反映公路迂回的根源。基于因地形起伏而导致公路迂回的非直线系数与衡量公路网质量的非直线系数的不同，确定基于地形起伏的非直线系数，最根本原则是保证两节点之间路段迂回产生的根本原因是地形起伏，尽量排除其他因素的干扰。基于这项根本原则得到如下几点节点选取注意事项：

a. 两个节点之间尽量为直接连接点。即两节点之间没有与这两端点重要度相同的节点（如图 2-6 所示）。当选取的节点之间存在同端点重要度相同的节点时，公路的非直线系数不仅是所经路线的起伏度引起的，而很大程度上是为了连接两节点之间的城镇或道路连接点而产生的迂回（如图 2-6）。

图 2-6　节点选择示意图

图 2-6 中选择曲靖市与富源县 1 作为两个起始节点，则得到的非直线系数不能较好地反映非直线系数与地形起伏的关系，因为在节点曲靖 1-2，曲胜高速公路与宜天一级路相连接，导致产生公路迂回的最大因素不是地形起伏，而是公路网连接质量。因此该起始节点的选择不合理。合理的节点选择是选择曲靖市与曲靖 1-2 作为起始节点，此时的直线曲靖市—曲靖 1-2 的平均坡度与非直线

系数之间具有直接的相关关系，并且平均坡度是影响非直线系数的最大因素；

b. 尽量避开两节点间直线段穿过较大面积良田的路段；

c. 尽量避开两节点间直线穿越较大水域面积的路段；

d. 横断山脉纵谷区，高山深谷相间，相对高差较大，地势险峻。此处河流多数具有落差大、水流急、水量变化大的特点。这种类型的沿河路线，也需要单独考虑。

②最小二乘法方程的建立

通过描点作图，作出散点图，画出非直线系数（因变量）与地面坡度（自变量）相关关系的曲线图，并观察曲线类型，与熟悉的已知简单图形比较后确定函数关系式：

$$\varphi(x)=\varphi(x;c_0;c_1,...,c_n) \tag{2-8}$$

式中包含有若干个参数$\{c_i\}_{i=0}^{n}$

又可表示为：
$$\varphi(x)=\sum_{i=0}^{n}c_i\varphi_i \tag{2-9}$$

建立最小二乘法方程：

$$G_nC=Y \tag{2-10}$$

$$G_n=\begin{bmatrix}(\varphi_0,\varphi_0) & (\varphi_0,\varphi_1) & \cdots & (\varphi_0,\varphi_n)\\(\varphi_1,\varphi_0) & (\varphi_1,\varphi_1) & \cdots & (\varphi_1,\varphi_n)\\ \vdots & \vdots & \vdots & \vdots\\(\varphi_n,\varphi_0) & (\varphi_n,\varphi_1) & \cdots & (\varphi_n,\varphi_n)\end{bmatrix} \tag{2-11}$$

此时的最小二乘曲线问题有唯一的解函数：

$$\varphi^*(x)=\sum_{i=0}^{n}c_i^*\varphi_i(x) \tag{2-12}$$

用解函数$\varphi^*(x)$来近似采样数据的平方误差可表示为

$$\begin{aligned}\delta^2&=(\varphi^*-y,\varphi^*-y)\\&=(y,y)-\boldsymbol{Y}^{\mathrm{T}}C^*\end{aligned} \tag{2-13}$$

引入权矩阵W：

$$\boldsymbol{A}^{\mathrm{T}}W\boldsymbol{A}C=\boldsymbol{A}^{\mathrm{T}}Wy \tag{2-14}$$

该式可以看作是解（超定）线性方程组$\boldsymbol{A}C=y$，即：

$$\begin{bmatrix} \varphi_0(x_0) & \varphi_1(x_0) & \cdots & \varphi_n(x_0) \\ \varphi_0(x_1) & \varphi_1(x_1) & \cdots & \varphi_n(x_1) \\ \vdots & \vdots & \vdots & \vdots \\ \varphi_0(x_m) & \varphi_0(x_m) & \cdots & \varphi_n(x_m) \end{bmatrix} \begin{bmatrix} c_0 \\ c_1 \\ \cdots \\ c_n \end{bmatrix} = \begin{bmatrix} y_0 \\ y_1 \\ \cdots \\ y_m \end{bmatrix} \tag{2-15}$$

当取权矩阵为单位矩阵时，上式可简化为：

$$\mathbf{A}^{\mathrm{T}}\mathbf{A}C = \mathbf{A}^{\mathrm{T}}y \tag{2-16}$$

进而得到该方程组在最小二乘意义下的最优解可表示为：

$$\boldsymbol{C} = (\mathbf{A}^{\mathrm{T}}\mathbf{A})^{-1}\mathbf{A}^{\mathrm{T}}y \tag{2-17}$$

2.3 云南省公路网等效里程

云南省各地州市有着不同等级的公路，不同等级公路的服务特性不同，服务能力差别很大，应折算成标准的等效里程。

2.3.1 云南省各地州市公路网等效里程计算公式中修正系数的确定

云南是一个高原山区省份，山涧盆地和断层湖泊星罗棋布，盆地、河谷、丘陵、高山、高原相间分布，地貌类型多样复杂。地形一般以元江谷地和云岭山脉南段的宽谷为界，分为东、西两大地形区。东部为滇东、滇中高原，称云南高原。系云贵高原的组成部分，地形波状起伏，平均海拔 2 000m 左右，表现为起伏和缓的低山和浑圆丘陵，发育着各种类型的岩溶地形。西部为横断山脉纵谷区，高山深谷相间，相对高差较大，地势险峻。南部海拔一般在 1 500～2 200m，北部在 3 000～4 000m。西部为横断山脉纵谷区，高山深谷相间，相对高差较大，地势险峻。

云南省分为东、西两大地形区。东部地区是典型的高原山区，以此作为研究对象，分析高原山区地面坡度与公路非直线系数的关系。不同技术等级的公路，地形对路线迂回的影响程度不同。因此，本书对不同技术等级的公路分情况讨论地面坡度与非直线系数之间的关系，建立不同技术等级条件下，地面坡度与非直线系数之间的回归模型，为等效里程换算服务，使高原山区的公路指标与平原地区的公路指标具有可比性。选取云南省已建成的高原山区各等级公路两节点间的实际公路距离及两节点间直线距离，利用两节点间的平均坡度，求解高原山区各种技术等级公路地面坡度与非直线系数之间的相关关系。

1)高原山区各种技术等级公路地面坡度与非直线系数之间的回归模型

(1)云南省高原山区高速公路非直线系数与坡度关系(表2-3)

云南省高原山区高速公路非直线系数与坡度关系表　　表2-3

序　号	直线距离(km)	平均坡度(%)	实际里程(km)	非直线系数
1	5.46	16.90	6.6	1.209
2	12.9	14.70	15.1	1.171
3	10.2	10.10	11.2	1.098
4	17.7	3.50	19.3	1.092
5	19.47	1.30	19.5	1.001
6	50.1	20.80	35.2	1.423
7	110	6.40	122	1.109
8	22.32	14.70	28.8	1.293
9	48.7	9.70	59	1.212
10	30.9	12.70	39.5	1.278
11	21.19	3.10	22.3	1.052
12	37	5.80	40.8	1.103
13	13.4	11.40	15.4	1.149

根据表2-3数据,得到如图2-7的相关关系图。

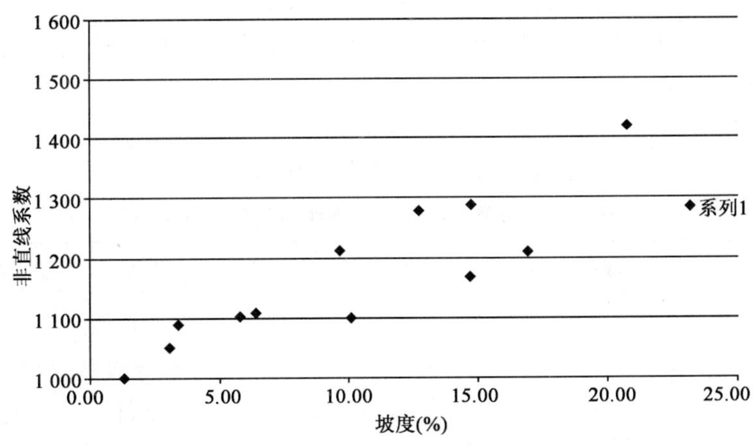

图2-7　高原山区高速公路非直线系数与坡度的相关关系图

①相关性检验

得到相关系数为0.894,取显著性水平$\alpha=0.05$,自由度$=12-1-1=10$,查

相关系数临界值表得 $R_{0.05}(10)=0.576R<0.576$，因为 $|R|>R_{0.05}(10)$，故在 $a=0.05$的显著水平上，检验通过，说明两变量之间相关关系显著，可以曲线拟合，进行回归分析，得到回归模型 。

②建立回归模型并线性化

根据表 2-3 数据，可以得到两变量之间的关系为指数关系，假设两者的回归模型为：

$$y = a\mathrm{e}^{bx} \tag{2-18}$$

线性转化为：

$$\ln y = \ln a + bx \tag{2-19}$$

即：

$$\hat{y} = c + d\hat{x} \tag{2-20}$$

③估计参数

得到 $c=0.004\,811$，$d=1.449$，$a=1.004\,8$，$b=1.449$。

得到回归方程为：$y = 1.004\,8\mathrm{e}^{1.449x}$

④显著性检验

设显著性水平为 $\alpha=0.05$，a 的检验统计量 $t=6.62$，查 t 表知：$t_{0.05/2}(10)=2.228$，得到 $6.62>t_{0.05/2}(10)$。自变量 x 的系数 a 显著性检验显著。

对回归方程做 F 检验，显著性水平 $\alpha=0.05$，

查得 $F_{0.05}(1,11)=3.23$，$F=43.85>3.23$，所以样本的 r^2 是显著的，由此推论已建立的回归模型有效。

回归模型为

$$y = 1.004\,8\mathrm{e}^{1.449x} \tag{2-21}$$

(2)云南省一级及二级公路非直线系数与坡度关系(表 2-4)

云南省一级及二级公路非直线系数与坡度关系 表 2-4

序　　号	直线距离(km)	平均坡度(%)	实际里程(km)	非直线系数
1	5.16	8.80	6.9	1.337
2	8.16	4.70	9.9	1.213
3	8.94	17.10	15.2	1.700
4	6.41	14.80	9.2	1.435
5	5.61	13.80	6.8	1.212
6	11.7	12.70	14.9	1.274

续上表

序　　号	直线距离(km)	平均坡度(%)	实际里程(km)	非直线系数
7	4.05	12.70	5.7	1.407
8	93.9	14.60	140	1.491
9	31.1	24.60	53.8	1.730
10	44.9	13.20	62.7	1.396
11	44	21.70	69.1	1.570
12	27.9	16.70	44	1.577
13	11.3	15.00	16.3	1.442
14	9.74	9.90	12.1	1.242
15	10.5	5.90	12.4	1.181
16	8.66	4.80	9.6	1.109
17	29.9	3.20	31.5	1.054
18	6.52	3.20	6.6	1.012
19	19	8.40	22.2	1.168
20	60.2	3.80	62.6	1.040
21	35.7	13.20	49.6	1.389
22	19.4	10.60	24.7	1.273
23	52.3	15.40	76.9	1.470
24	34.2	14	45.2	1.322
25	40.5	11	58.3	1.440
26	12	11.50	14.3	1.192
27	4.07	11.40	4.5	1.106
28	40	12.90	59	1.475
29	9.92	10.40	12.8	1.290
30	13.3	11.90	15	1.128

根据表2-4的数据，得到一级及二级公路一定路段非直线系数与坡度相关关系图，如图2-8所示。

①相关性检验

得到相关系数为0.854，取显著性水平$\alpha=0.05$，自由度$=30-1-1=28$，查相关系数临界值表得$R_{0.05}(25)=0.380R_{0.05}(28)<0.380$，因为$|R|>R_{0.05}(28)$，

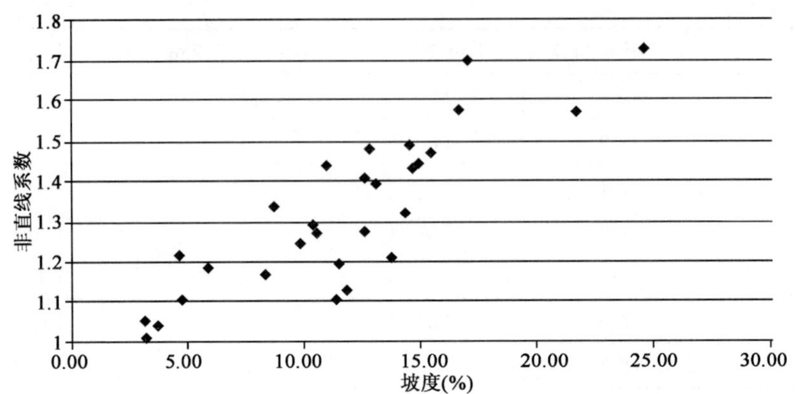

图 2-8　云南省一级及二级公路一定路段非直线系数与坡度相关关系图

故在 $a=0.05$ 的显著水平上，检验通过，说明两变量之间相关关系显著，可以曲线拟合，进行回归分析，得到回归模型 。

②建立回归模型并线性化

根据表 2-4 中数据，可以得到两变量之间的关系为指数关系，假设两者的回归模型为：

$$y = a\mathrm{e}^{bx} \tag{2-22}$$

线性转化为：

$$\ln y = \ln a + bx \tag{2-23}$$

即：

$$\hat{y} = c + d\,\hat{x}$$

③估计参数

得到 $c= -0.013\,15$，$d=2.408\,6$。

得到：$a=0.986\,9$，$b=2.408$

得到回归方程为：$y = 0.986\,9\mathrm{e}^{2.408x}$　　(2-24)

④显著性检验

设显著性水平为 $a=0.05$，a 的检验统计量 $t=8.718$，查 t 表知：$t_{0.05/2}(28)=2.048\,4$，得到 $8.718>t_{0.05/2}(28)$。自变量 x_1 的系数 a 显著性检验显著。

对回归方程做 F 检验，显著性水平 $\alpha=0.05$，

查的 $F_{0.05}(1,29)=2.89$，$F=76>2.89$，所以样本的 r^2 是显著的，由此推论已建立的回归模型有效。

回归模型为：

$$y = 0.9869\mathrm{e}^{2.408x} \tag{2-25}$$

(3)云南省三级公路非直线系数与坡度之间的关系(表 2-5)

云南省三级公路路段非直线系数与坡度关系表 表 2-5

序　号	直线距离(km)	平均坡度(%)	实际里程(km)	非直线系数
1	14.3	3.30	15.4	1.077
2	6.9	2.50	7.2	1.051
3	25.1	9.90	28.9	1.151
4	20.8	11.60	25.3	1.216
5	5.6	2.60	6.0	1.066
6	6.7	3.60	7.4	1.108
7	32.0	6.20	36.4	1.138
8	16.2	9.90	18.4	1.136
9	30.2	9.70	34.7	1.149
10	56.3	13.60	70.8	1.258
11	24.9	25.30	61.1	2.454
12	4.6	13.70	5.9	1.283
13	3.5	6.40	3.8	1.089
14	14.1	13.20	20.5	1.454
15	16.3	13.40	25.4	1.558
16	11.7	9.10	13.5	1.154
17	12.9	15.10	19.4	1.504
18	14.9	7.40	17.8	1.195
19	14.8	10.30	18.4	1.243
20	14.1	5.10	16.8	1.191
21	42.2	14.30	69.9	1.656
22	16.0	16.10	28.0	1.750
23	99.8	22.10	188.0	1.884
24	17.9	17.90	28.8	1.609
25	42.2	18.40	63.6	1.507
26	25.3	16	43.2	1.708

续上表

序　　号	直线距离(km)	平均坡度(%)	实际里程(km)	非直线系数
27	22.0	13.90	29.3	1.332
28	2.2	8.80	2.9	1.300
29	39.5	15.30	63.2	1.600
30	44.5	18	65.4	1.470
31	39.6	12.90	51.8	1.308
32	8.3	6.60	8.7	1.046
33	9.0	30.70	25.6	2.857
34	20.4	21.70	42.4	2.078
35	12.3	13.90	16.8	1.366
36	32.0	7.30	36.8	1.150
37	24.7	14.90	42.2	1.709
38	6.4	10	8.3	1.305
39	14.8	14.20	20.9	1.412
40	6.1	19.30	9.6	1.582
41	11.9	17	19.4	1.630
42	34.6	21	62.8	1.815
43	24.3	11.70	28.2	1.160
44	3.7	12.10	4.6	1.257
45	44.9	13.80	64.6	1.439
46	7.4	11	9.1	1.236
47	15.3	33.10	48.0	3.137
48	12.7	16.90	19.9	1.567
49	5.2	18	8.3	1.612
50	7.7	19.70	14.1	1.829
51	3.4	12.80	5.3	1.582
52	7.9	12.50	9.6	1.215
53	40.6	15.80	56.9	1.401
54	45.6	17.40	75.6	1.658
55	35.7	23	70.3	1.969

续上表

序　　号	直线距离(km)	平均坡度(%)	实际里程(km)	非直线系数
56	8.2	7.70	10.2	1.242
57	12.3	15.10	18.8	1.528
58	6.3	11.70	7.9	1.264
59	16.2	14.50	26.3	1.623
60	26.0	16.30	36.7	1.412

根据表 2-5 数据，得到云南省三级公路路段非直线系数与坡度相关关系图，如图 2-9 所示。

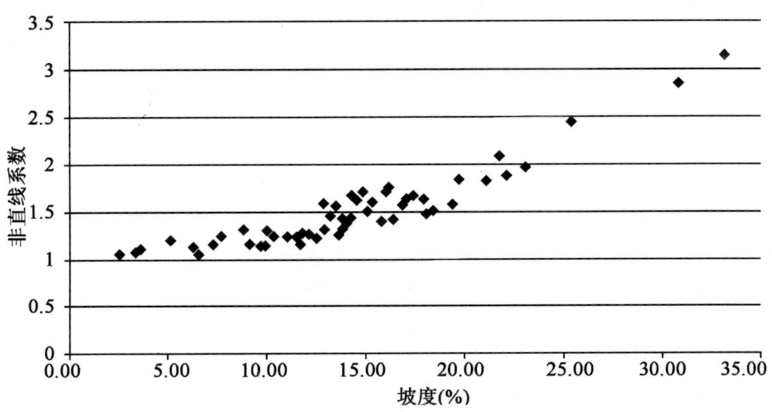

图 2-9　云南省三级公路路段非直线系数与坡度相关关系图

①相关性检验

得到相关系数为 0.962 6，取显著性水平 $\alpha=0.05$，自由度 $=60-2-1=57$，查相关系数临界值表得：$R_{0.05}(57)=0.248$，因为 $|R|>R_{0.05}(57)$，故在 $\alpha=0.05$ 显著水平上，检验通过，说明两变量之间相关关系显著，可以曲线拟合，进行回归分析，得到回归模型 。

②建立回归模型并线性化

根据表 2-4 数据，可以得到两变量之间的关系为指数关系，假设两者的回归模型为：

$$y=ax^2-bx+c \tag{2-26}$$

线性转化为：

$$\hat{y}=ax_1+bx_2+c \tag{2-27}$$

③估计参数

得到 $a=19.94$，$b=-0.293$，$c=1.0667$。

得到回归方程为：

$$y = 19.94x^2 - 0.293x + 1.0667 \quad (2\text{-}28)$$

④显著性检验

设显著性水平为 $\alpha=0.05$，a 的检验统计量 $t=8.486$；b 的检验统计量 $t=-0.379$，查 t 表知：$t_{0.05/2}(\infty)<t_{0.05/2}(57)<t_{0.05/2}(45)$，即 $1.96<t_{0.05/2}(57)<2.104$；$8.484>t_{0.05/2}(57)$，$0.379<t_{0.05/2}(57)$。自变量 x_1 的系数 a 显著性检验显著，但是 $0.379<2.0369$，另外做 F 检验。

对回归方程做 F 检验，显著性水平 $\alpha=0.05$，

查的 $F_{0.05}(2,40)=2.44$，$F=359>3.30$，所以样本的 r^2 是显著的，由此推论已建立的回归模型有效。

回归模型为：

$$y = 19.94x^2 - 0.293x + 1.0667 \quad (2\text{-}29)$$

(4)云南省四级及等外公路一定路段非直线距离与坡度关系(表 2-6)

云南省四级及等外公路非直线系数与坡度关系表 表 2-6

序　　号	直线距离(km)	平均坡度(%)	实际里程(km)	非直线系数
1	2.50	28.20	8.4	3.360
2	1.66	18.10	4.6	2.540
3	1.14	16.90	2.5	2.193
4	0.43	45.30	3.5	8.139
5	1.58	18.60	2.2	1.390
6	2.10	23.70	3.3	1.570
7	2.49	20.60	5.2	2.088
8	1.66	20.70	3.5	2.108
9	1.20	13.50	1.4	1.160
10	1.71	13.80	2.7	1.579
11	2.00	20.90	3.1	1.550
12	1.14	12.50	2.2	1.930
13	1.76	23.60	6.2	3.523
14	1.20	35.30	6.6	5.500
15	5.88	26.70	9.8	1.667
16	1.19	46.50	7.4	6.200

续上表

序　　号	直线距离(km)	平均坡度(%)	实际里程(km)	非直线系数
17	2.85	25.90	7.7	2.700
18	2.21	29.90	6.7	3.030
19	1.76	25.10	2.7	1.530
20	1.34	15.90	1.9	1.418
21	1.69	12.30	3.7	2.189
22	2.26	16.80	4.2	1.858
23	2.97	23.70	10.5	3.535
24	7.90	26.20	13.6	1.720
25	4.25	25.40	11.0	2.580
26	3.89	14.10	6.1	1.568
27	7.54	10.60	10.9	1.445
28	1.93	10.00	3.1	1.606
29	3.48	11.20	5.8	1.667
30	1.79	9.30	2.9	1.620
31	1.71	2.60	1.8	1.050
32	3.51	6.80	4.1	1.168
33	4.03	6.40	4.6	1.141
34	1.96	4.10	2.2	1.122
35	6.08	5.50	7.9	1.299

根据表 2-6 数据，得到云南省四级及等外公路非直线系数与坡度的相关关系图，如图 2-10 所示。

①相关性检验

得到相关系数为：0.912，取显著性水平 $\alpha=0.05$，自由度＝35－3＝32，查相关系数临界值表得：$R_{0.05}(32)=0.3346$，因为 $|R|>R_{0.05}(32)$，故在 $\alpha=0.05$ 的显著水平上，检验通过，说明两变量之间相关关系显著，可以曲线拟合求的回归分析，得到回归模型 。

②建立回归模型并线性化

根据表 2-6 数据，可以得到两变量之间的关系为指数关系，假设两者的回归模型为：

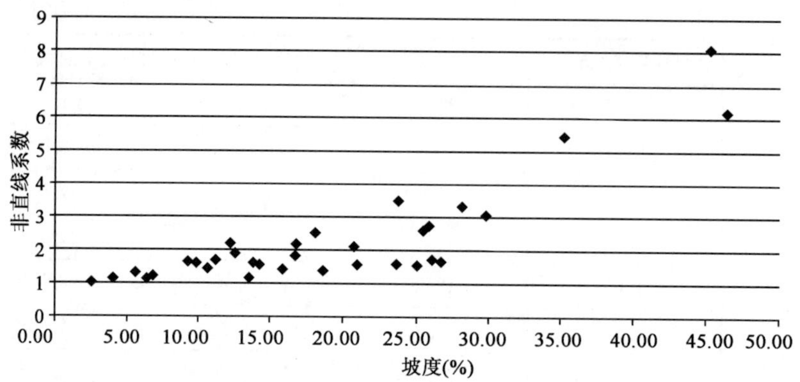

图 2-10　四级及等外公路非直线系数与坡度相关关系图

$$y = ax^2 - bx + c \tag{2-30}$$

线性转化为：

$$y = ax_1 - bx_2 + c \tag{2-31}$$

③估计参数

得到 $a=38.08$，$b=5.626$，$c=1.524$。

得到回归方程为：$y = 38.08x^2 - 5.262x + 1.524$　(2-32)

④显著性检验

设显著性水平为 $\alpha=0.05$，a 的检验统计量 $t=5.1177$；b 的检验统计量 $t=1.4692$，查 t 表知 $t_{0.05/2}(32)=2.0369$，$5.117>2.0369$，系数 α 的自变量 x_1 与因变量的回归关系成立，但是 $1.4692<2.0369$，因此 x_2 系数的相关性另外考虑。

对回归方程做 F 检验，显著性水平 $\alpha=0.05$，查的 $F_{0.05}(2,32)=3.30$，$F=78.805>3.30$，所以样本的 r^2 是显著的，由此推论已建立的回归模型有效。

回归模型为：

$$y = 38.08x^2 - 5.262x + 1.524 \tag{2-33}$$

2.3.2　云南省各地州市不同等级公路修正系数

1）确定云南省各地州市平均坡度的方法及步骤

确定云南省不同技术等级的公路的公路里程修正系数，首先要确定各地州市的平均地面坡度，因为受数据来源限制，采用由各地州市行政中心向 8 个方向放射，求云南省各地州市的平均坡度，如图 2-11 所示。

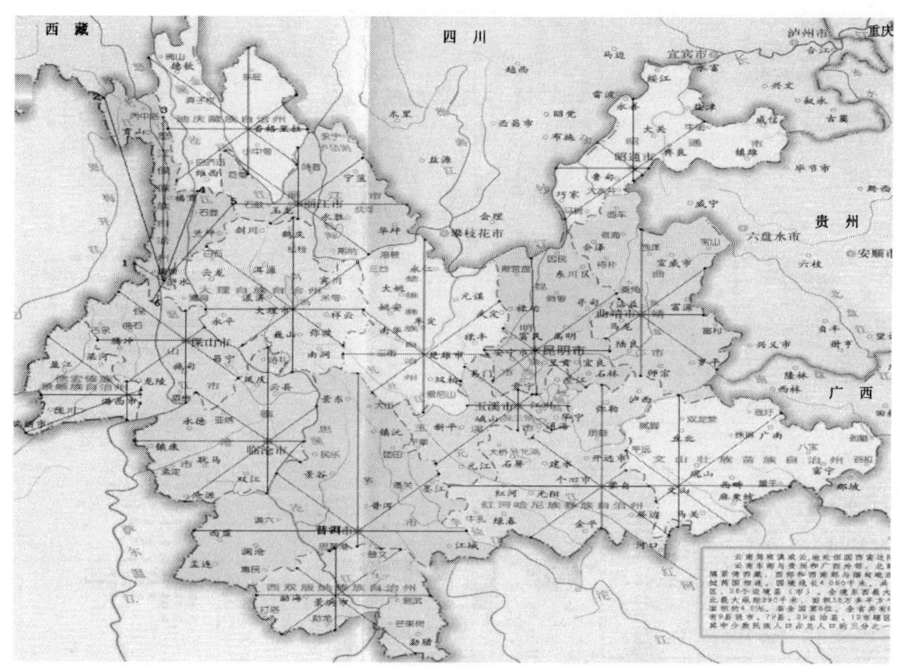

图 2-11　云南省各地州市平均坡度取线示意图

通过此种方法可求得各地州市的平均坡度如表 2-7 所示。

云南省各地州市平均坡度表　　表 2-7

各地州市	平均坡度(%)	各地州市	平均坡度(%)
昆明	9.73	楚雄	12.88
西双版纳	11.63	红河	12.36
保山	13.86	曲靖	7.65
德宏	14.93	玉溪	10.74
丽江	14.94	大理	14.13
普洱	12.81	昭通	12.35
迪庆	19.25	文山	12.26
临沧	15.64		

2)云南省各地州市不同技术等级公路的等效里程修正系数

根据上文中阐述的不同技术等级公路地面坡度与修正系数之间的关系式及表 2-7 的数据，得到云南省各地州市不同技术等级公路的修正系数，如表 2-8 所示。

云南省各地州市不同技术等级公路的修正系数 表 2-8

云南省各地州市	平均坡度(%)	各等级公路的修正系数			
		高速公路	一级及二级公路	三级公路	四级及等外公路
昆明	9.73	1.157	1.247	1.227	1.372
西双版纳	11.63	1.189	1.306	1.302	1.427
保山	13.86	1.228	1.378	1.410	1.526
德宏	14.93	1.247	1.414	1.467	1.587
丽江	14.94	1.248	1.414	1.468	1.588
普洱	12.81	1.210	1.344	1.357	1.475
迪庆	19.25	1.328	1.569	1.749	1.922
临沧	15.64	1.260	1.438	1.509	1.632
楚雄	12.88	1.211	1.346	1.360	1.478
红河	12.36	1.202	1.329	1.336	1.455
曲靖	7.65	1.123	1.187	1.161	1.344
玉溪	10.74	1.174	1.278	1.265	1.398
大理	14.13	1.233	1.387	1.423	1.540
昭通	12.35	1.202	1.329	1.335	1.455
文山	12.26	1.200	1.326	1.331	1.451

2.3.3 云南省各地州市公路网等效里程

由云南省各地州市不同技术等级公路的修正系数表(表 2-8)、云南省各地州市的公路网基础数据即云南省各地州市公路总里程表(表 2-9)、各技术等级公路等效系数表等其他基础数据,利用公路网等效里程计算公式计算可以得到云南省各地州市的公路网等效里程,如表 2-10 所示。

云南省各地州市各等级公路总里程(km) 表 2-9

云南省各地州市	高速公路			一级公路	二级公路	三级公路	四级公路	等外公路
	四车道	六车道	八车道					
昆明	105.669	247.587	5.700	119.961	715.693	598.568	10 313.022	4 020.308
西双版纳	90.416	0.000	0.000	26.710	246.647	25.900	4 129.756	1 750.831

续上表

云南省各地州市	高速公路			一级公路	二级公路	三级公路	四级公路	等外公路
	四车道	六车道	八车道					
保山	112.501	21.532	0.000	21.357	385.887	381.596	7 233.321	3 476.325
德宏	0.000	0.000	0.000	0.000	441.453	214.565	3 594.121	2 726.184
丽江	0.000	0.000	0.000	14.681	240.301	497.614	3 060.939	2 278.770
普洱	134.592	0.000	0.000	0.000	152.843	834.909	9 601.236	8 380.518
迪庆	0.000	0.000	0.000	2.033	170.408	57.487	3 342.642	1 055.518
临沧	0.000	0.000	0.000	22.147	448.512	214.342	7 250.431	5 908.916
楚雄	207.779	93.192	0.000	0.000	184.629	707.030	6 314.071	9 404.791
红河	333.519	0.000	0.000	42.864	392.494	1 284.725	12 339.766	4 942.640
曲靖	175.467	54.810	25.000	229.391	304.862	1004.598	14 658.577	3 859.254
玉溪	167.852	72.099	0.000	77.747	290.702	1 006.404	14 367.357	453.326
大理	225.654	0.000	0.000	70.986	541.923	1 048.737	7 802.536	7 102.328
昭通	135.345	0.000	0.000	0.000	407.000	210.478	6 583.767	7 355.822
怒江	0.000	0.000	0.000	0.000	32.924	129.360	1 699.701	1 864.922
文山	303.111	0.000	0.000	0.000	109.808	1 302.016	8 227.667	3 297.529

云南省各地州市公路网等效里程(km) 表2-10

云南省各地州市	各等级公路折算里程								各地州市公路网等效里程
	高速公路			一级公路	二级公路	三级公路	四级公路	等外公路	
	四车道	六车道	八车道						
昆明	334.31	1142.90	32.91	192.35	573.80	258.50	751.50	19.04	3 305.2
西双版纳	278.29	0.00	0.00	40.91	188.90	10.54	289.40	7.98	816.0
保山	335.21	93.61	0.00	31.00	280.00	143.50	473.90	14.80	1 372.0
德宏	0.00	0.00	0.00	0.00	312.30	77.49	226.50	11.17	627.4
丽江	0.00	0.00	0.00	20.76	169.90	179.60	192.80	9.33	572.5
普洱	407.18	0.00	0.00	0.00	113.80	326.10	651.00	36.93	1 535.0
迪庆	0.00	0.00	0.00	2.59	108.60	17.42	173.90	3.57	306.1
临沧	0.00	0.00	0.00	30.80	311.90	75.29	444.20	23.53	885.7

续上表

云南省各地州市	各等级公路折算里程								各地州市公路网等效里程
	高速公路			一级公路	二级公路	三级公路	四级公路	等外公路	
	四车道	六车道	八车道						
楚雄	628.03	410.98	0.00	0.00	137.20	275.60	427.30	41.37	1 920.4
红河	1 015.60	0.00	0.00	64.50	295.30	509.80	847.80	22.07	2 755.1
曲靖	572.08	260.77	148.80	386.66	256.90	458.50	1 090.00	18.66	3 192.8
玉溪	523.30	327.96	0.00	121.66	227.50	421.50	1 028.00	2.11	2 651.7
大理	669.82	0.00	0.00	102.38	390.80	390.50	506.50	29.97	2 089.9
昭通	412.22	0.00	0.00	0.00	306.30	83.56	452.50	32.86	1 287.5
文山	924.34	0.00	0.00	0.00	82.82	518.50	566.90	14.77	2 107.3

第3章　高原山区公路网规模与区域经济、面积及人口均衡性评价

中国国土面积辽阔，经纬度跨度大。各地区间自然条件、交通通信条件、社会发展程度、人文条件、经济发展基础的差异，决定了各地区经济发展水平的不同。从较大尺度讲，中国存在着严重的东部、中部、西部三大经济地带经济发展的不均衡性。在中国，不仅大的地域单元间存在着经济发展的差距，在省、市、区及不同县、市间，其经济发展差距也十分明显。

云南省受到自然地理条件的限制，公路以外的其他运输方式无法建设或是规模较小，无法承担较大的客货运输量，因此公路交通在云南省的交通方式中占据极其重要的地位。公路网规模的绝对平均和非均衡的发展模式，对经济和社会的发展是不利的。因此，西部大开发、云南大发展，在实施区域经济发展战略选择上，应注意避免以上两种不利局面发生。本书以经济、人口、区域面积等公路网影响因素为主要指标，研究评价云南省各地州市公路网规模的均衡发展，进而促进云南各地区经济及社会均衡发展。

首先，对影响公路网规模的经济、人口及区域面积等主要因素进行分析。

①经济发展水平。实证研究结果表明交通基础设施的路网密度与经济增长指标之间具有很强的正相关关系，单位平方公里公路营运里程与GDP之间存在一元线性关系。在评价过程中，除了考虑公路网规模与现有经济需求(GDP)是否匹配外，更应注重潜在经济需求，挖掘贫困地区的发展潜力。

②人口规模。一个国家或地区的人口规模越大，则需要更多的承担旅客运输的交通基础设施；反之，人口数量越少，公路网规模需求越小。人口的空间分布格局也会对路网规模需求有所影响。

③区域面积。一般而言区域面积越大，对公路网的需求越大，反之则需求越小；地形、地质条件会影响交通线路的布局和路网规模，复杂地形、地质地区的交通基础设施的建设成本比较高，影响交通建设的速度，并通过对城镇布局规模的影响进而决定路网的形式、规模。由于区域面积需求和人口需求比较容易理解，因此在这里只集中分析经济需求。

其次，分析云南省各地州市公路网供给情况。分析各等级道路比重，应用等效系数和地形修正系数对道路等级进行折算，计算等效里程，使得具有高原山区

特性的云南省公路网供给水平的评价更具合理性和科学性。

最后,采用基尼系数对云南省各子区域之间供需的均衡性进行评价。以影响公路网规模的主要因素——经济(人口或区域面积)为横轴,公路网等效里程为纵轴,绘制洛伦茨曲线,通过图形拟合计算基尼系数。再应用差距系数法对子区域间的不均衡差距进行分析,完成公路网规模与经济、区域及人口均衡性的评价体系。图3-1为公路网规模与经济、区域及人口均衡性评价思路图。

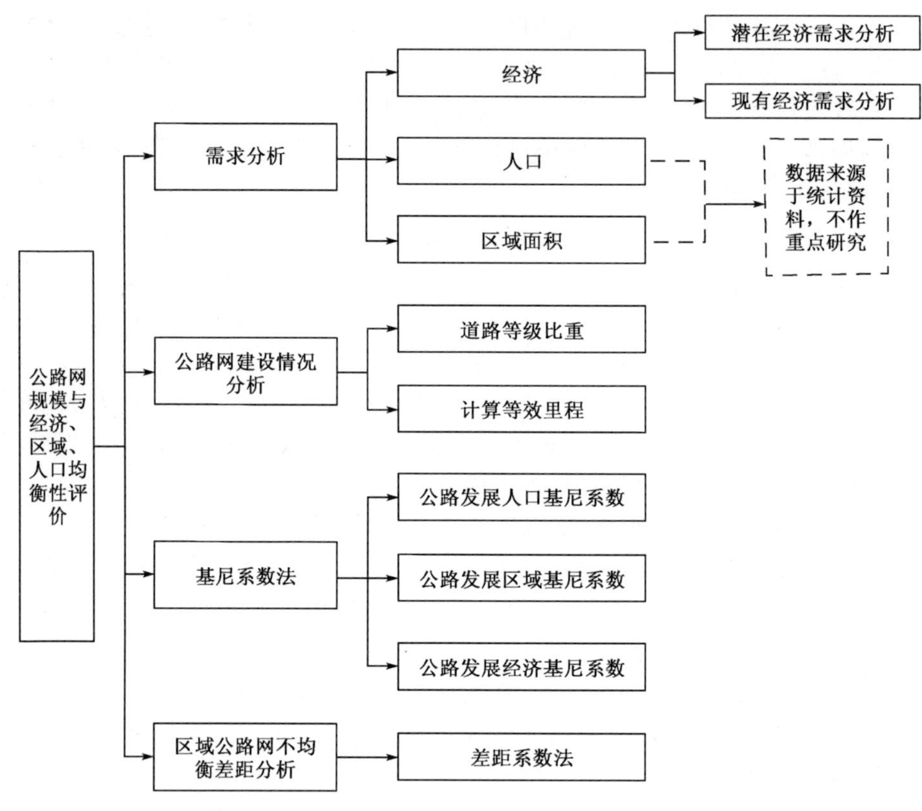

图3-1 公路网规模与经济、区域及人口均衡性评价思路图

3.1 经济需求分析

一个地区自然资源储量的多少,是影响经济增长的一个重要条件。但是,从实际来看,自然资源禀赋丰富的地区,未必是经济增长最快的地区,甚至可能是落后地区。中国地域广阔,各地区资源和经济发展的程度差异很大,处于西南地

区的云南蕴藏着十分丰富的矿产资源、能源资源、水力资源、森林资源和旅游资源。但是，由于地形条件复杂，不少资源质量不高、开发难度大、资源分布不均衡、不匹配，与生产力布局不协调，外加路网建设不完善，区域公路网布设不合理，部分贫困地区丰富的自然资源得不到开发，不仅没有成为其经济腾飞的基础，反而成为约束其经济发展的一大桎梏。从公路网发展的角度来说，希望通过分析经济需求来进行公路网基础设施建设，寻求改善这一现状的有效途径。

3.1.1 现有经济需求分析

1)现有经济需求的概念

现有需求是指现有公路网规模影响下的经济社会发展水平。社会经济活动对公路的需求作用一定程度上是通过经济发展水平的形式反映出来的，是指满足现有公路网技术水平下的经济、人口及区域面积的需求。

从定性的角度来看，结合发达国家的经济与公路发展历程及我国公路网发展实际，将我国经济发展水平划分成三个层次：第一层次，经济规模较小，人均国民生产总值低，第一产业所占比重较高，第三产业比重很低，经济活动不够频繁；第二层次，经济规模及人均国民生产总值都有较大增长，增速较快，第三产业比重逐渐升高，产业布局趋向合理，经济活动频繁程度逐渐增加；第三层次，经济总量及人均国内生产总值都达到非常高的水平，第一产业所占比重很低，第三产业发展趋于成熟，所占比重远大于第一、第二产业比重之和。

2)现有经济需求水平评价

采用经济指数法对现有需求经济水平进行评价。从协同学的角度来讲，公路网发展变化取决于两个因素：一是作为控制参量的“经济因素”是决定公路网发展的外因；二是公路网各功能方面的协调发展，是决定公路网发展的内因。本章节仅分析公路网与经济关系。在这里“经济因素”用经济指数表示：

$$E = \gamma_1 \frac{G}{G_{\max}} + \gamma_2 \frac{T}{T_{\max}} + \gamma_3 \frac{D_{\min}}{D} \tag{3-1}$$

式中：E——经济指数；

G、$G_{\max}$——分别为实际人均 GDP 和公路网饱和状态时最大人均 GDP，美元；

T、$T_{\max}$——分别为实际的和公路网饱和状态最大的第三产业比重；(根据主要发达国家公路网达到饱和状态时的平均数据，确定 $G_{\max}$、$T_{\max}$、$D_{\min}$ 分别为 14 500、69％、2％。)

D、$D_{\min}$——分别为实际的和公路网饱和状态最低的第一产业比重；

γ_1、γ_2、γ_3——待定系数。根据经济学相关论文的研究报告，人均 GDP 与两项产业结构比重作用之和相等；第一与第三产业结构比重在经济指数中起相同作用。因此分别采用 0.5，0.25，0.25。

从我国发展情况来看，西部地区总体现状较符合经济层次划分中第一层次的状态描述，其中经济发展情况较好的省份既有第一层次的特点：经济规模较小，人均国民生产总值低；又有第二层次的特点：经济规模及人均国民生产总值增速较快，第三产业比重逐渐升高，经济活动频繁程度逐渐增加。根据董兴武等人的"基于经济发展层次的公路网适应性研究"，认为较发达的西部省份处于第一和第二经济层次的临界状态，以其经济指数为第一经济层次上限值，将经济发展划分为以下三个层次：

$$\begin{cases} \text{当 } E < 0.18 \text{ 时，} & \text{第一层次} \\ \text{当 } 0.18 \leqslant E < 1 \text{ 时，} & \text{第二层次} \\ \text{当 } 1 \leqslant E \text{ 时，} & \text{第三层次} \end{cases}$$

搜集《云南统计年鉴 2009》的数据，采用人民币：美元＝1：0.144 的汇率代入式(3-1)得出云南 16 个地州市的经济指数，如表 3-1 所示。

2008 年云南省 16 个地州市经济指数 表 3-1

地　区	人均 GDP（元）	人均 GDP（美元）	第三产业比重（%）	第一产业比重（%）	经济指数
昆明	25 826	3 718.944	47.4	6.5	0.376 9
迪庆	14 817	2 133.648	47.3	11.7	0.321 96
玉溪	26 260	3 781.44	27.1	10.8	0.274 88
丽江	8 301	1 195.344	44.6	20.6	0.227 09
怒江	8 221	1 183.824	40	13.2	0.223 63
西双版纳	11 504	1 656.576	40.4	30	0.220 17
德宏	8 439	1 215.216	42.2	29.6	0.211 69
大理	10 661	1 535.184	37.2	26.1	0.206 88
楚雄	11 389	1 640.016	34	24.3	0.200 32
保山	7 898	1 137.312	39.7	31.8	0.198 78
文山	7 151	1 029.744	38.4	26.2	0.193 72
曲靖	13 684	1 970.496	27	19.2	0.191 82
红河	11 718	1 687.392	28.1	18.7	0.186 74
普洱	6 975	1 004.4	36.1	31.9	0.181 11
昭通	5 163	743.472	32.6	24.5	0.164 16
临沧	6 605	951.12	30.9	36.3	0.158 53

由云南各地州市经济指数得出，大多数地州市处于第二层次，第三产业比重具有明显优势。昭通和保山处于第一层次，昭通的第三产业比重虽然高于第一产业，但经济活动不够频繁，并且人口比重大，导致人均GDP较低，原因可能有公路建设相对滞后，未能满足第三产业的扩大需求；而临沧的经济水平较低，目前产业结构仍以第一产业为主，应考虑加大公路网建设的规模，来带动地区经济发展，产业结构的优化。曲靖、保山、文山三个地州市属于第二层次，但接近第二层次和第三层次的临界值，同时具有两个层次的一些特点。经济发展已具备一定规模，第三产业所占比重略高于第一产业，但差距不是太大，原因可能有路网布局的不合理性及服务水平不高。

3.1.2 潜在经济需求分析

这部分需求是由资源引发出来的潜在的经济社会需求，进而带动对公路服务的潜在需求。这种潜在需求由于种种原因还没有明确的显示出来。从可持续发展的角度分析，一旦条件成熟，潜在需求就转化为现有需求。

1)潜在经济需求分析的必要性

潜在需求的研究对象是狭义上的自然资源，即与生产紧密相关的自然资源。如水资源、矿产资源、能源资源、耕地资源和林业资源等。地区具有某种自然资源就意味着它具有发展相关经济活动的潜能，这种潜能不被开发，就不会产生经济效益，反之，则会促进经济的发展。这种自然资源，大多分布在贫困山区，道路条件比较落后，严重制约了当地的经济发展。开发资源的潜在经济价值，公路服务水平的保障是必不可少的。资源开发过程与交通、经济的关系可以用图3-2说明。

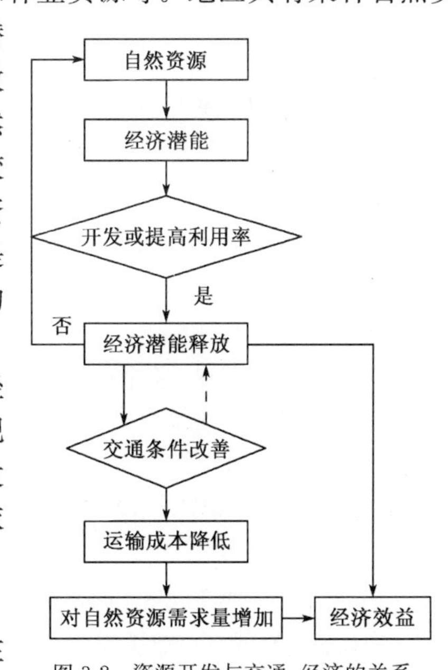

图3-2 资源开发与交通、经济的关系

从图3-2可以看出，只有确定了潜在经济价值量，才能从可持续发展的角度衡量现有路网规模是否满足总需求量，为改善和发展交通设施、提高运输供给能力提供了依据，因此需要对潜在经济价值进行量化。

2)潜在经济需求分类

资源分为可再生和非可再生两种，潜在经济价值概念的界定及方法的选取是否一致？自然资源有多少经济潜能可以开发，或者利用度是否还能提高，即经济潜能是否能够释放，释放多少？仍然是两个非常复杂的问题，影响因素（政策、市场等）很多，由于时间和资料的不足，如果依据资源潜在经济价值的最大值来指导未来公路网规模的预测，势必会造成道路闲置或低利用率，因此这里所计算的潜在经济价值仅仅是短期内开发难度低或利用率较易提高而形成的潜在经济价值。可再生资源（水、林业及耕地）的潜在经济价值，以一年内省内环境利用率较好的地区为标准，计算该年提高利用率得到的那部分价值，而非可再生资源（矿产和能源）的潜在经济价值，则以近期保有储量为依据，计算未来近几年的潜在经济价值。主要研究潜在经济价值对国内生产总值 GDP 的贡献，进而转化为潜在经济价值。

（1）水资源潜在经济价值

经济学中的柯布—道格拉斯函数 $Q=A\times K^{\alpha}\times L^{\beta}$，说明当生产资本增加 1%时，产出平均增长 α%；当投入生产的劳动力增加 1%时，产出平均增长 β%。

生产函数表示的是生产中投入量和产出量之间的依存关系，基于水是经济增长的唯一不可替代而且是制约的要素，将产品中的水资源利用量列为生产函数的自变量之一，可得公式如下：

$$Q = A \times K^{\alpha} \times L^{\beta} \times W^{\gamma} \tag{3-2}$$

式中：Q——国民生产总值；

A——常数；

K——固定资产投入；

L——劳动力；

W——用水量；

α——固定资产投资弹性；

β——劳动力弹性；

γ——用水弹性。

在这里，借鉴经济学中的假设 $\alpha+\beta+\gamma=1$，可以把技术、资本、劳动各因素对经济产出的作用分离出来，从中可以得出水资源利用率每增加 1%，产出平均增长 γ%。

将 $\gamma=1-\alpha-\beta$ 带入并整理得：

$$\ln Q - \ln W = \ln A + \alpha(\ln K - \ln W) + \beta(\ln L - \ln W) \tag{3-3}$$

以式(3-2)、式(3-3)来计算各地州市的用水弹性 γ，并与 2008 年全国水资源开发利用率进行比较，推算出各地区达到全国水资源利用率水平后的潜在经济价值。

根据《云南统计年鉴》(2003～2007)和《云南水资源公报》(2003～2007)中国民生产总值、固定资产投资、就业人员及用水量的历史数据，进行参数估计和回归分析，得到参数 A、α 及 β 的值，进而用 $\gamma=1-\alpha-\beta$ 计算出云南各个地州市用水弹性 γ，如表 3-2 所示。

云南各地州市 2008 年水资源利用率及用水弹性计算结果　　表 3-2

地区	昆明	曲靖	玉溪	保山	昭通	丽江	普洱	临沧
GDP(万元)	16 053 993	7 875 678	5 960 973	1 940 496	2 722 801	1 011 490	1 798 569	1 568 740
γ	0.016 6	0.158 9	0.277 6	0.051 0	0.039 6	0.021 8	0.215 3	0.146 9
利用率(%)	33.3	10.5	22.9	5.8	6	7	3.6	6
地区	楚雄	红河	文山	西双版纳	大理	德宏	怒江	迪庆
GDP(万元)	3 060 166	5 146 961	2 445 148	1 227 785	3 716 977	996 655	436 661	556 760
γ	0.089 1	0.345 3	0.277 5	0.196 6	0.193 8	0.289 1	0.121 0	0.163 6
利用率(%)	17.5	7.7	4.3	6.7	12.3	5.4	0.8	1.1

2008 年全国水资源利用率为 20%，若各地州市均达到 20%，则潜在经济价值如表 3-3 所示。

云南省各地州市水资源生产函数下的潜在经济价值　　表 3-3

地区	昆明	曲靖	玉溪	保山	昭通	丽江	普洱	临沧
潜在 GDP (万元)	无	1 251 190	无	98 954.6	107 897	22 007.176	387 266	230 491
地区	楚雄	红河	文山	西双版纳	大理	德宏	怒江	迪庆
潜在 GDP (万元)	272 724.9	1 777 471	678 590	241 418	720 266	288 133.12	56 320.7	91 078.1

(2)林业资源潜在经济价值

本书只对林地后备资源储量及发展趋势进行分析，而未将其列入潜在经济价值进行计算，目的只为今后公路网规划提供方向。主要原因是森林资源禀赋与贫困之间无相关性。虽然森林的潜在经济价值(包括经济价值、生态价值及绿色 GDP 等)很大，但森林资源，特别是保护区内的森林资源由于受到国家的拯救性保护，对森林的无序开发起到了制约作用，加之森林资源属于国家拥有，不允许贫困人口随意开发利用。因此，就出现了森林面积越丰富的县，其贫困程度越大的现象。另外，除去社会因素，并受到数据及资料的限制，使得计算理想情况下的潜在经济价值的过程非常复杂，且可靠度低。

森林资源包括物质资源和非物质资源两大类，其中物质资源包含林木资源、土地资源、野生生物资源。非物质资源包含森林景观资源、生态效能资源、社会效能资源。本处所指的森林资源指狭义的森林资源，即林木资源。

云南林业形成了以七大片区为主的发展模式。各片区的林业经济发展状况：滇南Ⅰ片区包括红河、普洱、保山、德宏和临沧，经济水平低，以耗材为原料的商品林产业主产区，居全省首位；滇南Ⅱ片区包括西双版纳，经济水平高，人口多，可采资源少，非木材生产区，以生态产业为主；滇南Ⅲ片区包括文山，经济水平低，人多林少，非木材生产区，依靠以八角为主的特色经济和林药为主的林下资源；滇中Ⅰ片区包括大理和楚雄，经济水平中等，人口多，可采资源少，交通好，具备工业基础，依靠以核桃为主的特色经济林；滇中Ⅱ片区包括昆明、曲靖和玉溪，经济水平高，人口多，是政治经济文化中心，以林业的加工、科技、市场交易为主；滇西北区包括丽江、怒江和迪庆，经济水平较低，人口稀疏，林木生长小于消耗，依靠鹿茸、野生菌等林下资源；滇东北区包括昭通，经济水平低，人口最密集，林地最少，依靠竹产业和林下资源。对七大片区林业资源情况的数据进行搜集整理，汇总如表 3-4 所示。

云南省林业资源潜在经济价值 表 3-4

片区	地区	年生长量（万 m^3）	年消耗量（万 m^3）	年净生长量（万 m^3）	商品林面积（万亩）	林业生产总值（万元）	后备储量（万亩）
滇南Ⅰ片区	红河				31.652	87 337	581.605 8
	普洱				45.45	212 035	835.157 4
	保山				47.15	140 023	866.386 2
	德宏				12.347	53 065	226.870 6
	临沧				48.434	116 988	889.980 1
	合计	1 393	1 174	219	185.03	609 448	3 400
滇南Ⅱ片区	西双版纳	140	59	81	16.181	318 307	127
滇南Ⅲ片区	文山	202	127	75	14.702	42 046	323
滇中Ⅰ片区	大理				101.77	127 908	432.301 4
	楚雄				69.609	84 928	295.698 6
	合计	381	223	156	171.38	212 836	728
滇中Ⅱ片区	昆明				1.2	59 335	3.700 685
	曲靖				180.61	82 757	556.985 5
	玉溪				16.964	29 370	52.313 81
	合计	238	119	119	198.77	171 462	613

续上表

片区	地区	年生长量（万 m³）	年消耗量（万 m³）	年净生长量（万 m³）	商品林面积（万亩）	林业生产总值（万元）	后备储量（万亩）
滇西北区	丽江				26.031	24 762	89.912 01
	怒江				16.241	11 567	56.095 27
	迪庆				10.71	71.4	36.992 72
	合计	183	185	资源赤字	52.982	36 400.4	183
滇东北区	昭通	71	23	48	35.537	44 867	0

注：1 亩＝666.67m^2。

(3)耕地资源潜在经济价值

在耕地资源潜在经济价值的限制因素中，云南省温度条件较好，降水量是限制农作物产量的主要因素，利用气候生产潜力模型计算出产量，能够得出耕地资源短期内的潜在经济价值。图 3-3 为云南省耕地分布图。

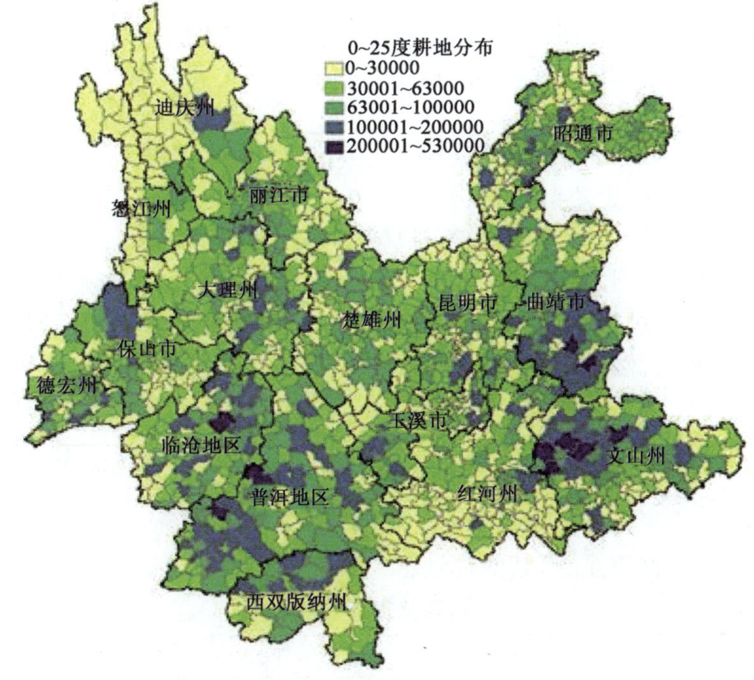

图 3-3　云南省耕地分布图

气候生产潜力是指在光、温度、水资源等条件处于最适宜状态，作物利用这些条件的潜在生产力。

国内外常用的比较成熟的模型有 Miani 模型、Thomthwaite Memorial 模型等。由于后者还综合了除温度和降水量以外的气候因素，更接近实际情况，因此本书以采用 Thomthwaite Memorial 模型计算出的生产潜力为准，同时应用 Miani 模型的计算结果进行数据对比。

Miani 模型

$$T_{SPT}=\frac{3\,000}{1+e^{1.315-0.119t}} \tag{3-4}$$

$$T_{SPN}=3\,000(1-e^{-0.000\,664N}) \tag{3-5}$$

式中：　t——年平均气温，℃；

N——降水量，mm；

e——自然对数的底数；

T_{SPT}和T_{SPN}——以温度和降水量估算的作物干物质产量，g/(m^2·年)。

Thomthwaite Memorial 模型

$$T_{SPV}=3\,000[1-e^{-0.0\,009\,695(V-20)}] \tag{3-6}$$

式中：T_{SPV}——以实际蒸散量计算得到的作物干物质产量，g/(m^2·年)；

V——年平均实际蒸散量，mm,，可用 Ture 公式计算：

$$V=\frac{1.05N}{\sqrt{1+(1.05N/L)^2}}$$

L——年最大蒸散量，mm，$L=300+25t+0.005t^3$（此式只有当 $N>0.316L$时才适用，否则 $V=N$）。

但云南属于典型的高原山区，地形条件对农产品产量的影响很大，不能忽略，因此需对公式进行修正，修正系数如表 3-5 所示，参考邹玥、樊毅等人的《海拔因子对农用地自然质量等指数影响研究》，修正后的公式为：

$$T_{SPT}=\frac{3\,000}{1+e^{1.315-0.119T}}f \tag{3-7}$$

$$T_{SPN}=3\,000(1-e^{-0.000\,664N})f \tag{3-8}$$

$$T_{SPV}=3\,000[1-e^{-0.0\,009\,695(V-20)}]f \tag{3-9}$$

式中：f——地形修正系数，其他符号意义如前所示。

地形修正系数表　　表 3-5

海拔(m)	≤1 500	1 500～1 750	1 750～2 000	2 000～2 225	2 225～2 500	≥2 750
地形修正系数	1.335	1.248	1.14	1.033	0.925	0.71

这两种模型是较为理想状态下的结果，考虑到云南实际生产能力，很难达到这个标准。因此在计算出根据实际蒸散量得到的产量后，以地州市中气候、地形

条件相近的地区为标准，将理想状态下的产量折算为该地区能够达到的潜在产量。

根据《云南统计年鉴 2009》中的数据，将主要作物经济产量除以经济系数转换为作物产量，进而求和再平均计算作物实际平均单产，与模型计算出的农业潜在产量做商求得利用率。经济系数、模型计算出的平均产量、实际平均产量及利用率如表 3-6 所示。表 3-7 所示为 2008 年云南 16 个地州市潜在产量及实际平均单产表。

农产品经济系数表　　表 3-6

农产品	经济系数	农产品	经济系数	农产品	经济系数
谷物	0.5	油料	0.65	茶叶	0.65
豆类	0.25	甘蔗	0.6	水果	1
薯类	0.78	烤烟	0.65	蔬菜	1
药材	1	食用菌	1		

2008 年云南 16 个地州市潜在产量及实际平均单产表　　表 3-7

地区	年平均气温（℃）	年降水量（mm）	T_{SPT} [g/(m²·年)]	T_{SPN} [g/(m²·年)]	T_{SPV} [g/(m²·年)]	实际平均单产 [g/(m²·年)]	利用率（%）
德宏	19.7	1 598.1	2 950.8	2 619.02	2 020.92	3 660.66	>100
临沧	18.1	1 016.3	2 796.43	1 965.47	1 789.82	2 487.33	>100
玉溪	15.9	967.9	2 397.66	1 775.11	1 581.58	1 873.27	>100
西双版纳	21.1	1 311.1	2 874.62	2 176.34	1 877.78	1 925.34	>100
保山	16.4	966.3	2 448.52	1 773.02	1 597.18	1 510.07	94.55
红河	18.7	1 285.9	2 855.81	2 299.76	1 910.02	1 143.01	59.84
大理	15.7	931.2	2 171.36	1 577.13	1 424.1	838.77	58.9
昆明	14.5	982.2	2 056.13	1 638.49	1 406.41	793.98	56.45
丽江	12.8	918.5	1 531.42	1 267.03	1 078.76	596.89	55.33
楚雄	16.1	882.6	2 208.85	1 516.69	1 413.88	738.04	52.2
普洱	19.1	1 544.7	2 894.42	2 569	1 985.69	1 034.82	52.11
迪庆	8.4	814.8	898.43	890.02	712.37	246.72	34.63
曲靖	15.1	1 039.1	2 114.23	1 704.55	1 444.35	488.67	33.83
昭通	11.8	866.1	1 955.44	1 637.42	1 399.22	438.43	31.33
怒江	16	1 299.3	2 575.76	2 314.87	1 803.21	513.52	28.48
文山	17.6	1 028.3	2 745.63	1 981.65	1 778.17	452.41	25.44

德宏、临沧、玉溪、西双版纳平均海拔均属偏低，且降雨量丰富，温度适宜，自然生产条件优越，因此蒸散量气候产量利用率超过100%，但小于温度气候产量（除德宏）；大理、昆明、楚雄海拔稍高，温度和降水量也有所下降，因此利用率在50%～60%，认为利用率较高。由于提高全省整体水平带来的潜在经济价值不确定因素较多，但就省内进行对比，以上这些地区已超过全省生产力平均水平，短期潜在经济价值不是太大，可以忽略，或者说较难挖掘，因此视其潜在经济价值为0。迪庆利用率仅为34.63%，这与海拔高、温度和降水量均属最低、气候地形条件差有直接关系，因此提高农业产量难度较大，视其潜在经济价值为0。而利用率排名落后于迪庆的曲靖、昭通、怒江和文山四个地区，与自然条件状况相近的地区比较，相对落后，但经济潜力较大。假定四个地区的利用率能提高10%，根据产值与经济价值的线性关系，计算其潜在经济价值。

16个地州市耕地潜在经济价值如表3-8所示。

云南16个地州市2008年耕地资源潜在经济价值 表3-8

地区	昆明	曲靖	玉溪	保山	昭通	丽江	普洱	临沧
潜在经济价值（万元）	0	343 935	0	0	142 422	0	0	0
地区	楚雄	红河	文山	西双版纳	大理	德宏	怒江	迪庆
潜在经济价值（万元）	0	0	197 855	0	0	0	12 805.6	0

（4）矿产资源潜在经济价值

矿产资源潜在的西部矿产资源接替基地，是我国目前中东部矿产资源主要产区资源耗竭后的西部后备接替资源，是满足我国经济建设和可持续发展对重要矿产资源需求的保障。考虑到目前我国东中部地区一些主力矿山寿命已经处于中后期，近年来，通过地质大调查，提高了西部重要成矿区带矿产资源调查评价工作力度。我国西部地区成矿地质条件优越，发现新矿产地的潜力巨大。表3-9所示为云南省16个地州市矿产资源储量。

随着西部大开发进程的日益深入，基础设施建设在不断完善，云南省地处西南边陲，矿产资源所在的区域是我国传统落后地区，海拔高，地形复杂，自然环境比较恶劣，以公路为主的交通基础设施建设落后，而且矿区普遍距离区域经济中心较远，矿产资源更是需要经过长途运输才能到达东部的加工制造业中心，运输成本昂贵使得矿产资源的区位条件均处于劣势。交通基础设施还远远没有满足矿业开发的要求。考虑到区域人口偏少，国土面积辽阔，总体而言云南地区交通条件落后，严重制约着西部矿产资源向区域外的输出。图 3-4 为云南矿产资源与综合交通分布图。

云南省 16 个地州市矿产资源储量　　表 3-9

矿　种	所属地州市	计 量 单 位	储　量	合计(万 t)
玻璃用砂岩	昆明	矿物万吨	1 535	1 547 504.56
玻璃用砂岩		矿物万吨	448	
硅藻土		矿物万吨	7 759	
磷		矿石万吨	227 700	
钛		矿石万吨	800	
铜		金属万吨	355	
锡		金属万吨	6.56	
盐		氯化钠万吨	1 308 900	
磷	曲靖	矿石万吨	630 000	662 768
硫铁矿		矿物万吨	32 579	
铅锌		金属万吨	189	
铁	玉溪	矿石万吨	52 100	52 255.6
铜		金属万吨	155.6	
汞	保山	金属万吨	21 856	88 538.01
硅藻土		矿物万吨	60 000	
铍		矿物万吨	0.51	
铅锌		金属万吨	96.5	
铁		矿石万吨	6 585	
硫铁矿	昭通	矿物万吨	2 345	2 512.02
铅锌		金属万吨	166.92	
银		金属万吨	0.1	
铅锌	普洱	金属万吨	66.76	66.76
锗	临沧	矿物万吨	669.78	669.78
铂钯	楚雄	金属万吨	5.93	111 190.797 6
蓝石棉		蓝棉万吨	4.037 6	
钛		矿石万吨	87 000	
铁		矿石万吨	24 100	
铜		金属万吨	80.83	

续上表

矿　种	所属地州市	计量单位	储　量	合计(万 t)
锰	红河	矿石万吨	27 050 000	27 050 257.9
镍		金属万吨	5.3	
钛		矿石万吨	80	
锡		金属万吨	172.09	
银		金属万吨	0.510 1	
汞	文山	金属万吨	920	1 877.2
铝土矿		矿石万吨	907.2	
锑		金属万吨	17.38	
钨		矿物万吨	1.95	
锡		金属万吨	30.67	
盐	西双版纳	氯化钠万吨	860 700	860 700
铂钯	大理	金属万吨	45.24	51.82
锑		金属万吨	6.58	
锡	德宏	金属万吨	6.29	6.29
铅锌	怒江	金属万吨	1 547.6	1 547.689 3
云母		云母万吨	0.089 3	
钨	迪庆	矿物万吨	4.99	4.99

据资料显示，云南省矿产资源的潜在经济价值在 9.4 万亿左右。在矿业经济学领域，就矿业资源潜在经济价值已进行了很多研究。最简单且易于非矿业人员理解的，是通过不同勘察开发阶段的价值系数、不同开采难度的价值系数以及市场价格的选取来计算其潜在经济价值。化简整理后的公式为：

$$V = Q \cdot S \cdot D \cdot C \tag{3-10}$$

式中：V——矿产资源潜在经济价值；

Q——矿产资源量或储量；

S——不同勘察开发阶段的经济价值系数；

D——不同开采难度的经济价值系数；

C——矿产资源的单位价值。

从式(3-10)中可以得出，矿产资源的潜在经济价值是以储量和价格为基础，经过不同勘探开发阶段和开采难度系数的调整后得到的资产价值，并不是单纯数量和价格相乘的结果。其中众多的相关因素，受到专业跨度较大及时间、资料的限制，无法通过公式计算。

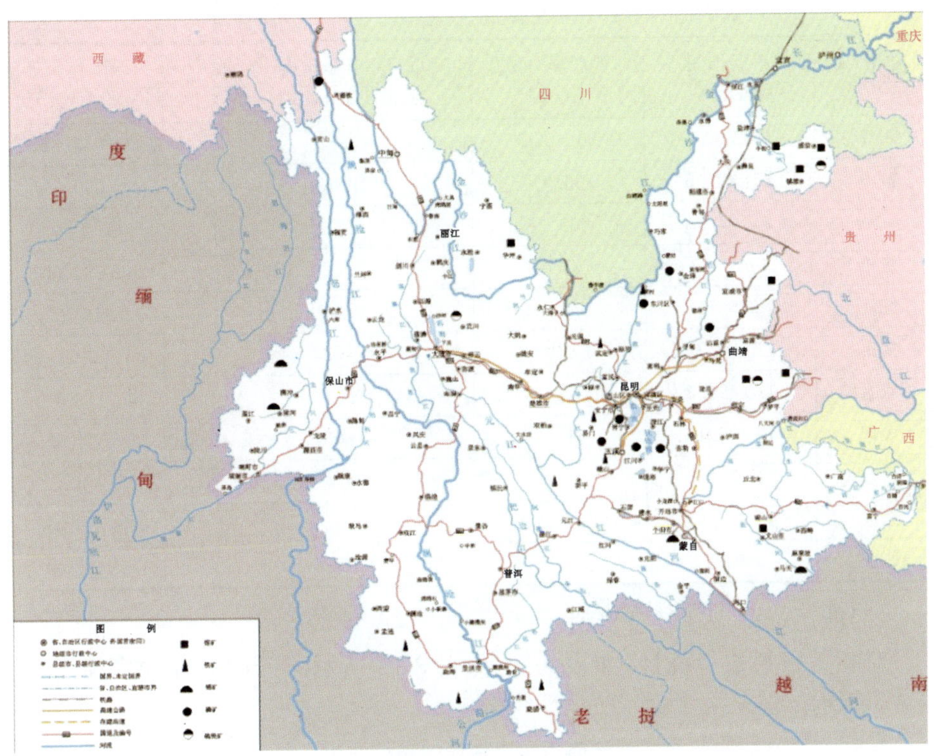

图 3-4 云南省矿产资源与综合交通分布图

本书研究的对象是 16 个地州市矿产资源的潜在经济价值，如果利用公式计算，就要落实到各个矿区，其可操作性就更小，因此只能利用各年《云南统计年鉴》的工业产量及生产总值历史数据，对各地区矿产资源单位产值进行预测，再乘以矿产保有量和开采量占保有量的百分比（超过 100%的按 100%计），计算出潜在经济价值，将计算结果汇总如表 3-10 所示。

云南 16 个地州市矿产资源潜在经济价值 表 3-10

地区	单产预测（元）	矿产保有量（万 t）	近 5 年开采量占保有量的百分比（%）	2008～2015 年矿产潜在经济价值（万元）
昆明	12 556.7	238 604	0.36	69 464 629.49
曲靖	8 890.703	662 768	0.13	7 372 192.51
玉溪	5 676.054	52 255.6	3.83	11 347 365.08
保山	29 055.59	88 538	0.06	1 608 802.43
昭通	98 577.67	2 512.02	0.89	2 196 438.55

续上表

地区	单产预测(元)	矿产保有量(万 t)	近 5 年开采量占保有量的百分比(%)	2008～2015 年矿产潜在经济价值(万元)
丽江	149 709.1	26.452 7	47.83	1 894 083.88
普洱	174 490.5	66.76	18.43	2 146 599.53
临沧	108 040.6	669.78	0.53	385 726.52
楚雄	4 076.83	111 191	1.02	4 602 370.65
红河	1 245.163	238 604	0.24	720 314.32
文山	17 886.79	1 877.2	7.53	66 809.29
西双版纳	170 490.8	8 020.5	0.14	1 853 815.19
大理	12 786.17	51.82	1.03	662 579.42
德宏	215 334.5	6.29	100	1 354 454.3
怒江	45 927.34	1 547.69	2.32	1 648 745.45
迪庆	75 843.4	4.99	100	378 458.58

(5)能源资源潜在经济价值

对相关资料进行统计，如表 3-11 和表 3-12 所示。云南省煤炭资源分布如图 3-5 所示。

云南省煤炭资源储量分布表 表 3-11

井田名称	保有储量(万 t)						
	合计	生产井与在建井	尚未利用的	供进一步勘探			
				合计	详查	普查	找煤
合计	23 368 958	793 304.1	195 683.1	1 379 970.7	763 570	572 737.7	43 663
镇雄煤田	15 990.9	782.3		15 208.6	15 208.6		
盐津、昭通、会泽	821 993.2	1 483.7	171 930	648 597.5	646 252		
其中：昭通盆地	818 182		171 930	646 252	646 252		
宣威煤田	128 280.6	106 774.3	6 918.3	14 588	593		13 995
其中：羊场矿区	33 122.3	30 665.3	2 457				
来宾矿区	15 640.8	11 179.5	4 461.3				
恩洪煤田	242 233.5	186 992.6		55 240.9		55 240.9	
其中：恩洪矿区	140 440.1	119 749.2		20 690.9		20 690.9	
庆云矿区	12 350.5	12 350.5					
后所矿区	10 158.1	10 158.1					

续上表

井田名称	保有储量(万 t)						
	合计	生产井与在建井	尚未利用的	供进一步勘探			
				合计	详查	普查	找煤
圭山煤田	521 219.8	218 293.9	3 387	299 538.9	21 559.7	266 323.2	11 656
其中:圭山矿区	53 821.1	38 778.1	3 387	11 656			11 656
老厂矿区	388 528.4	100 645.5		287 882.9	21 559.7	266 323.2	
跨竹矿区	78 870.3	78 870.3					
华坪一平浪煤田							
其中:平浪矿区	10 550	6 176.4	3 664.4	709.2		513.8	195.4
祥云煤田	5 961.3	1 887.4		4 073.9	1 144	486.9	2 443
昆明、楚雄区	225 003.3	120 117.1	3 250.8	10 1635.4	78 800.1	22 835.3	
其中:先锋矿区	29 353.2	22 228.2		7 125	7 125		
凤鸣村矿区	34 956.9	34 956.9					
开远、文山区	337 216.3	114 546.2	268	222 402.1		209 376	13 026
其中:小龙潭区	101 715.2	101 715.2					
兰坪、大理、普洱	25 212.7	9 806.5	6 264.6	9 141.6	12.3	9 192.3	
昌宁、保山、潞西	35 296.3	26 443.7		8 852.6		8 832.3	20.3

云南省煤炭资源预测储量　　表 3-12

预测区名称	预测储量(万 t)						
	合计	300 以下	300～600	600～1 000	1 000～1 500	1 500～2 000	可靠级
合计	44 255 238	1 694 771	958 596	825 888	618 889	327 094	1 916 767
镇雄煤田	989 172	574 674	164 848	97 035	94 575	58 040	316 778
盐通、昭通、会泽	176 153	61 940	58 418	23 285	18 136	14 374	
宣威煤田	403 893	158 169	101 317	68 522	42 975	32 910	283 670
其中:羊场矿区	136 963	25 083	35 915	28 635	23 720	23 610	89 633
恩洪煤田	525 018	188 136	161 858	115 425	59 599		454 365
其中:恩洪矿区	504 437	179 313	153 781	111 744	59 599		437 465
后所矿区	18 718	6 960	8 077	3 681			15 037
圭山煤田	1 938 318	539 995	369 137	453 220	354 196	221 770	686 493
其中:圭山矿区	1 305 047	387 604	251 177	282 006	211 880	172 380	289 907

续上表

预测区名称	预测储量(万 t)						
	合计	300 以下	300～600	600～1 000	1 000～1 500	1 500～2 000	可靠级
老厂矿区	523 646	118 829	95 219	159 366	122 736	27 476	373 434
华坪-平浪煤田	74 502	27 183	11 740	15 357	20 222		16 007
祥云煤田	86 004	29 565	13 992	18 096	24 351		34 593
昆明、楚雄区	93 792	34 788	30 708	24 929	3 367		72 892
开远、文山区	69 375	37 215	26 618	4 926	616		9 343
兰坪、大理、普洱区	23 508	19 634	1 789	1 233	852		10 021
昌宁、保山、潞西区	45 503	23 472	18 171	3 860			32 605

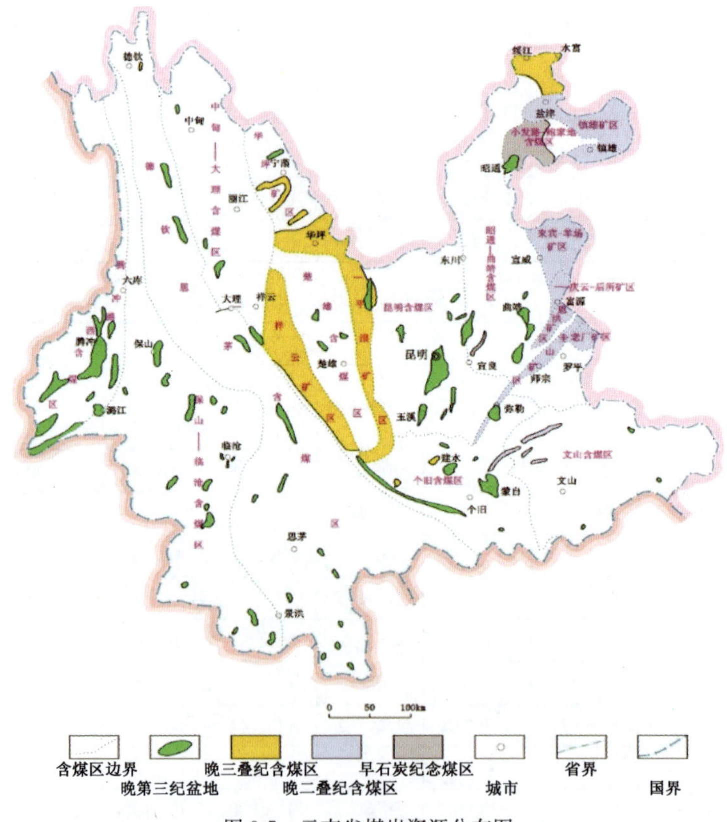

图 3-5　云南省煤炭资源分布图

能源潜在经济价值的计算方法与矿产资源计算方法类似，在此不做赘述，计算结果如表 3-13 所示。

云南省 16 个地州市能源资源潜在经济价值　　表 3-13

地区	单产预测（元）	煤炭保有量（万 t）	近 5 年开采量占保有量的百分比（%）	2008～2015 年煤炭潜在经济价值（万元）
昆明	89.393 62	23 448	13.3	278 782.04
曲靖	199.649	928 911	1.99	3 688 076.01
玉溪	336.922 5	17 600	1.84	109 260.61
保山	52.166 02	11 400	1.40	8 350.74
昭通	179.053 9	988 172	0.40	699 891.29
丽江	241.720 1	70 000	2.55	431 144.12
普洱	154.826 9	700	33.05	35 822.31
临沧	59.089 7	1 390.7	8.96	7 359.62
楚雄	301.035 2	70 344	1.40	295 703.85
红河	708.082 7	1 938 318	0.27	798 867.07
文山	17 886.79	10 000	5.34	252 617.51
西双版纳				
大理	1 907.018	86 004	1.03	35 564.31
德宏				
怒江				
迪庆				

通过对五类自然资源潜在经济价值的分析，得出云南省 16 个地州市资源潜在经济价值的总和，如表 3-14 所示。

云南省 16 个地州市资源潜在经济价值统计表（万元）　　表 3-14

地区	潜在经济价值总和	煤炭资源	矿产资源	水资源	耕地资源
昆明	69 743 411.53	278 782.04	69 464 629.49		0
曲靖	12 655 393.52	3 688 076.01	7 372 192.51	1 251 190	343 935
玉溪	11 456 625.69	109 260.61	11 347 365.08		0
保山	1 716 108.17	8 350.74	1 608 802.43	98 955	0
昭通	3 146 648.84	699 891.29	2 196 438.55	107 897	142 422

续上表

地区	潜在经济价值总和	煤炭资源	矿产资源	水资源	耕地资源
丽江	2 347 235	431 144.12	1 894 083.88	22 007	0
普洱	2 569 687.84	35 822.31	2 146 599.53	387 266	0
临沧	623 577.14	7 359.62	385 726.52	230 491	0
楚雄	5 170 799.5	295 703.85	4 602 370.65	272 725	0
红河	3 296 652.39	798 867.07	720 314.32	1 777 471	0
文山	1 195 871.8	252 617.51	66 809.29	678 590	197 855
西双版纳	2 095 233.19		1 853 815.19	241 418	0
大理	1 418 409.73	35 564.31	662 579.42	720 266	0
德宏	1 642 587.3		1 354 454.3	288 133	0
怒江	1 717 872.05		1 648 745.45	56 321	12 805.6
迪庆	469 536.58		378 458.58	91 078	0

3.2 基于基尼系数法均衡性评价

3.2.1 公路网均衡性的基尼系数评价法

基尼系数是国际上用来综合考察居民内部收入分配差异状况的一个重要分析指标，人们通常用基尼系数和洛伦兹曲线来衡量全社会收入分配平均程度。如果将公路网的布局看作某种资源投入分配的话，也可以参照基尼系数和洛伦兹曲线的分析方法，来对公路资源分配的均衡性进行分析研究。把基尼系数法应用于评价公路网规模分布均衡性，它的直接目的就是要考察子区域之间某一指标的不平衡性，即把这种不平衡性用基尼系数来表征，并与其判断标准进行比较，以此来评估我国公路网规模分布的均衡性。

洛伦兹曲线的弯曲程度有重要意义。一般来讲，它反映了收入分配的不平等程度。弯曲程度越大，收入分配越不平等，反之亦然。特别是，如果所有收入都集中在一个人手中，而其余人均一无所获时，收入分配达到完全不平等，洛伦兹曲线成为折线 OHL。另一方面，若任一人口百分比均等于其收入百分比，从而人口累计百分比等于收入累计百分比，则收入分配是完全平等的，洛伦兹曲线成为通过原点的 45 度线 OL。公路基尼系数可以定义为洛伦兹曲线与绝对平均曲线之间所围的面积的大小来度量公路资源分配的差距，也就是用洛伦兹曲

线的弯曲程度来度量公路网分配的差距程度。图 3-6 中横轴表示面积或人口或经济(这里的经济考虑了潜在经济价值)(按收入由低到高分组)的累积百分比，纵轴表示公路网等效里程的累积百分比，弧线 OL 为洛伦兹曲线。公路网等效里程是在考虑公路网里程、等级结构、非直线系数等因素折算的里程。

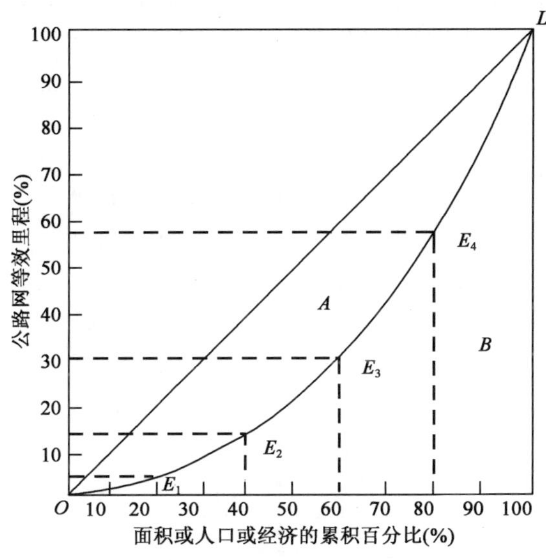

图 3-6 基尼系数示意图

基尼系数计算方法即为图 3-6 中面积 A 与面积 $A+B$ 的商，即 $A/(A+B)$。基尼系数是一个相对指标，因此难以反映出不同的发展阶段公路发展均衡性的绝对水平。洛伦兹曲线“两头多中间少”和“两头少中间多”的形态可能会有相同的基尼系数，建立在低水平上的分配不均与建立在高水平上的分配不均，其稳定性是不一样的。在公路发展相对落后的地区，随着公路建设力度的加大，公路分布不均衡会加速扩大，到一定阶段将稳定下来并将逐步缩小。

本书对指标进行了改进，即考虑了潜在经济价值对均衡性的影响，也就是潜在资源对今后(主要是近期可开发的资源)生产总值的贡献度，不仅评价现有规模与经济现状的匹配程度，更注重一定超前性，用公路建设带动区域经济发展或者说减小发展的阻力。

3.2.2 云南省公路网均衡性评价

采用通过基尼系数概念引申出来的公路发展人口基尼系数、公路发展区域基尼系数和公路发展经济基尼系数(分为 GDP 和经济潜在经济价值)来评价公路发展的均衡性。根据上述理论对云南省 16 个州市 2008 年公路发展水平进行统计计算分析,结果如表 3-15 及表 3-16 所示,相应的累计曲线如图 3-7 及图 3-8 所示。

云南省 16 个州市 2008 年社会经济和公路交通基本状况表 表 3-15

地区	公路通车里程(km)	高速公路(km)	一级公路(km)	二级公路(km)	三级公路(km)	四级公路(km)	等外公路(km)
云南省	206 121	628	5 066	9 518	120 519	67 878	2 512
昆明	16 127	120	716	599	10 313	4 020	359
曲靖	20 312	229	305	1 005	14 659	3859	255
玉溪	16 435	78	291	1 006	14 367	453	240
保山	11 633	21	386	382	7 233	3 476	134
昭通	14 692	0	407	210	6 584	7 356	135
丽江	6 092	15	240	498	3 061	2 279	0
普洱	19 104	0	153	835	9 601	8 381	135
临沧	13 844	22	449	214	7 250	5 909	0
楚雄	16 911	0	185	707	6 314	9 405	301
红河	19 336	43	392	1 285	12 340	4 943	334
文山	13 240	0	110	1 302	8 228	3 298	303
西双版纳	6 270	27	247	26	4 130	1 751	90
大理	16 792	71	542	1 049	7 803	7 102	226
德宏	6 976	0	441	215	3 594	2 726	0
怒江	3 727	0	33	129	1 700	1 865	0
迪庆	4 628	2	170	57	3 343	1 056	0

云南省 16 个州市 2008 年社会经济和等效公路里程表 表 3-16

地区	人口(万人)	GDP(亿元)	潜在经济价值(亿元)	面积(km^2)	等效公路通车里程(km)
云南省	4 543	5 700.10	12 126.57	394 139	25 545
昆明	623.9	1 605.4	6 974.34	21 582	3 305
曲靖	578.2	787.58	1 265.54	29 855	3 193
玉溪	227.6	596.10	1 145.66	15 285	2 652
保山	246.4	194.05	171.61	19 637	1 372

续上表

地区	人口（万人）	GDP（亿元）	潜在经济价值（亿元）	面积（km^2）	等效公路通车里程（km）
昭通	529.5	272.28	314.66	23 021	1 287
丽江	122.1	101.15	234.72	21 219	572
普洱	258.1	179.86	256.97	45 385	1 535
临沧	238.2	156.88	62.36	24 469	886
楚雄	269	306.02	517.08	29 258	1 920
红河	441.2	514.70	329.67	32 931	2 755
文山	343.01	244.51	119.59	32 239	2 107
西双版纳	107	122.78	209.52	19 700	816
大理	349.3	371.70	141.84	29 459	2 090
德宏	118.5	99.67	164.26	11 526	627
怒江	53.3	43.67	171.79	14 703	122
迪庆	37.7	55.68	46.95	23 870	306

尽管洛伦兹曲线可根据收入分配的统计数据加以描绘，但至今却未能找到一种有效的方法准确地拟合洛伦兹曲线方程并由此求出精确的基尼系数。目前常被使用的方法主要有以下三种：

(1)几何计算法。即根据分组资料，按几何图形分块近似逼近计算的方法。

(2)间接拟合法。即先拟合求出收入分配的概率密度函数，再根据概率密度函数导出洛伦兹曲线。

(3)曲线拟合法。即选择适当的曲线直接拟合洛伦兹曲线，常用的曲线有二次曲线、指数曲线和幂函数曲线。

利用第一种方法不能得到洛伦兹曲线的表达式，只能用来计算基尼系数，但由于在计算分块面积时用直线近似地代替曲线，所估计的基尼系数要小于实际值，尤其在数据点较少时，误差较大。第二种方法由于计算收入分配的概率密度的复杂性，很难提出合适的概率函数。至于第三种方法，即直接用曲线方程去拟合洛伦兹曲线，应该不失为一种较好的方法。

这里采用三次多项式对云南省公路洛伦兹曲线进行拟合，三种公路洛伦兹函数拟合判别系数 R 均在 0.9 以上，拟合效果较好。未折算里程的洛伦兹曲线和等效里程的洛伦兹曲线分别如图 3-7 和图 3-8 所示。

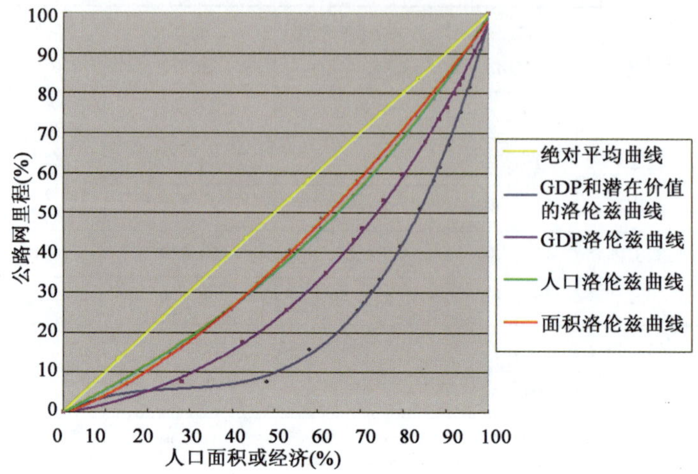

图 3-7 云南省公路网未折算里程的洛伦兹曲线

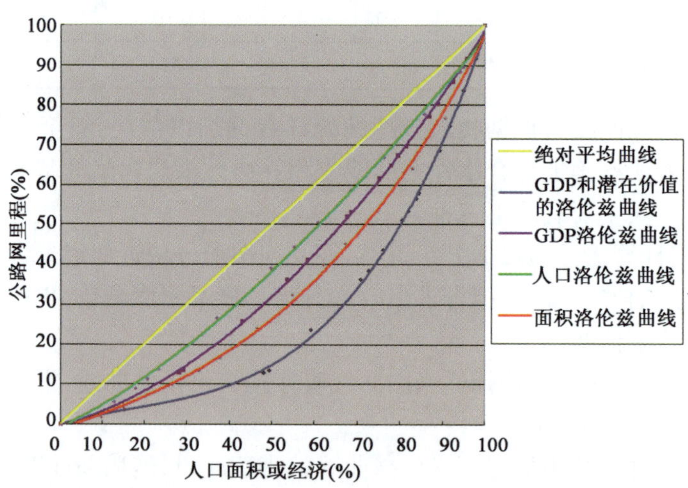

图 3-8 云南省公路网等效里程的洛伦兹曲线

公路建设发展均衡性采用通用基尼系数评价标准和公路发展基尼系数评价标准(参考王江平、李继锐等人的《基尼系数与公路发展均衡性分析》),见表 3-17。

公路发展基尼系数评价标准 表 3-17

$X<0.2$	$0.2\leqslant X<0.3$	$0.3\leqslant X<0.4$	$0.4\leqslant X<0.5$	$X\geqslant 0.5$
绝对均衡	比较均衡	相对合理	不均衡	很不均衡

采用基尼系数的计算方法，利用MATLAB软件计算闭合曲线函数的定积分得出面积，从而得到云南省公路网基尼系数和均衡性评价结果见表3-18及表3-19所示。

云南省公路网未折算里程的基尼系数　　表3-18

人口基尼系数	经济基尼系数	现有经济与潜在经济基尼系数	面积基尼系数
0.20	0.38	0.54	0.19
比较均衡	相对合理	很不均衡	绝对均衡

云南省公路网等效里程的基尼系数　　表3-19

人口基尼系数	经济基尼系数	现有经济与潜在经济基尼系数	面积基尼系数
0.17	0.25	0.48	0.33
绝对均衡	比较均衡	不均衡	相对合理

对比未折算里程和等效里程的计算结果，可以看出两组洛伦茨曲线的形状及基尼系数存在较明显的差异。在未考虑潜在经济价值时，公路网规模在人口、经济及区域面积上的分布都表现的比较均衡；在考虑潜在经济价值后，现有经济与潜在经济的基尼系数较大，评价结果为不均衡，说明云南在进行路网建设时应该考虑潜在经济价值。在用等效里程进行折算时，人口、经济及面积的基尼系数都发生了变化，说明不均衡除了受到需求的影响外，还受到高原山区地形条件、路网等级的影响，受到地形条件的部分很难克服，但从政府的角度来说，在不同地区修建相同里程的公路，表面上看似公平，但是山区公路的建设成本远远高于平原地区，并且公路实际服务效果也不相同，即修建一公里山区公路往往无法达到在平原区的通达度，因此在进行公路网规模的评价时，应当采用等效里程来衡量是否满足社会经济发展需求，以此来确定投资方案，体现真正意义上的公平。

对评价结果进行汇总得出以下结论：

(1)云南省公路网等效里程的人口基尼系数为0.17、经济基尼系数为0.48、面积基尼系数为0.33。结合公路发展基尼系数评价标准，得出云南省公路网在人口分布上绝对均衡，在地域上分布相对合理，但是相对各地市经济量分布不很均衡，即公路资源在土地面积和经济上分布不均，布局上稍欠合理，并未考虑欠发达地区的发展潜力，公路建设与当地的经济适应性方面还存在一定的差异，并未起到良好的带动作用；

(2)折算前后洛伦兹曲线都显示出较大的分担因素(经济)占有着较少量的公路交通资源这一特征,但两者的变化趋势有较大差异,显示出复杂的地形条件是影响公路网规模的主要因素,在进行公路网规模分配时,必须考虑地形条件影响下的等效系数,只有在等效概念下的公路网规模分配才能体现公平性,满足经济需求实现社会效益。

3.3 区域公路网均衡性差异分析

3.3.1 区域路网差异分析的理论基础

借鉴教育学中公平性的量化指标,并对其进行转化,应用于公路网均衡性评价的差距分析中。对区域间不均衡的差距分析,可以总结出哪些地区是导致不均衡的主要因素,可为区域规模确定时横向间调整提供参考依据。子区域间路网分配的均衡性主要体现在是否满足当前需求及潜在需求,反映这一概率的量化指标称为服务频数,在此基础上,引出反映不均衡程度的指标差距数。与基尼系数法的差别在于,基尼系数法评价的是区域整体的均衡,给出总体评价;而差距系数法对评价结果进行细化,针对整体不均衡状态,量化各子区域间差异程度。

1)服务频数 Y

公路服务频数是自定义变量,这里以一公里为单位,经济水平(指 GDP 和潜在经济价值)越高,人口越多,区域面积越大,说明路网服务的频数也越大。即这三者对服务频数是正相关的,而由于马太效应的存在,在没有过强的干预下,马太效应对其也有约束作用,即任意一个变量在其他两个指标一定时,对机会来说都是一个放大作用,即认为三者对机会来说是一个乘性关系,这样可以初步提出机会数的计算公式:

服务频数

$$Y = P \cdot G \cdot A \tag{3-11}$$

式中:Y——服务频数;

P——人口/里程,万人/km;

G——经济指标/里程,亿元/km;

A——面积/里程,km^2/km。

这里的经济指标 G 指的是 GDP 和潜在经济价值的总和。在模型处理中由

于频数的计算公式为几个因子相乘，它们的量纲并不相同，不能用已知数据直接计算，应采用相对指标，需要对其进行无量纲化处理。由于所比较的是 16 个地州市的相对状况，各地州市对全省平均值的相对值就能说明各地州市的相对状况，因此相对指标采用每一项指标相对全省平均值来实现无量纲化。其计算公式为：

$$\text{无量纲因子} = \text{各区域某一因子值} / \text{该因子的全省平均值} \tag{3-12}$$

在对数据进行了无量纲化处理后，带入式(3-11)中，即可计算出服务频数。

2)差距系数 V

差距系数用来衡量各地区不均衡的差距程度。

$$\text{差距系数：}\quad V = \left[\frac{N}{N-1}\right] \cdot \left[\frac{1}{U} \cdot \sum_{i=2}^{n}\sum_{j=1}^{i-1} P_i \left| Y_i - Y_j \right| P_j\right] \tag{3-13}$$

式中：　U——各地州市公路服务频数平均值，$U=\sum_{i=1}^{n} P_i \cdot Y_i$；

N——地州市的数目；

Y_i——各地州市公路服务频数；

N——云南省公路里程总量；

P_i——各地州市公路里程所占全省的比率；

$(N/N-1)$——服务频数的敏感因子，如果 N 较小，频数值对 N 的敏感度会高。

用服务频数间的差距系数来说明均衡性问题，差距系数的取值范围是 [0,1]，1 表示绝对不均衡，0 表示绝对均衡。

3.3.2　云南省公路网均衡的差异分析

根据《2008 年云南省统计年鉴》的数据，得出 16 个地州市人口、GDP 及面积的数据，以此为分子，与其对应的等效通车里程做商，得出每公里的人口数、GDP 及面积，如表 3-20 所示。

云南省 16 个地州市 2008 年每公里社会经济指标服务表　　表 3-20

地区	人口(万人)	经济指标(亿元)	面积(km^2)	等效公路通车里程(km)	人口/等效里程	经济/等效里程	面积/等效里程
云南省	4 543	17 826.67	394 139	25 545	0.177 8	0.697 9	15.429 2
昆明	623.9	8 579.74	21 582	3 305	0.188 8	2.596 0	6.530 1
曲靖	578.2	2 053.12	29 855	3 193	0.181 1	0.643 0	9.350 1

续上表

地区	人口（万人）	经济指标（亿元）	面积（km^2）	等效公路通车里程（km）	人口/等效里程	经济/等效里程	面积/等效里程
玉溪	227.6	1 741.76	15 285	2 652	0.085 8	0.656 8	5.763 6
保山	246.4	365.66	19 637	1 372	0.179 6	0.266 5	14.312 7
昭通	529.5	586.94	23 021	1 287	0.411 4	0.456 1	17.887 3
丽江	122.1	335.87	21 219	572	0.213 5	0.587 2	37.096 2
普洱	258.1	436.83	45 385	1 535	0.168 1	0.284 6	29.566 8
临沧	238.2	219.24	24 469	886	0.268 8	0.247 4	27.617 4
楚雄	269	823.1	29 258	1 920	0.140 1	0.428 7	15.238 5
红河	441.2	844.37	32 931	2 755	0.160 1	0.306 5	11.953 2
文山	343.01	364.1	32 239	2 107	0.162 8	0.172 8	15.300 9
西双版纳	107	332.3	19 700	816	0.131 1	0.407 2	24.142 2
大理	349.3	513.54	29 459	2 090	0.167 1	0.245 7	14.095 2
德宏	118.5	263.93	11 526	627	0.189 0	0.420 9	18.382 8
怒江	53.3	215.46	14 703	122	0.436 9	1.766 1	120.516 4
迪庆	37.7	102.63	23 870	306	0.123 2	0.335 4	78.006 5
平均值					0.200 5	0.613 8	27.860 0

对 3 项指标服务量进行无量纲化后利用式(3-11)，得出各地州市公路服务频数 Y，如表 3-21 所示。

云南省 16 个地州市经济指标分担量无量纲化及服务频数计算表 表 3-21

地区	人口服务量 P	经济服务量 G	面积服务量 A	服务频数 Y
昆明	0.941 7	4.229 3	0.234 4	0.933 5
曲靖	0.903 3	1.047 6	0.335 6	0.317 6
玉溪	0.428 1	1.070 0	0.206 9	0.094 8
保山	0.895 9	0.434 2	0.513 7	0.199 8
昭通	2.052 3	0.743 0	0.642 0	0.979 0
丽江	1.064 8	0.956 6	1.331 5	1.356 3
普洱	0.838 7	0.463 6	1.061 3	0.412 7

续上表

地区	人口服务量 P	经济服务量 G	面积服务量 A	服务频数 Y
临沧	1.341 1	0.403 1	0.991 3	0.535 9
楚雄	0.698 9	0.698 4	0.547 0	0.267 0
红河	0.798 8	0.499 3	0.429 0	0.171 1
文山	0.812 1	0.281 5	0.549 2	0.125 6
西双版纳	0.654 1	0.663 5	0.866 6	0.376 1
大理	0.833 7	0.400 3	0.505 9	0.168 8
德宏	0.942 8	0.685 8	0.659 8	0.426 6
怒江	2.179 3	2.877 2	4.325 8	27.124 3
迪庆	0.614 6	0.546 4	2.799 9	0.940 2

再利用式(3-13)，采用 Matlab 编程来计算差距系数 V。经过计算，得出云南省公路服务频数的差距系数为 0.294 8。云南省各区域之间公路服务频数相差较大，频数过大和过小都会导致不均衡。具体来说，服务频数过大，说明公路网规模相对滞后，未满足经济发展、人口及区域面积的需求；服务频数过小，说明公路网规模过度超前，造成基础设施的闲置和浪费。

为了对这种差距水平作进一步分析，现将服务频数及各项指标分别由大到小排列，具体统计结果如表 3-22 所示。

再将 16 个地州市的服务频数绘制成散点图，如图 3-9 所示，由于怒江差距较大，为了更好地分析散点分布情况，除去怒江得到图 3-10。

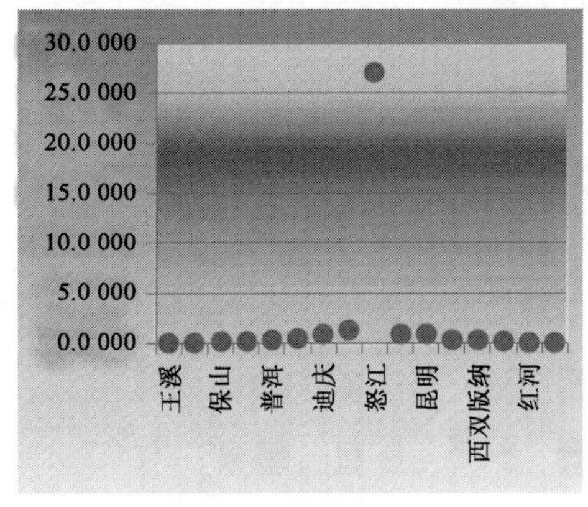

图 3-9　服务频数分布图

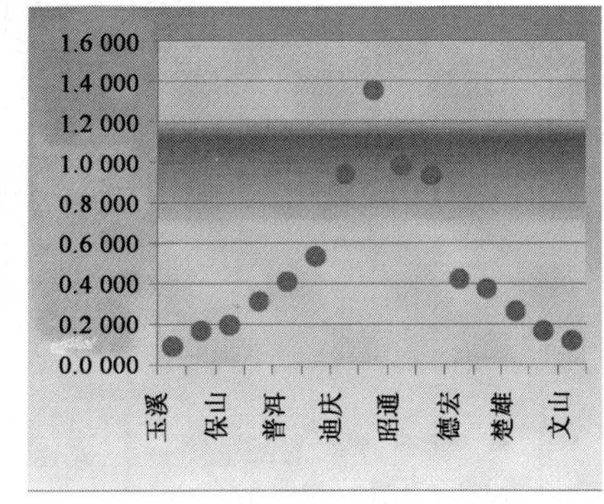

图 3-10　服务频数分布图(除怒江)

差距系数法指标计算结果

表 3-22

排名	地区	人口（万人）	地区	人口/等效里程	地区	GDP（亿元）	地区	GDP/等效里程	地区	面积（km^2）	地区	面积/等效里程	地区	服务频数 Y_i
1	昆明	623.9	怒江	0.436 9	昆明	8 579.74	昆明	0.485 7	普洱	45 385	怒江	120.516 4	怒江	27.124 3
2	曲靖	578.2	昭通	0.411 4	曲靖	2 053.12	怒江	0.357 9	红河	32 931	迪庆	78.006 5	丽江	1.356 3
3	昭通	529.5	临沧	0.268 8	玉溪	1 741.76	曲靖	0.246 7	文山	32 239	丽江	37.096 2	昭通	0.979 0
4	红河	441.2	丽江	0.213 5	红河	844.37	玉溪	0.224 8	曲靖	29 855	普洱	29.566 8	迪庆	0.940 2
5	大理	349.3	德宏	0.189 0	楚雄	823.10	昭通	0.211 6	大理	29 459	临沧	27.617 4	昆明	0.933 5
6	文山	343.0	昆明	0.188 8	昭通	586.94	红河	0.186 8	楚雄	29 258	西双版纳	24.142 2	临沧	0.535 9
7	楚雄	269.0	曲靖	0.181 1	大理	513.54	迪庆	0.181 9	临沧	24 469	德宏	18.382 8	德宏	0.426 6
8	普洱	258.1	保山	0.179 6	普洱	436.83	大理	0.177 8	迪庆	23 870	昭通	17.887 3	普洱	0.412 7
9	保山	246.4	普洱	0.168 1	保山	365.66	临沧	0.177 1	昭通	23 021	文山	15.300 9	西双版纳	0.376 1
10	临沧	238.2	大理	0.167 1	文山	364.10	丽江	0.176 8	昆明	21 582	楚雄	15.238 5	曲靖	0.317 6
11	玉溪	227.6	文山	0.162 8	丽江	335.87	楚雄	0.159 4	丽江	21 219	保山	14.312 7	楚雄	0.267 0
12	丽江	122.1	红河	0.160 1	西双版纳	332.30	德宏	0.159 0	西双版纳	19 700	大理	14.095 2	保山	0.199 8
13	德宏	118.5	楚雄	0.140 1	德宏	263.93	西双版纳	0.150 5	保山	19 637	红河	11.953 2	红河	0.171 1
14	西双版纳	107.0	西双版纳	0.131 1	临沧	219.24	保山	0.141 4	玉溪	15 285	曲靖	9.350 1	大理	0.168 8
15	怒江	53.3	迪庆	0.123 2	怒江	215.46	普洱	0.117 2	怒江	14 703	昆明	6.530 1	文山	0.125 6
16	迪庆	37.7	玉溪	0.085 8	迪庆	102.63	文山	0.116 0	德宏	11 526	玉溪	5.763 6	玉溪	0.094 8

根据服务频数的计算指标及公式可以得出，服务频数达到1时最为理想，但是由于各地区的现实情况，该状态无法达到，因此服务频数在[0.8,1.2]之间较为理想。对照各项指标排名和散点图可以得出各地州市公路网的差异程度。怒江的公路服务频数最大，人口、面积、区域的排名均靠后，原本自然条件及社会发展均落后，公路供给更是严重不足，导致服务频数与其他地州市差异很大，因此提高该区域路网供给是关键所在。尤其在投资有限的情况下，应当优先考虑改善怒江地区的公路交通状况，逐步实现子区域间路网的均衡发展。而根据图3-10的散点分布，服务频数处于[0.8,1.2]之间的地区较少，说明云南省各地州市路网分配存在两极化，容易出现路网规模严重不足或资源闲置，因此有必要对路网规模进行各地州市间的调节。

第4章　高原山区公路网结构与社会发展空间布局均衡性评价

社会发展空间布局主要是指地域范围内经济发展、人口分布、资源以及城镇体系布局特征等在社会发展上的空间投影。区域的社会发展空间布局是公路网结构的基础，不同分区的社会经济发展，人口分布、资源与城镇体系布局情况存在差异，其对于公路网结构的需求也相应不一，这就在一定程度上引起各区域之间公路网结构的差异化发展；而目前我国正在以“科学发展观”指导社会经济的建设发展，可持续发展的公平性原则和科学发展观的“以人为本”在交通资源分配方面要求，既要考虑个体和群体之间的差异，又要兼顾区域公平和个体平等，还要将交通作为一种促进社会公平的手段。

公路网结构的均衡性旨在能够充分体现公路交通资源分配的公平性内涵。以公平性为原则，从公路网结构这一宏观角度出发，以云南十六个地州市的公路网布局发展为对象，综合考虑公路网服务范围与人口分布、社会经济发展、贫困地区分布、资源密集地区分布的匹配程度，在公路网规模满足区域经济发展并带动经济落后地区的发展情况下，分别从公路网结构性能、交通运行和社会效益三方面考虑能够表示公路网空间布局的各项技术性能指标在不同子区域之间是均衡的。

从均衡性的基本理论着手，并在区域公路网规模既定的情况下分析公路网结构。首先对公路网结构与社会发展空间布局的相关性进行深入分析；基于相关性分析确定公路网结构的关键元素，根据关键元素的分类选取公路网结构评价指标，并建立合理的公路网结构评价指标体系；采用理论分析与实例分析相结合的方法，以均衡性发展的思想为指导，分别从点、线、面三个方面对公路网结构进行均衡性评价；同时，从另一方面以公路网结构单项评价指标结果为基础，分析公路网结构均衡性发展的稳定程度，整体思路如图 4-1 所示。

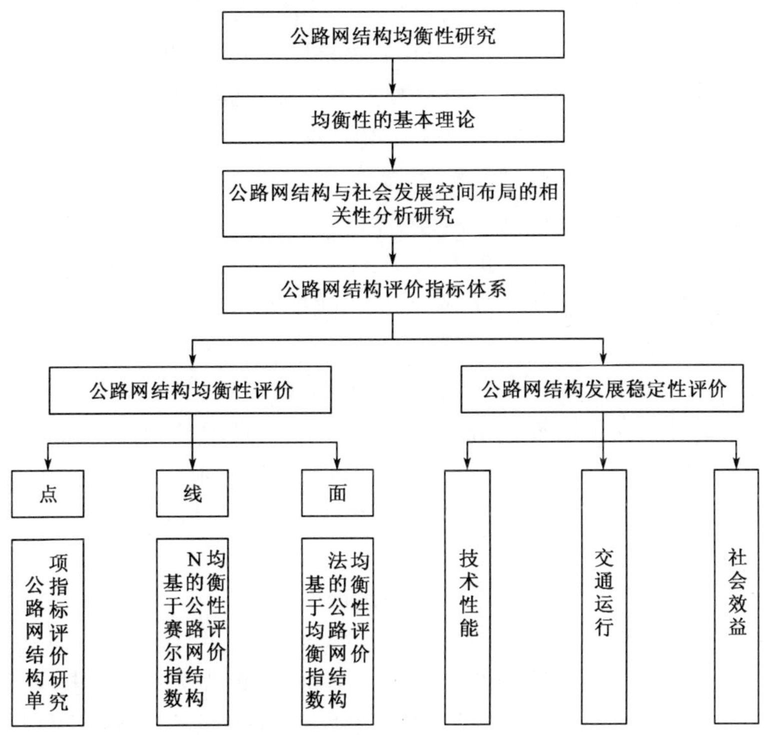

图 4-1　公路网结构均衡性评价基本思路

4.1　公路网结构与社会发展空间布局的相关性分析

区域公路网结构与社会发展空间布局的均衡性分析，就需要首先弄清二者之间的相互影响规律，即在区域公路网形态布局中，体现其与社会发展空间布局的相关性，实现公路网交通与经济分布、人口分布、资源与城镇体系布局的有机匹配。

4.1.1　社会经济发展与公路网结构的相关性

区域经济发展是决定该区域公路网结构的发展水平的一个重要因素。区域经济是交通运输子系统赖以生存的基础和服务对象。区域内各经济部门原材料及产品的运输，人员的流动等都是由交通运输子系统来完成。经济中心的分布情况决定了该区域内部交通运输的空间布局结构。如果一个区域经济发达且经济产业分布密集，则必然与外界或各产业之间联系紧密，产品商品率很高，通过向区外输出产品，使区域内经济维持在较高的水平，并不断发展。这就需要有发达的公路网以确保产品的运输以及区域内各产业之间的相互联系。区域经济中心的分布与其公路网结构的发展水平是相适应的。

1)区域经济发展与公路网结构的关系

(1)超前型，可视为高度适应，即公路网络结构建设超前于经济增长的需求，可以良好的满足经济发展所需的各种交通需求。从整个社会经济系统来衡量，公路交通作为其中一个基础支撑部分，适当超前是必要的，但是过分超前又会造成社会财富的浪费。

(2)协调型，可视为协同适应，即公路网供给与运输需求基本平衡，相互协调。这种类型可以保证区域经济的正常发展，又不造成社会财富的很大浪费。

(3)滞后型，可视为限制型或制约型适应，即公路网供给不能满足需求，滞后于经济发展，影响产品流通，制约地区经济的开发和增长，造成生产能力的闲置与浪费。

2)社会经济发展与区域公路网结构协调发展

社会经济发展与区域公路网结构相辅相成，相互影响，任何一方的变化都会对另一方产生作用。经济活动的存在和发展促进和刺激交通需求，从而产生了新的路网结构以及对原有公路网结构的改善；公路网结构的发展可以刺激经济的发展和市域之间的联系和协作，紧密联系中心城市与周边城镇之间的联系，促使主导产业和相关产业更加发达，推动市域经济系统向更高阶段演化。发展到一定水平时，两者可以形成相互促进的正反馈环，使双方协同发展，共同向更高水平演化。社会经济发展与公路网结构的协同发展的内在机制就是两者相互作用机制。公路网的结构需要与社会经济发展相适应，绝不是仅仅使拥挤的道路不拥挤而已。它能使生产力的布局趋向合理，使经济发展协调统一。因此，我们要认识到公路网布局对社会经济的先导和带动作用，相互适应的机制，从而科学地规划好路网建设的结构、布局，安排好发展的各个阶段及各个阶段的发展速度，能动地去控制它、调整它。

因此，从社会经济发展与公路网结构的相关性分析可以得出，影响公路网结构的关键因素主要有：经济中心的分布、经济部门原材料及产品的运输、人员的流动、区域面积、公路网规模、公路网等级水平。

4.1.2 区域人口分布与公路网结构的相关性

人是社会活动的主题，是生产力中最活跃的因素，客运需求最终是满足人的

生活目的。人口总量的增长引起公路客运需求的增加，而人口总量、年龄构成、文化素质、意识观念等人口指标对公路客运交通需求也会产生重大影响。公路客运交通需求是考虑公路网结构的一个重要因素，因此，同区域的人口分布情况及其公路网结构存在着密切的对应关系。在时间发展的方向上，区域的人口分布增长与经济发展水平密切相关，而在一定程度上特定的生产力条件和经济发展水平决定着区域公路网结构的发展程度。在空间方向上，由于各个人口分布区域不同，它所对应的公路网结构的侧重点也会不同，这也是人口分布情况对区域公路网结构具有表征作用的另一个侧面的重要体现。因此，不同区域人口分布情况也反过来显示着区域公路网的结构，对公路发展产生不同的影响。

因此从区域人口分布与公路网结构的相关性分析可以得出影响公路网结构的关键因素主要有：人口密集区域的分布、人口总量、客运需求、公路网规模、公路网等级水平。

4.1.3　区域资源布局与公路网结构的相关性

区域自然资源是社会生产发展的物质基础，它对公路网结构的影响是潜在的，但一经开发利用，除部分就地加工消耗外，其余均形成外运量，从而也对交通运输提出需求，对公路网线路的兴建与布局产生影响。自然资源种类很多，对交通运输具有重要意义的是那些可行成大运量或较大运量的自然资源，如煤、石油、天然气、铁矿、磷矿、铝土矿、钾盐矿、硫铁矿和森林等。

1)区域资源布局对公路网结构的影响

(1)集中型资源布局结构对公路网结构的影响

集中型资源布局一般呈现圈层式的结构模式，中心的交通运输量大，圈层边缘的运输量相对较小。因而，集中型的自然资源布局所需要的公路网的特点是有强大的骨干线道路系统组成的放射状的路网结构，实现资源区域内部与外围的连接。另外，需要增强不同放射之间的可达性，从而促进各个资源小区之间的连接。

(2)分散型资源布局结构对公路网结构的影响

分散型资源区域的交通运输需求分布比较均匀，因而，所需要的公路网特点呈现为网络状结构，实现各资源区域对外运输以及与其内部生产基地之间的有效连接。

2)合理的公路网结构对于区域资源产业的推动作用

一方面，合理的公路网结构会促进资源运输成本的降低，将刺激资源流通体系的建设，进一步加快发展农产品、工业品和生产资料市场之间的有效连接，形成多层次、多功能、多形式的资源流通网络;另一方面,合理的公路网结构有助于改善资源区域的投资环境,吸引更多的资本到该区域投资。资源产业的发展还会带动和促进众多相关领域的发展,对于促进区域社会经济发展有着十分重要的意义。

因此,从区域资源布局与公路网结构的相关性分析可以得出,影响公路网结构的关键因素主要有:资源密集区域的分布、资源总量、货运需求、公路网规模、公路网等级水平。

4.1.4 区域城镇体系布局与公路网结构的相关性

1)公路网结构与城镇体系布局的互动特性

从时间上来看,区域公路网布局发展与城镇发展往往表现为非同步且相互追赶的互动关系。当区域公路网结构发展滞后于城镇发展时,城镇发展的客观需要就成为推动区域公路建设的动力;当地区经济发展水平偏低,城镇化水平不高时,公路网结构不合理是制约城镇发展的"瓶颈",在这种情况下,就会完善公路结构,使其符合于城镇体系布局。

从空间维来看,区域公路网结构与城镇体系布局则表现为即排斥又吸引的互动关系,这种关系是由各自的特点决定的。公路作为人流和物流的重要运输通道,对城镇特别是小城镇的布局有很大的吸引与聚集作用。起初的聚集对公路和城镇发展均有利,但当过境的公路演变成为城镇内部道路时,彼此之间的排斥作用将推动公路网结构与城镇体系的重新布局。在这里表现为:一方面,原有过境公路成为城镇内部道路,城镇体系发展加快;另一方面,城镇发展方向又会重新指向公路网调整后的新结构方向,开始了新一轮的空间互动过程。

(1)区域城镇体系布局形式决定区域公路网形态布局;

(2)均衡合理的公路网结构提高区域城镇结构可达性、改变区位优势;

(3)公路网布局支撑城镇空间发展,引导城镇空间拓展方向。

2)公路网结构与城镇体系布局的关联特性(图 4-2)

公路网结构对城镇体系空间结构的影响:一是缩短了空间距离,各城镇由于路网结构的改善,交通可达性的提高,空间距离的约束力越来越小,城镇区域日益收缩;二是对城镇功能结构影响,城镇功能个性化发展,推动了城镇间的分工合作。

(1)树枝形的公路网结构,城镇向着树枝交叉点或端点处发展,从而促使城镇体系的空间布局向着金字塔型发展,即以一个大城市(或特大城市)为核心,周围几个中等城市相围绕,由此再联系若干个小城市和更多的小城镇。在高速公路端点和出入口处形成规模较大、影响力较强的中心城市和次中心城市。

(2)方格网状的公路网结构,城镇体系的空间布局形态向多核型方向发展,即城镇体系内有多个核心城市,他们规模相近、引力相当,共同发挥对其他小城市的空间作用,形成一种多核结构。地理位置、自然资源以及经济政治地位优势明显的结点处形成规模较大、经济政治影响力较强的区域核心城市,这些城市之间通常是由高速公路或一级公路连通;而位于交通网络中下一层次城镇,分别形成次核心城市和一般城镇,次核心城市通常由一级或二级公路连通,一般城镇则由二级或二级以下公路连通。

(3)放射加环状的公路网结构,在环的中心处,由于与其他结点之间的联系方便,经济辐射力强,因此形成区域的中心城市,带动沿放射线与环的交叉点形成一般城镇的发展。

(4)带状布置的公路网干线(通常为高速公路或一级公路),在其沿线地区,城镇容易形成空间上的一字排列、首尾衔接的带状结构。

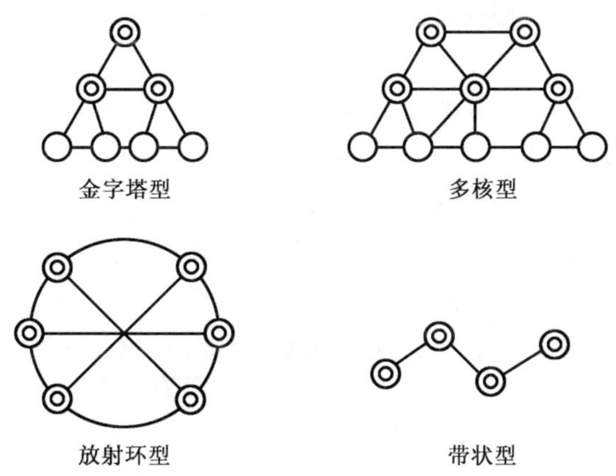

图 4-2　公路网结构与城镇体系布局的关系

因此从区域城镇体系布局与公路网结构的相关性分析可以得出,影响公路网结构的关键因素主要有:城镇体系分布、政治中心布局、交通可达性、出行需求、城镇空间发展。

4.2　公路网结构与社会发展空间布局评价指标

4.2.1　评价指标体系的构建

如前所述,以保持社会发展持续、稳定、协调进行为目的,使公路网结构与社会发展相适应、相协调，是公路网结构评价的基本出发点。基于以上对公路网结构与社会发展空间布局的相关性分析，根据一般已有的公路网结构评价分析将影响公路网布局的关键因素归为三大类：技术性能、交通运行以及社会效益。其中技术性能类主要包含了区域经济中心的分布、经济部门原材料及产品的运输、人员的流动、区域面积、人口总量、资源总量、城镇体系分布、城镇政治中心布局、交通可达性等关键因素。因此公路网评价主要从公路网连通度、公路网中位点吻合性、路网可达性以及路网非直线系数等指标进行分析。交通运行类主要包含了人员的流动、区域面积、公路网规模、人口总量、客运需求资源总量、货运需求等关键因素。因此公路网评价主要从行政中心节点间路网平均车速以及路网拥挤度指标进行分析。社会效益类主要包含路网规模、路网等级水平、经济中心的分布、资源密集区域的分布、城镇政治中心布局等主要关键因素。因此公路网评价主要从人均公路网规模、平均等级水平、政治经济中心距骨干线的最短距离以及社会公平距离指标进行分析。

公路网结构是一个多目标、多层次、多因素的复杂系统，因此，公路结构评价指标体系是一个由若干个单项指标构成的有机整体，它应该能够反应公路网结构与社会发展空间布局各个方面的适应情况及适应程度，对公路网结构当前的状态进行恰当的评价。基于这一前提以及以上的分析，指标体系的构建应在对公路网结构技术性能、交通运行和社会效益三个方面分解的基础上，如图 4-3 所示，并将指标体系划分为大类—中类—小类三个层次，如表 4-1 所示。

公路网结构评价指标大类—中类—小类划分表 表 4-1

<table>
<tr><td>大类指标</td><td colspan="5">路网技术指标</td><td colspan="2">交通运行</td><td colspan="10">社会效益指标</td></tr>
<tr><td>中类指标</td><td colspan="2">结构性指标</td><td colspan="3">网络质量指标</td><td rowspan="2">行政中心节点间路网平均车速</td><td rowspan="2">路网拥挤度</td><td colspan="3">国防</td><td colspan="2">社会公平</td><td colspan="3">少数民族</td><td colspan="2">国际交流</td></tr>
<tr><td>小类指标</td><td>公路网连通度</td><td>公路网中位点吻合性</td><td>以昆明为中心的路网可达性</td><td>路网平均可达性系数</td><td>路网非直线系数</td><td>沿边国防公路网等级水平</td><td>沿边州市单位面积拥有公路网里程</td><td>沿边州市距骨干线的最短距离</td><td>资源中心距骨干线的最短距离</td><td>贫困人口中心距骨干线的最短距离</td><td>少数民族聚集区人均拥有公路网里程</td><td>少数民族聚集区公路网等级水平</td><td>少数民族聚集区距骨干线的最短距离</td><td>对外交流主要州市单位面积拥有公路网里程</td><td>对外交流公路网等级水平</td></tr>
</table>

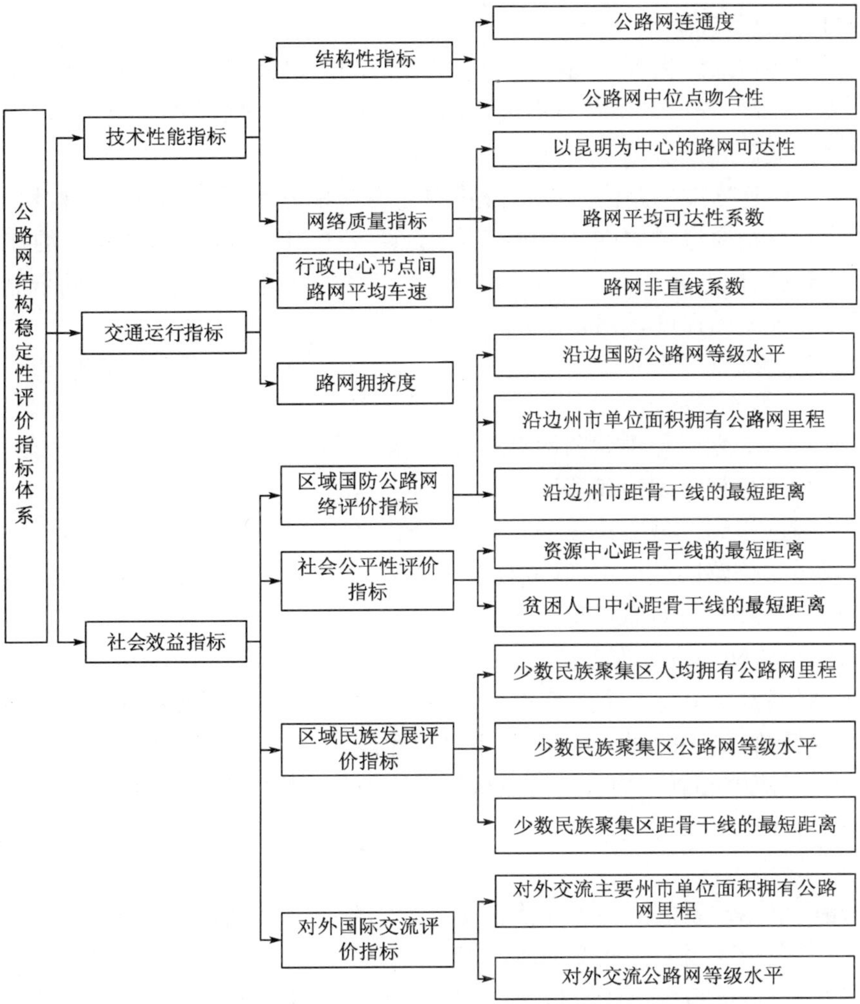

- 公路网结构稳定性评价指标体系
  - 技术性能指标
    - 结构性指标
      - 公路网连通度
      - 公路网中位点吻合性
    - 网络质量指标
      - 以昆明为中心的路网可达性
      - 路网平均可达性系数
      - 路网非直线系数
  - 交通运行指标
    - 行政中心节点间路网平均车速
    - 路网拥挤度
  - 社会效益指标
    - 区域国防公路网络评价指标
      - 沿边国防公路网等级水平
      - 沿边州市单位面积拥有公路网里程
      - 沿边州市距骨干线的最短距离
    - 社会公平性评价指标
      - 资源中心距骨干线的最短距离
      - 贫困人口中心距骨干线的最短距离
    - 区域民族发展评价指标
      - 少数民族聚集区人均拥有公路网里程
      - 少数民族聚集区公路网等级水平
      - 少数民族聚集区距骨干线的最短距离
    - 对外国际交流评价指标
      - 对外交流主要州市单位面积拥有公路网里程
      - 对外交流公路网等级水平

图4-3 公路网结构均衡性综合评价指标体系

4.2.2 技术性能指标

公路网结构的技术评价目的是揭示路网的布局质量和使用质量,为验证方案的均衡性并进行决策提供技术方面的依据。从整体而言,公路网的社会效益和经济效益如何,首先取决于公路网结构规划方案的技术性能,因此公路网结构的技术评价是公路网结构评价系统中的重要组成部分。

1)结构性指标

(1)公路网连通度

公路网连通度指数是与路网的总节点数和总边数有关的指标。用于衡量路网的成熟程度,连通度指数越高表明路网断头路越少,成网率越高,反之则表明成网率越低。

公路网连通度公路网密度从公路网建设规模方面反映公路网结构性能;公路网连通度则通过考察网络交通节点(公路交叉口或城镇交通枢纽)的连通状况,从路网结构方面反映公路网的结构特点,其定义为区域内各节点间依靠公路交通相互连通的强度,记为 C。

$$C=\frac{L/\delta}{\sqrt{A\cdot N}} \tag{4-1}$$

式中:L——规划区域内公路网总里程,km;

A——规划区域面积,km^2;

N——规划区域应连通的结点数,个;

δ——公路网变形系数(或称非直线系数),定义为各结点间实际线路总里程与直线总里程之比。

(2)公路网中位点吻合性

公路网本质上是一个线性加权图,路网中位点实际上也就是路网中平均出行时间(距离)最小的那一点(相当于可达性最好的点)。如果中位点恰好与区域的政治、经济中心点相吻合则可以认为路网中位点的吻合性较好。

2)网络质量指标

(1)路网可达性系数

路网可达性系数是用来评价各交通区内到达干线道路网的便捷程度,路网可达性系数越高说明路网交通越便捷,形式越合理。就某一交通区域而言,可达性系数是指该区范围内干道网长度与中心至四周干道最短路径之和的比值,整个区域公路网的可达性系数,就等于各交通区域可达性系数的平均值,见式(4-2):

$$\alpha_i=\frac{1}{m}\sum_{i=1}^{m}L_i/\sum_{k=1}^{4}d_{ik} \tag{4-2}$$

式中:α_i——某一区域公路网的可达性系数;

m——交通小区个数;

L_i——第 i 个交通区域范围内的干线道路长度,km;

d_{ik}——第 i 个交通小区中心至四周某一方向 k 干道的最短路径,km。

(2)路网非直线系数

路网的合理性很大程度上取决于公路路网的便捷联系，客货出行的便捷性，非直线系数(R_{ij})是衡量路线便捷程度的重要指标，见式(4-3)：

$$R_{ij} = \frac{\text{两点间最短路线距离}}{\text{两点间的空间距离}} \tag{4-3}$$

非直线系数最小值为 1，非直线系数越小，表明两点之间交通越便捷；整个路网的最大非直线系数越小，表明整个路网越合理。

4.2.3　交通运行指标

1)高原山区公路网平均车速

公路网平均车速是由公路交通中的公路系统、车辆系统和管理系统综合作用的结果，它综合反映了路网的系统性能，也是反映公路网服务质量的重要指标，见式(4-4)：

$$v = \sum_{i=1}^{n} v_i L_i q_i / \sum_{i=1}^{n} L_i q_i \tag{4-4}$$

式中：v——公路网平均车速，km/h；

v_i——公路网中第 i 路段平均技术车速，km/h；

L_i——公路网第 i 路段里程，km；

q_i——公路网第 i 路段交通量，veh/d；

n——公路网内路段的数量，条。

现状公路网平均车速，可通过交通量观测、车速观测和交通调查得出，它反映了公路上实际的车辆运行情况，是现有路网交通量下的道路情况(路线、路面、交通管理等)和车辆行驶状况的综合反映；通过间接预测得到的规划年份的平均车速，不仅反映了规划路网为使用者提供的服务水平，也是计算公路运输经济效益的依据。

2)高原山区公路网拥挤度

公路网拥挤度就是反映整个路网适应负载的能力，即与交通需求的适应情况，定义为公路负荷交通量和容许最大交通量之比值，见式(4-5)：

$$S = \frac{Q}{C} = \frac{\sum_{i=1}^{n}(Q_i L_i)}{\sum_{i=1}^{n}(C_i L_i)} \tag{4-5}$$

式中：Q_i——公路网中第 i 个路段现状或规划交通量，veh/d；

C_i——公路网中第 i 个路段设计容量，veh/d；

L_i——各条公路的里程数量，km；

n——公路网内路段的数量,条。

拥挤度指标反映了公路建设对交通需求的适应程度以及公路网本身的运输能力和服务水平,不仅考虑了各条公路的里程,亦考虑了相应公路的现状或规划交通量、通行能力,因此这一指标包含内容较为全面。

4.2.4 社会效益指标

公路网结构均衡发展是为了社会经济运行提供更加高效快速经济安全的交通基础设施条件,因此公路网结构的发展除了表现出直接的经济效益,如里程缩短、速度提高、成本降低、舒适性提高等,还必然对其所在区域的社会空间发展产生深刻而长远的社会影响。公路网结构均衡性的社会影响评价,就是分析路网系统对规划区域在社会生活方面的作用和影响,主要包括三个方面:①政治方面:公路网结构的均衡发展实施对一个国家或地区的政治稳定、国家安全是不可缺少的重要因素,其对国防安全、促进对外交流、增强国际威望等方面的影响都是不可忽视的。②经济方面:公路网结构的均衡发展除获得直接经济效益外,还在加快城镇化发展、改善人民生活、构建和谐社会、促进社会公平等方面产生间接经济效益,这部分效益甚至远远超过公路使用者所获得的直接经济效益。③文化方面:公路网结构的均衡发展也在促进文化交流、缩小地区文化差异方面发挥了重要作用。

由于高原山区经济发展缓慢且各个州市之间发展不均衡性,部分经济欠发达的区域便忽视了公路网结构发展对于社会效益的重要作用,在一定程度上增加了区域社会发展的差异性,因此,在对公路网结构评价时还应适当考虑公路网对加强民族团结、巩固国防、促进社会公平性以及贯彻国家方针、政策等方面的重要作用。本文根据评价指标选取时应遵循的科学性、系统性、可比性、独立性等原则,并结合公路网结构均衡性社会评价的特点,将评价内容定位为以下几个方面:

1)区域国防公路网络评价指标

(1)沿边国防公路网等级水平

公路网等级水平指数是反映路网等级结构的重要指标,分别用0、1、2、3、4、5表示高速、一级、二级、三级、四级和等外公路。路网等级水平指数越低表明路网中高等级公路所占比重越大,路网建设水平越高。沿边公路网等级水平见式(4-6):

$$G_{\mathrm{Y}} = \sum_{i=1}^{n} G_{\mathrm{Y}i} L_{\mathrm{Y}i} \Big/ \sum_{i=1}^{n} L_{\mathrm{Y}i} \tag{4-6}$$

式中：G_Y——沿边公路网等级水平；

L_{Yi}——沿边州市内公路网各路段里程，km；

n——沿边州市内公路网路段数量，条；

G_{Yi}——沿边州市内公路网各路段的技术等级；对应高速、一级、二级、三级、四级、等外公路分别取0、1、2、3、4、5。

（2）沿边州市单位面积拥有公路网里程

公路网的面积密度是一项常用指标，其大小反映了一个地区的公路网发展水平，在某种程度上体现了路网的内部结构及其合理性，见式(4-7)：

$$D_Y = \frac{L_Y}{A_Y} \tag{4-7}$$

式中：D_Y——沿边州市单位面积拥有公路网里程，km/km²；

L_Y——沿边州市公路网总里程，km；

A_Y——沿边州市面积，km²。

（3）沿边州市距骨干线的最短距离

$$d_Y = \frac{1}{m}\sum_{i=1}^{m} d_i \tag{4-8}$$

式中：d_Y——沿边州市距骨干线的最短距离，km；

d_i——沿边州市内的各个交通小区行政中心距离骨干线路网的最短距离（某一方向存在即可），km；

m——沿边州市内交通小区的个数，个。

2）社会公平性评价指标

公路网结构的均衡发展有助于促进公路交通资源分配的公平性，对社会的安定团结和稳定、构建和谐社会具有重大的积极作用。将此评价内容定量分为以下两个指标进行分析：

（1）资源中心距骨干线的最短距离

$$d_Z = \frac{1}{m}\sum_{i=1}^{m} d_i \tag{4-9}$$

式中：d_Z——资源中心距离，km；

d_i——区域资源中心距离骨干线路网的最短距离（某一方向存在即可），km；

m——区域资源中心的个数，个。

（2）贫困人口中心距骨干线的最短距离

$$d_P = \frac{1}{m}\sum_{i=1}^{m} d_i \tag{4-10}$$

式中：d_P——贫困人口中心距离，km；

d_i——区域贫困人口聚集区中心距离骨干线路网的最短距离（某一方向存在即可），km；

m——区域贫困人口聚集区的个数，个。

3）区域民族发展评价指标

公路网结构均衡发展可以进一步加速各个民族往来和文化交流，促进各民族的相互团结以及多元文化的相互渗透。

（1）少数民族聚集区人均拥有公路网里程

$$D_S = \frac{L_S}{P_S} \tag{4-11}$$

式中：D_S——民族聚集区人均拥有公路网里程，km/人；

L_S——少数民族聚集区公路网总里程，km；

P_S——少数民族聚集区人口总量，人。

（2）少数民族聚集区公路网等级水平

$$G_S = \sum_{i=1}^{m} G_{Si} L_{Si} / \sum_{i=1}^{m} L_{Si} \tag{4-12}$$

式中：G_S——少数民族聚集区公路网等级水平；

L_{Si}——区域少数民族聚集区内公路网各路段里程，km；

G_{Si}——区域少数民族聚集区内公路网各路段的技术等级。对应高速、一级二级、三级、四级、等外分别取 0、1、2、3、4、5；

m——少数民族聚集区内公路网路段数量，条。

（3）少数民族聚集区距骨干线的最短距离

$$d_S = \frac{1}{m} \sum_{i=1}^{m} d_i \tag{4-13}$$

式中：d_S——民族聚集区距骨干线的最短距离，km；

d_i——少数民族聚集区中心距离骨干线路网的最短距离（某一方向存在即可），km；

m——少数民族聚集区的个数，个。

4）对外国际交流评价指标

（1）对外交流主要州市单位面积拥有公路网里程

$$D_J = \frac{L_J}{A_J} \tag{4-14}$$

式中：D_J——对外交流主要州市单位面积拥有公路网里程，km/km^2；

L_J——对外交流主要州市公路网总里程，km；

A_J——对外交流主要州市面积，km^2。

(2)对外交流公路网等级水平

$$G_J = \sum_{i=1}^{n} G_{Ji} L_{Ji} / \sum_{i=1}^{n} L_{Ji} \tag{4-15}$$

式中：G_J——对外交流公路网等级水平；

L_{Ji}——交流主要州市内部公路网各路段里程，km；

G_{Ji}——交流主要州市内部公路网各路段的技术等级。对应高速、一级、二级、三级、四级、等外公路分别取 0、1、2、3、4、5；

n——对外交流主要州市内部公路网路段数量，条。

4.3　公路网结构均衡性评价方法

4.3.1　单项指标法

这是根据“点”方面对公路网结构进行的评价。

根据评价工作的需要，可将公路网结构均衡性综合评价指标体系中各单项指标的评语论域划分为(优、良、一般、较差、差)五种情况，单项指标分析方法就是根据云南省 16 个州市公路网各单项指标相对于本省指标情况的相对排名，确定各项指标的有关结论。路网指标评价标准划分如表 4-2 所示。

路网指标评价标准划分表　　表 4-2

评语 指标	优	良	一般	较差	差
P	排名前 0～20%	排名前 21%～40%	排名前 41%～60%	排名前 61%～80%	排名前 81%～100%

然后，根据 4.2 节对公路网单项指标分析的计算结果，以及评价划分标准就可得到公路网单项指标的排名以及评语论域。

4.3.2　赛尔指数 GE 法

这是从“线”方面对公路网结构进行的评价。

公路网均衡性评价体系是指公路网技术性能评价体系、交通运行评价体系和社会效益评价体系组成的复合系统，它是一个包含公路网技术性能、网络质量以及社会公平性的复杂系统。由于单项评价指标的可比性的客观条件的要求，而传统的统计学评价方法针对这一方面表现出一定的片面性，因此，为了进一步消除客观存在条件对计算结果的影响，运用赛尔指数来描述区域公路网结构指标的均衡发展状况，见式(4-16)：

$$GE = \frac{1}{N}\sum_{i=1}^{n}\lg\frac{\mu}{y_i}$$
$$\mu = \frac{1}{n}\sum_{i=1}^{n}y_i \tag{4-16}$$

式中：GE——为区域公路网结构均衡性评价指标的赛尔指数；

n——为区域数量；

y_i——第 i 个区域的指标值，$i(1,2,\cdots,n)$；

μ——公路网评价指标值的平均值。

GE 的取值为[0,∞)，当 GE 的值为 0 时，表示各区域公路网指标完全均衡，GE 值越大，表明其区域非均衡度越大。公路网结构均衡性评价等级如表 4-3 所示。

赛尔指数等级划分表 表 4-3

GE=0	0<GE<0.1	0.1≤GE<0.15	0.15≤GE<0.5	GE≥0.5
绝对均衡	比较均衡	相对合理	不均衡	很不均衡

然后，根据 4.2 节对公路网各指标计算的实际数据，采用赛尔指数来描述公路网各项指标的均衡性。赛尔指数可用来衡量公路网结构均衡性的能力和水平，在对公路网结构的评价和比较分析中，可以用赛尔指数理论将各地区公路网结构评价指标值的离散分布通过赛尔指数进行量化，从而得出公路网结构评价指标的均衡程度。针对均衡性的测算，该方法注重从定量角度分析评价，能够准确和比较真实地反映各地区之间区域公路网结构的均衡性水平。赛尔指数越小，公路网结构的均衡性就越优。

4.3.3 均衡指数法

这是从"面"方面对公路网结构进行的评价。

1)变异系数

变异系数是反映指标值变异程度的相对值，它以绝对差距类的标准差为基础，将与其做除法运算。它不受原变量值水平高低的影响，所以能够用来对比不同时空的不同水平数列的指标变异程度，见式(4-17)：

$$V = \frac{1}{\overline{Y}}\sqrt{\frac{\sum_{i=1}^{n}(Y_i - \overline{Y})^2}{n}} \tag{4-17}$$

式中：V——变异系数；

n——区域数量；

Y_i——第 i 个区域单项指标的指标值，$i(1,2,\cdots,n)$；

$\overline{Y}$——为区域单项指标的平均值。

2）均衡指数评价法

均衡指数评价法是以指标差异程度为基础数据做运算，求出平衡指数来反映单项指标差异程度的综合评价值。在本书中用 k 来表示，其计算公式如下：

$$k = 1 - \sqrt{\frac{\sum_{i=1}^{n}\left[\frac{\sqrt{2}}{2}(V_i - \overline{V})^2\right]}{n}} \tag{4-18}$$

式中：k——均衡指数；

n——要比较的指标数；

V_i——为第 i 个单项指标的差异系数；

$\overline{V}$——为指标差异系数的平均值。

k 的取值范围为(0,1)；如果 V_i 和$\overline{V}$差异较小，那么 k 值就较大，反映各单项指标的差异系数较为均衡，从而反映出公路网整体的均衡性较好；反之，如果两者的值相差较大，那么 k 的值就较小，表明单项指标的差异系数均衡性不好，说明公路网整体的不平衡性较为突出。

4.4 公路网结构评价指标稳定性分析

根据以上公路网均衡性评价，可以得出公路网的布局结构在各个子区域之间的发展状态，而并没有涉及到区域内部的发展状态，亦不利于各子区域公路网规划对策的提出，为此，本节分析了子区域内部公路网结构的稳定性发展评价方法。

稳定性是近几年随着我国以“科学发展观”指导社会经济可持续发展时提出的新理念。稳定性的基本内涵是指区域社会经济建设中某项状态各个方面的发展水平值是趋于大体相等的，达到共同发展的双赢状态。稳定性并不是指建设发展水平在各个方面上均匀分布，而是指其各个方面处于相协调、符合可持续发展要求的状态，即在各个子区域之间均衡发展的前提下确定各子区域内部各方面的相互协调性促进其最优化发展。公路网结构稳定性一方面是指公路网结构内部各个方面的发展相互协调一致，具有持续发展的能力；另一方面也可以理解为公路网结构发展分别从公路网结构技术性能、交通运行和社会效益三方面考虑其各自指标发展的稳定程度，并通过对布局结构指标发展的合理调控，形成适合公路交通与可持续发展的最优系统。

公路网空间布局均衡性评价指标系统的描述中包括公路网技术性能、交通运行、社会效益等几个子类系统。根据系统论的观点，每个区域，无论大小，内部总会自成为一个相对较为完整的系统。本文本着可比较性和可获得性的原则，利用三角系统模型和均衡理论，分析公路网稳定程度，评价思路如图 4-4 所示。

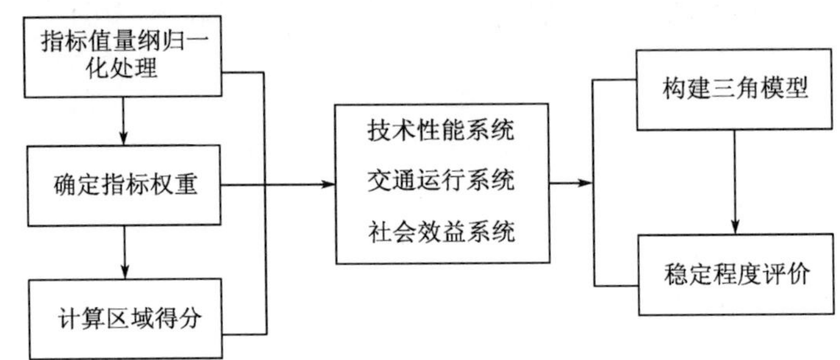

图 4-4　评价思路

以公路网技术性能指标、交通运行指标、社会效益指标的各地区域指标标准化加权总和，即 C_1、C_2、C_3 为三角形的 3 条边，构建该区域公路网综合发展状态的三角系统模型。另一方面，考虑到公路网布局三方面指标的同步发展的要求，因此，在这里将三边相对于三角系统稳定性发展的重要程度进行同等看待。

根据是否可以形成三角以及构成三角形的稳定性来评价区域公路网空间均衡的稳定性。根据系统论的观点，系统的结构决定功能。三角形的确定功能与重心、内心、外心的位置有关。图 4-5 为一技术性能—交通运行—社会效益锐角三角模型。由锐角三角形的性质可知，三角形的重心、外心等均在三角形的内部，即三角形的稳定性较强。因此，由公路网技术性能—交通运行—社会效益构成的三角系统的稳定性亦较强，即某区域公路网的技术性能、交通运行和社会效益指标之间整体上是处于稳定的。

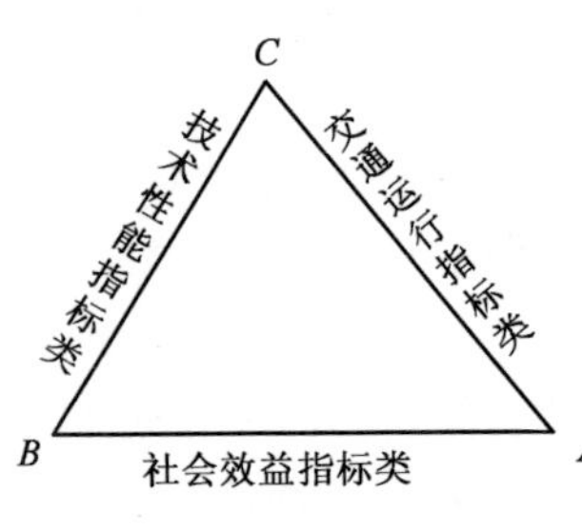

图 4-5　技术性能—交通运行—社会效益系统模型

4.4.1　指标值无量纲化处理

由于各评价指标的工程含义不同，且具有各自的量纲，直接使用不同量纲的值是毫无意义和无可比性的，因此，为了便于分析，保证各指标具有等效性和同序性，需要对原始数据进行处理，使之无量纲化，即序列的初值化，将各因子数据统一到[0,1]区间上来。本文中公路网评价指标一般可以分为以下两种类型：正向指标因子数据，即指标越大，正效应越大，如公路网连通度等、高级路面铺装率等；逆向指标因子数据，即指标越大，正效应越小，负效应越大，如中位点吻合性、路网拥挤度等。公路网评价指标类型如表4-4所示。

公路网评价指标无量纲化类型 表4-4

<table>
<tr><th colspan="3">评 价 指 标</th><th>极大型</th><th>极小型</th></tr>
<tr><td rowspan="5">技术性能指标 X_1</td><td rowspan="2">结构性指标 X_{11}</td><td>公路网连通度 X_{111}</td><td>√</td><td></td></tr>
<tr><td>公路网中位点吻合性 X_{112}</td><td></td><td>√</td></tr>
<tr><td rowspan="3">网络质量指标 X_{12}</td><td>以昆明为中心的路网可达性 X_{121}</td><td></td><td>√</td></tr>
<tr><td>路网平均可达性系数 X_{122}</td><td>√</td><td></td></tr>
<tr><td>路网非直线系数 X_{123}</td><td></td><td>√</td></tr>
<tr><td rowspan="2">交通评价指标 X_2</td><td colspan="2">行政中心节点间路网平均车速 X_{21}</td><td>√</td><td></td></tr>
<tr><td colspan="2">路网拥挤度 X_{22}</td><td></td><td>√</td></tr>
<tr><td rowspan="10">社会评价指标 X_3</td><td rowspan="3">国防 X_{31}</td><td>沿边国防公路网等级水平 X_{311}</td><td></td><td>√</td></tr>
<tr><td>沿边州市单位面积拥有公路网里程 X_{312}</td><td>√</td><td></td></tr>
<tr><td>沿边州市距骨干线的最短距离 X_{313}</td><td></td><td>√</td></tr>
<tr><td rowspan="2">社会公平 X_{32}</td><td>资源中心距骨干线的最短距离 X_{321}</td><td></td><td>√</td></tr>
<tr><td>贫困人口中心距骨干线的最短距离 X_{322}</td><td></td><td>√</td></tr>
<tr><td rowspan="3">少数民族 X_{33}</td><td>少数民族聚集区人均拥有公路网里程 X_{331}</td><td>√</td><td></td></tr>
<tr><td>少数民族聚集区公路网等级水平 X_{332}</td><td></td><td>√</td></tr>
<tr><td>少数民族聚集区距骨干线的最短距离 X_{333}</td><td></td><td>√</td></tr>
<tr><td rowspan="2">国际交流 X_{34}</td><td>对外交流主要州市单位面积拥有公路网里程 X_{341}</td><td>√</td><td></td></tr>
<tr><td>对外交流公路网等级水平 X_{342}</td><td></td><td>√</td></tr>
</table>

注：X_{ijk}-区域公路网结构评价指标值；i-公路网结构评价大类指标划分，1-技术性能、2-交通运行，3-社会效益；j-公路网结构评价中类指标划分；k-公路网结构评价小类指标划分。

针对不同类型的指标采用不同的无量纲化处理方法，将其化为隶属于[0,1]区间的无量纲化指标，见式(4-19)、式(4-20)：

对于极大型指标：
$$r_{ijk}=\frac{X_{ijk}}{X'_{ijk}}=\frac{X_{ijk}}{\max X_{ijk}} \tag{4-19}$$

对于极小型指标：
$$r_{ijk}=\frac{X_{ijk}}{X'_{ijk}}=\frac{\min X_{ijk}}{X_{ijk}} \tag{4-20}$$

式中：r_{ijk}——区域无量纲化指标值；

X_{ijk}——区域的指标值；

X'_{ijk}——区域间极大型指标的最大值（极小型指标的最小值）。

4.4.2 构建三角系统模型

1）评价指标权重确定

由于考虑到公路网结构三方面指标同步发展的要求，在这里将三边相对于三角系统稳定性发展的重要程度进行同等看待，即对于公路网稳定性评价的三边组合不考虑权重问题。而各方面小类指标相对于三边长度的重要程度又有所不同，因此根据专家打分法确定其中类及小类指标的权重，如表 4-5 所示。

公路网结构稳定性评价指标权重 表 4-5

大类指标 1 α_1				大类指标 2 α_2				大类指标 3 α_3				…
中类指标 1		中类指标 2		中类指标 1		中类指标 1		中类指标 1		中类指标 1		
α_{11}		α_{12}		α_{21}		α_{22}		α_{31}		α_{32}		
小类指标 1	小类指标 2	小类指标 1	小类指标 1	小类指标 1	小类指标 1	小类指标 1	小类指标 2	小类指标 1	小类指标 2	小类指标 1	小类指标 2	
α_{111}	α_{112}	α_{121}	α_{122}	α_{211}	α_{212}	α_{221}	α_{222}	α_{311}	α_{312}	α_{321}	α_{322}	

2）三角系统形态确定

由前两节介绍了公路网结构稳定性评价指标的无量纲化处理方法以及各自对应的指标权重，分别求出公路网对应三角系统的三边值，以此为基础构建公路网三角系统，并依据三角形定理以及余弦定理确定其组成的三角系统形态。计算式如下：

$$C_1 = \sum_{j=1}^{2}\sum_{k=1}^{l}\alpha_{1jk} \cdot r_{1jk} \qquad \begin{pmatrix} j = 1, l = 2 \\ j = 2, l = 3 \end{pmatrix} \tag{4-21}$$

$$C_2 = \sum_{j=1}^{2}\alpha_{2j} \cdot r_{2j} \tag{4-22}$$

$$C_3 = \sum_{j=1}^{4}\sum_{k=1}^{l}\alpha_{3jk} \cdot r_{3jk} \qquad \begin{pmatrix} j = 1、3, l = 3 \\ j = 2、4, l = 2 \end{pmatrix} \tag{4-23}$$

式中：C_1, C_2, C_3——区域公路网技术性能、交通运行、社会效益评价层下各指标加权总和，即三角系统三边边长值；

r_{ijk}——各项指标的无量纲化结果；

α_{ijk}——指标权重。

然后，以各区域公路网三角系统的三边的计算结果为基础，依据是否满足三角形三边定理判定可否组成三角形：

三边定理：

$$a+b>c \cap a+c>b \cap b+c>a \tag{4-24}$$

应用三角形余弦定理分别求出各个角度值。

余弦定理：

$$\begin{aligned}\cos A &= \frac{(b^2+c^2-a^2)}{2bc} \\ \cos B &= \frac{(a^2+c^2-b^2)}{2ac} \\ \cos C &= \frac{(a^2+b^2-c^2)}{2ab}\end{aligned} \tag{4-25}$$

式中：a、b、c——三角形三边值；

A、B、C——三角形的三个角度值。

根据以上步骤求出边长、角度，最终以其为基础确定其组成的三角系统形态；根据三角系统的几何特征可知，锐角系统的稳定性优于钝角三角系统，其中稳定性最优的是等边锐角三角系统。若某地区的公路网处于同一种形态的三角系统中时，则可采用角度标准差（S）来刻画各个三角系统对于等边锐角三角稳定系统的离散程度，其中 S 越小，表示三角系统的稳定性越优。

标准差：

$$S=\sqrt{\frac{1}{n}\sum_{i=1}^{n}(x_i-\bar{x})^2} \tag{4-26}$$

式中：S——角度标准差；

n——3；

x_i——三角系统的三个角度数值；

$\bar{x}$——等边三角形角度值 60。

根据上述思路和公式分别计算出公路网结构三角系统模型，并根据角度标准差进行稳定性排序。

4.5　云南省公路网结构与社会发展空间布局结构评价指标计算

针对云南省十六个州和市的公路网实际数据，对以上所列指标分别进行计算，分析云南省各子区域公路网结构之间的差异性。

4.5.1 公路网技术性能

1)云南省公路网结构性评价指标

(1)公路网连通度

以云南省公路网实际统计数据为基础,根据上述公路网连通度求算思路和式(4-1)分别计算出云南省16个地州市各自内各节点间依靠公路交通相互连通的强度C,如表4-6。

云南省16个地州市公路网连通度计算结果　　表4-6

区　域	公路网连通度	区　域	公路网连通度
昆明	2.25	楚雄	1.12
曲靖	2.17	红河	2.19
玉溪	3.6	文山	1.65
保山	1.65	西双版纳	2.02
昭通	1.59	大理	2.11
丽江	1.33	德宏	1.51
普洱	2.71	怒江	0.95
临沧	1.44	迪庆	1.03

(2)公路网中位点吻合性

公路网本质上是一个线性加权图,而路网中位点实际上也就是路网中平均出行时间(距离)最小的那一点(相当于可达性最好的点)。如果中位点恰好与区域的政治、经济中心点相吻合,则可以认为路网中位点的吻合性好,该路网的结构方案较为合理。

本文需要将公路网中位点吻合性进行量化,求出在整个区域内部路网中出行最为方便的点距离政治中心的实际距离。

由于可操作性与可实现性的要求,本文中选择以云南省各地州市骨干线网节点为基础点,利用Transcad软件分别求出各个基础点之间的最短路径,如图4-6,对于该地区各个基础点的最短路径进行累加,得到路网中平均出行距离最小的那一点,根据行政中心划分测算得出该区域公路网中位点吻合性指标量化值(表4-7、图4-7)。

2)云南省公路网网络质量评价指标

(1)以昆明为中心的路网可达性

昆明为云南省省会,云南省政治、经济、文化、科技、交通中心,并且是中国面向东南亚、南亚开放的门户枢纽,国家级历史文化名城,我国重要的旅游、商贸城

市，西部地区重要的中心城市。因此，以昆明为中心的路网可达性指标在衡量评价云南省公路网起着较为关键的作用。

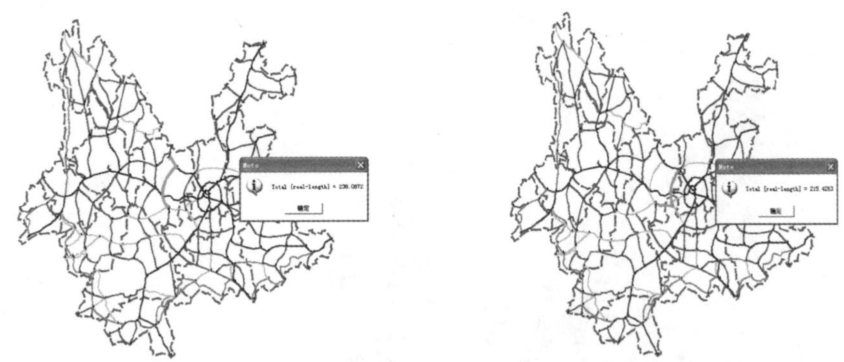

图4-6 公路网两点之间最短路径示意图

云南省16个地州市公路网中位点吻合性测算结果 表4-7

区　域	公路网中位点吻合性	区　域	公路网中位点吻合性
昆明	3.23	楚雄	3.66
曲靖	3.31	红河	3.21
玉溪	3.13	文山	3.75
保山	3.27	西双版纳	3.34
昭通	3.21	大理	3.11
丽江	3.52	德宏	3.72
普洱	3.43	怒江	3.69
临沧	3.86	迪庆	3.77

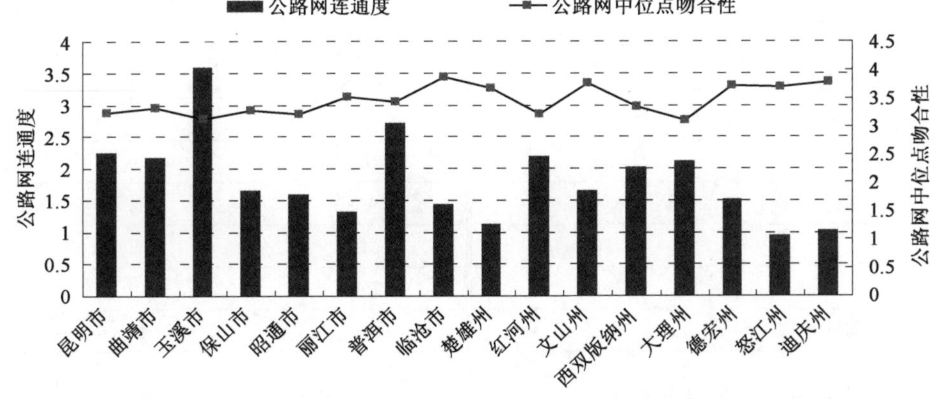

图4-7 云南省16个地州市公路网技术性能指标比较图

在本文中，云南省公路网以昆明为中心的路网可达性主要依据图中各区域可达性划分等级的面积比例以及相应指标值为基础，采用几何平均算法求出各区域以昆明为中心的可达性系数(图 4-8、表 4-8)。

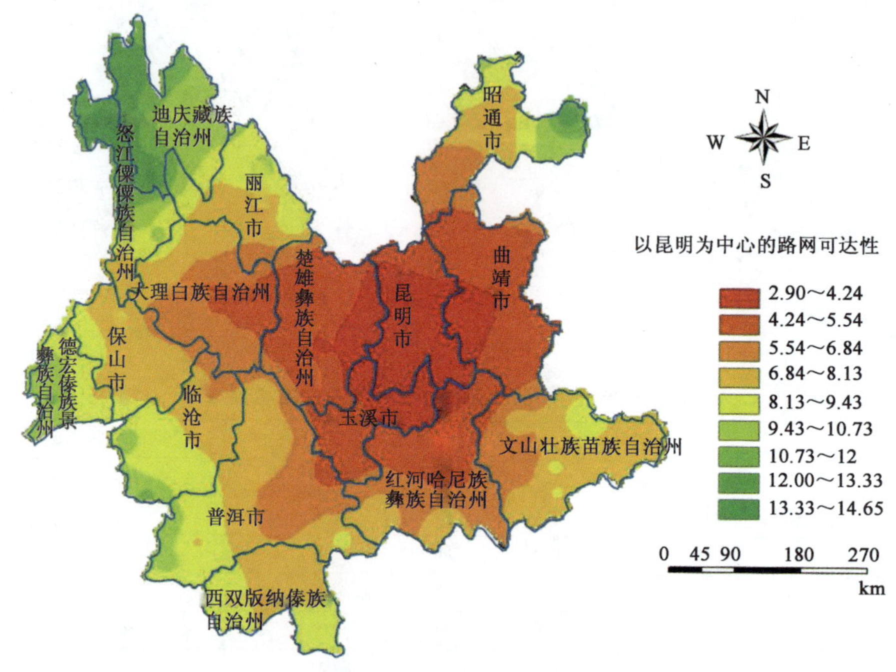

图 4-8　以昆明为中心的路网可达性区域等级划分示意图

云南省 16 个地州市以昆明为中心的路网可达性测算结果　　表 4-8

区　域	以昆明为中心的路网可达性	区　域	以昆明为中心的路网可达性
昆明	3.79	楚雄	4.39
曲靖	4.76	红河	5.86
玉溪	4.10	文山	7.45
保山	7.38	西双版纳	8.32
昭通	8.47	大理	6.35
丽江	7.89	德宏	9.45
普洱	7.11	怒江	10.35
临沧	8.35	迪庆	11.05

(2)路网平均可达性系数

路网可达性系数实际上主要表示的是，在某区域范围内，以各个交通小区为单位兼顾东、南、西、北四个方向对于途径该区域的公路网骨干线的便捷程度。

计算思路是以云南省的 16 个地州市为区域进行均衡性评价，因此各区域的交通小区以县为单位。

根据上述思路和式(4-2)分别计算出云南省 16 个地州市路网平均可达性系数，如表 4-9 所示。

云南省 16 个地州市路网平均可达性系数计算结果 表 4-9

区　域	路网平均可达性系数	区　域	路网平均可达性系数
昆明	5.51	楚雄	16.47
曲靖	14.01	红河	12.12
玉溪	7.79	文山	10.53
保山	15.56	西双版纳	6.83
昭通	2.2	大理	11.66
丽江	2.54	德宏	7.5
普洱	9.98	怒江	2.07
临沧	2.24	迪庆	1.64

(3)路网非直线系数

以式(4-3)的计算思路为基础，首先，利用 Transcad 软件分别求出云南省各地州市的行政中心到各自区域内各个交通小区(以县为单位)内行政中心的实际路程距离，而后采用 Google 地球软件直接测得两点之间的直线距离(图 4-9)，二者之商即为所求的该小区的公路网非直线系数 R_{ij}，最终将该区域内部各个交通小区的非直线系数进行算术平均得出该区域的公路网非直线系数 R。云南省 16 个地州市路网非直线系数如表 4-10 所示。质量指标比较图如图 4-10 所示。

云南省 16 个地州市路网非直线系数计算结果 表 4-10

区　域	路网非直线系数	区　域	路网非直线系数
昆明	1.37	楚雄	1.66
曲靖	1.41	红河	1.41
玉溪	1.43	文山	1.46
保山	1.66	西双版纳	1.49
昭通	1.73	大理	1.4
丽江	1.69	德宏	2.34
普洱	1.49	怒江	2
临沧	2.02	迪庆	2.14

图 4-9　Google 地球软件测得两点间直线距离示意图

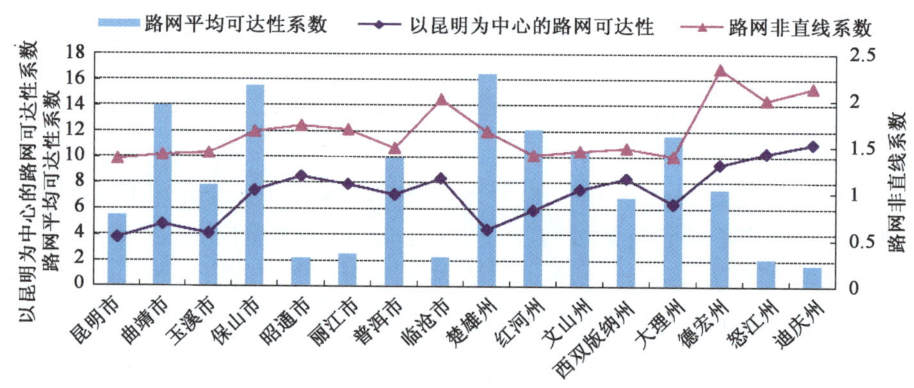

图 4-10　云南省 16 个地州市公路网网络质量指标比较图

4.5.2　公路网交通运行

1)云南省公路网交通运行评价指标计算

(1)行政中心节点间平均车速

上述 4.2 节中提出的路网平均车速指标是指路网中各路段平均车速的里程加权平均值,综合反映了整体路网的系统服务性能。依据《云南省公路交通情况调查分析资料汇编》的分析,全省国道机动车路线交通量调查加权平均车速为 55.4km/h,省道机动车路线交通量调查加权平均车速为 35km/h。由于《云南省公路交通情况调查分析资料汇编》主要以公路网的行政等级划分统计车速以及交通量资料,而本文是以云南省 16 个地州市区域划分为单位求算指标,因此考

虑到基础数据的可获得性以及局限性，本文将上述公路网平均车速指标转化为行政中心节点间平均车速指标进行评价，即分别测算出云南省十六地州市的行政中心到各自区域内各个交通小区（以县为单位）内行政中心的实际路程、时间，根据公式计算出实际车速，最终取其算术平均值得出该区域的行政中心节点间平均车速。云南省16个地州市行政中心节点间平均车速计算结果如表4-11所示。

云南省16个地州市行政中心节点间平均车速计算结果 表4-11

地　区	行政中心节点间平均车速(km/h)	地　区	行政中心节点间平均车速(km/h)
昆明	42.6	楚雄	45.7
曲靖	51.43	红河	46.84
玉溪	44.12	文山	51.2
保山	44.63	西双版纳	43.96
昭通	63.52	大理	46.27
丽江	50.84	德宏	45.33
普洱	58.71	怒江	48.84
临沧	50.48	迪庆	65.85

(2)路网拥挤度

根据《云南省公路交通情况调查分析资料汇编》的分析情况，按照4.2节的路网拥挤度指标的定义和式(4-5)的计算方法，整理可得云南省16个地州市路网拥挤度指标属性值，如表4-12、图4-11所示。

云南省16个地州市路网拥挤度计算结果 表4-12

地　区	路网拥挤度	地　区	路网拥挤度
昆明	0.57	楚雄	0.6
曲靖	0.66	红河	0.36
玉溪	0.49	文山	0.84
保山	0.64	西双版纳	1.22
昭通	0.69	大理	0.49
丽江	0.72	德宏	0.62
普洱	0.95	怒江	0.69
临沧	1.2	迪庆	0.72

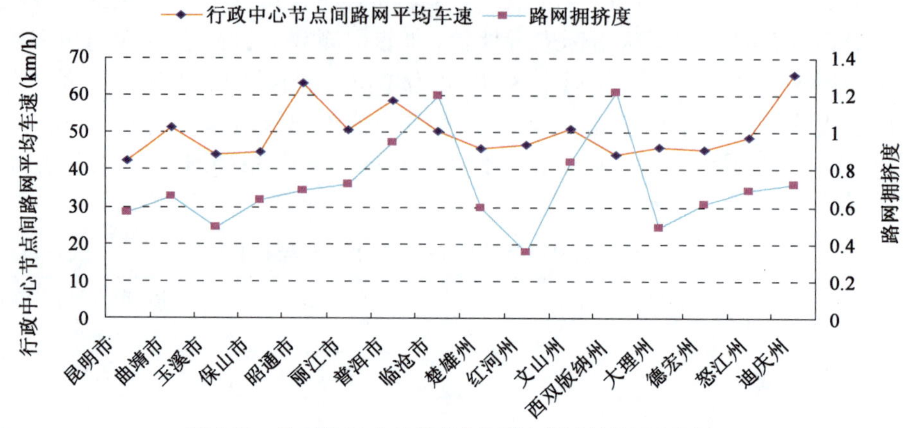

图 4-11　云南省 16 个地州市公路网交通运行指标比较图

4.5.3　公路网社会效益

1)云南省区域干线公路网络评价指标

以 4.2 节式(4-6)的计算思路为基础,根据图 4-12 标明的云南省沿边干线公路具体情况,测算出属于各区域的沿边干线公路等级水平。

图 4-12　云南省沿边干线公路示意图

以《云南省 2009 年通车里程调查表》统计数据为基础，将各等级公路里程转化为二级公路等效里程，按照 4.2 节式(4-7)的计算思路求出云南省沿边州市的单位面积公路网里程，云南省沿边州分布以及骨干线公路网示意图如图 4-13 所示。

以云南省骨干线路网分布为基础，分别测算出沿边州市内的各个交通小区行政中心距离骨干线路网的最短距离(某一方向存在即可)，并取该区域内各个小区指标值的算术平均值，根据式(4-8)的计算思路可得云南省沿边地州市距骨干线最短距离指标属性值。

云南省区域干线公路网络评价指标属性值如表 4-13 所示，评价指标比较图如图 4-14 所示。

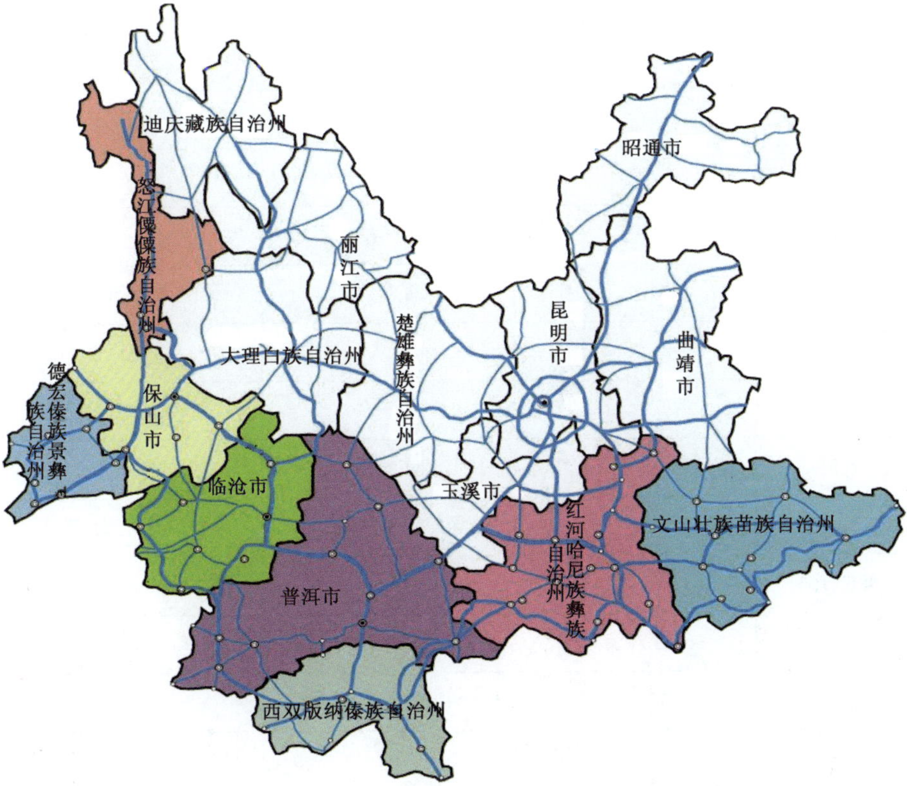

图 4-13 云南省沿边州市分布以及骨干线公路网示意图

2)社会公平性评价指标

云南省的主要资源为旅游资源和矿产资源,根据图 4-15 和图 4-16,分别得出云南省 16 个地州市各区域的资源主要分布区域,并划分出其中心区域所在,分别测算出各个资源中心区域距离骨干线路网的最短距离(某一方向存在即可),并取该区域内各个指标值的算术平均值,根据式(4-9)的计算思路可得云南省 16 个地州市资源中心距骨干线的最短距离指标属性值。

云南省区域干线公路网络评价指标属性值 表 4-13

地　区	沿边干线公路网等级水平	沿边州市单位面积拥有公路里程(km/km^2)	沿边州市距骨干线的最短距离(km)
昆明	—	—	—
曲靖	—	—	—
玉溪	—	—	—
保山	1.58	0.068 7	1.48
昭通	—	—	—
丽江	—	—	—
普洱	2.87	0.036 8	1.64
临沧	2.19	0.044 2	1.28
楚雄	—	—	—
红河	2.36	0.084 2	2.4
文山	2.52	0.057 8	1.34
西双版纳	2.05	0.038	1.3
大理	—	—	—
德宏	1.52	0.066 2	2.81
怒江	2	0.015 9	1.18
迪庆	—	0.017 4	1.5

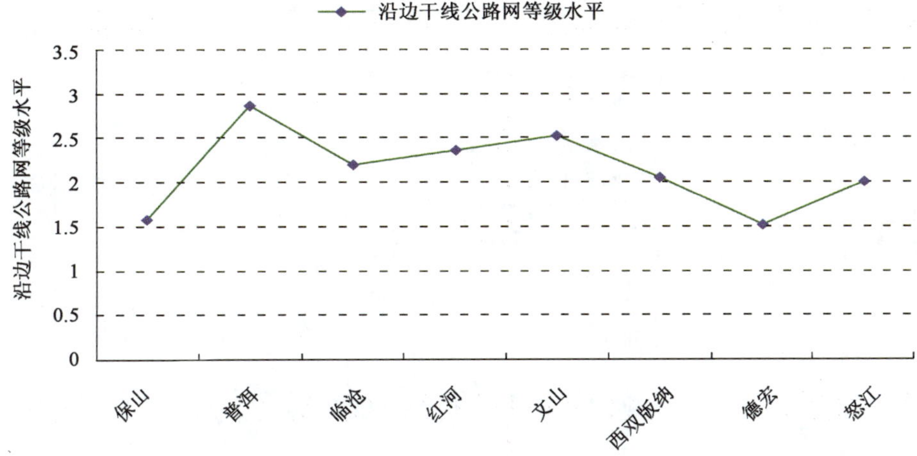

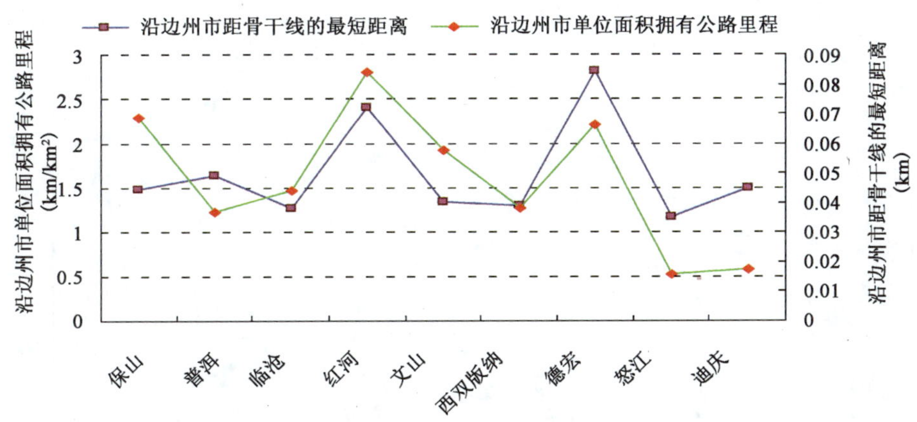

图 4-14 云南省 16 个地州市干线公路网络评价指标比较图

由于收集资料的局限性，因此根据云南省的具体情况，本文将贫困人口中心距骨干线的最短距离定义为云南省 16 个地州市域内的各个贫困重点县区行政中心距离骨干线的最短距离的算术平均值(图 4-17、图 4-18、表 4-14)。

3)区域民族发展评价指标

由于云南省少数民族大杂居、小聚居的分布特点，少数民族聚集区数量庞大且分布分散，收集数据的局限性较大，因此本文的少数民族聚集区主要指的是少数民族自治的行政区域，如图 4-19 所示。

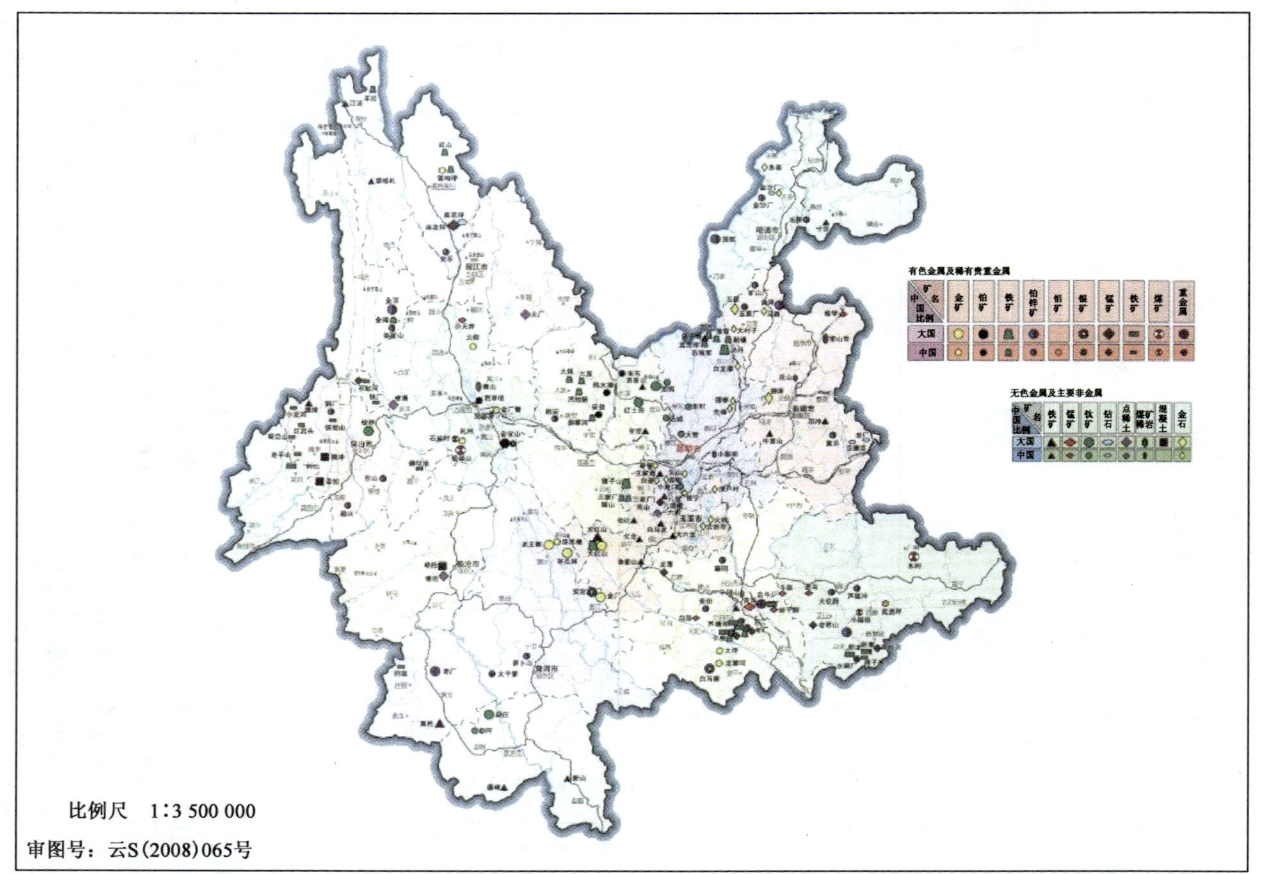

图 4-15　云南省矿产资源分布图

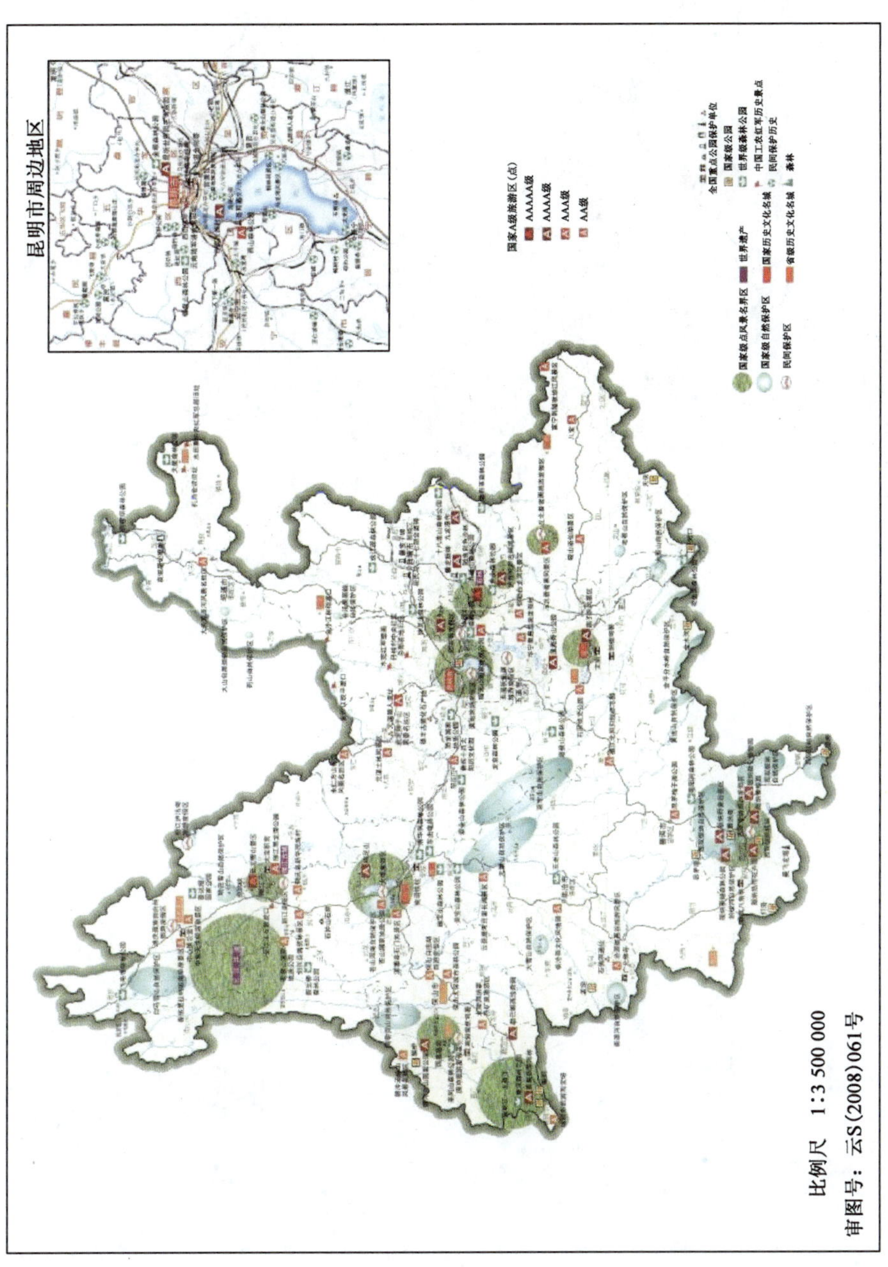

图 4-16　云南省旅游资源分布图

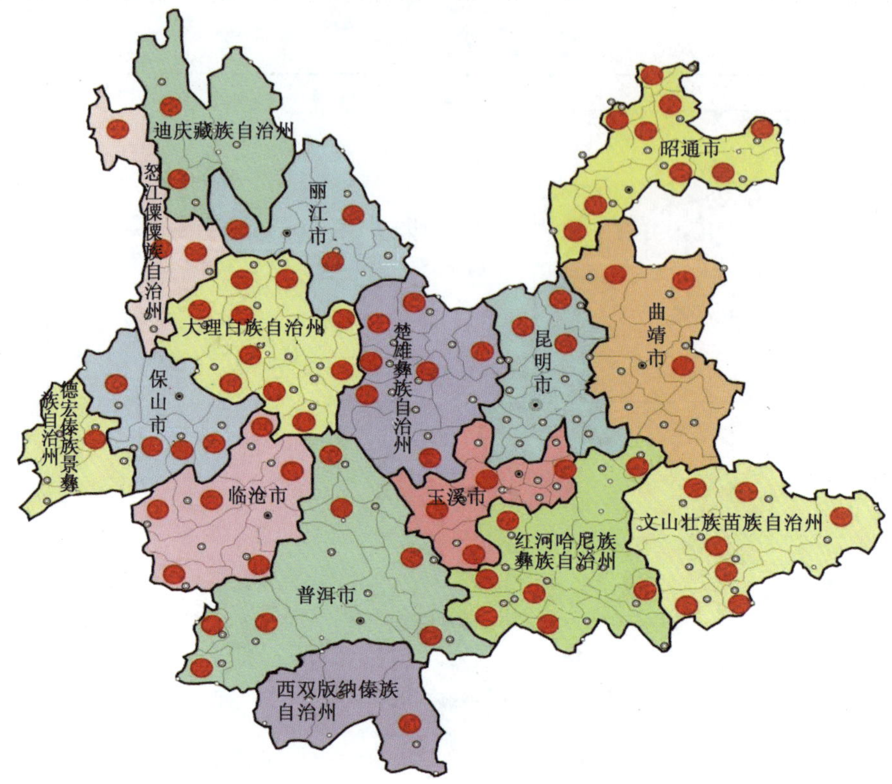

图 4-17　云南省 16 个地州市贫困重点县分布示意图

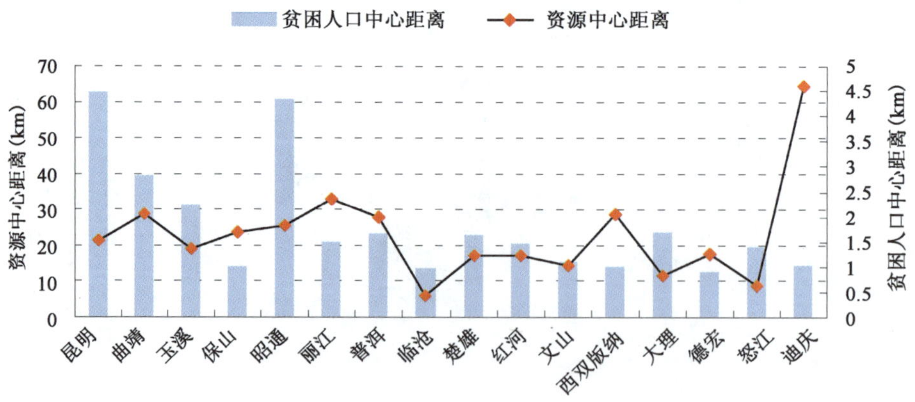

图 4-18　云南省 16 个地州市社会公平评价指标比较图

云南省16个地州市社会公平评价指标属性值 表4-14

地　区	资源中心距骨干线的最短距离(km)	贫困人口中心距骨干线的最短距离(km)
昆明	21.35	4.47
曲靖	28.64	2.83
玉溪	19.01	2.22
保山	23.53	1
昭通	25.61	4.33
丽江	32.82	1.48
普洱	27.83	1.64
临沧	6.03	0.95
楚雄	17.24	1.62
红河	16.98	1.47
文山	14.28	1.1
西双版纳	28.86	1
大理	11.48	1.7
德宏	17.61	0.9
怒江	8.93	1.4
迪庆	64.34	1.01

以《云南省2009年通车里程调查表》统计数据为基础，将各等级公路里程转化为二级公路等效里程，根据少数民族自治区域的分布情况，按照4.2节式(4-11)的计算思路求出云南省少数民族聚集区人均拥有公路网里程，少数民族自治州则直接取其数值为指标结果，少数民族自治县则要将各个县的计算值取其算术平均值作为其行政归属州市的指标结果。

以4.2节式(4-12)计算思路为基础，根据云南省少数民族聚集区域内的公路网分布情况，测算出属于各区域的公路网等级水平。

以云南省骨干线路网分布为基础，分别测算出少数民族自治州市内的各个交通小区行政中心距离骨干线路网的最短距离(某一方向存在即可)，并取该区域内各个小区指标值的算术平均值，根据式(4-13)可得云南省少数民族聚集区距骨干线最短距离指标属性值(图4-19、表4-15、图4-20)。

图 4-19　云南省民族自治区域分布示意图

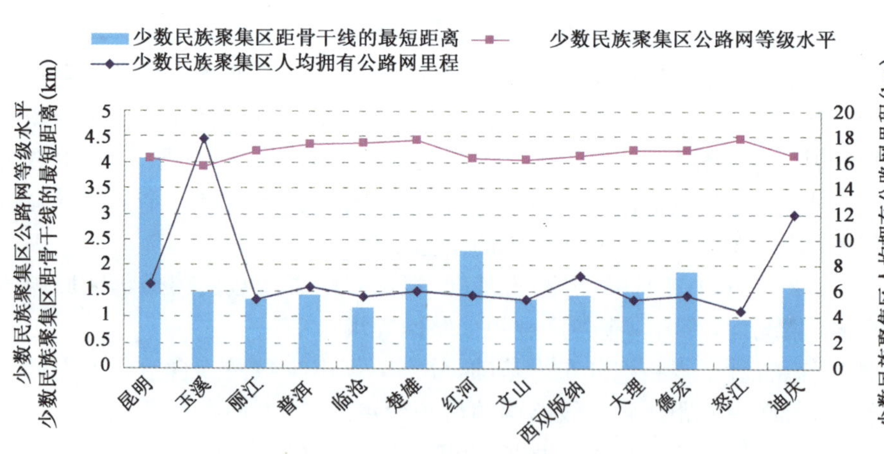

图 4-20　云南省 16 个地州市区域民族发展评价指标比较图

云南省十六地州市区域民族发展指标属性值　　表4-15

地　区	少数民族聚集区人均拥有公路网里程(km/万人)	少数民族聚集区公路网等级水平	少数民族聚集区距骨干线的最短距离(km)
昆明	6.47	4.08	4.07
曲靖	—	—	—
玉溪	17.83	3.92	1.46
保山	—	—	—
昭通	—	—	—
丽江	5.32	4.22	1.33
普洱	6.33	4.35	1.4
临沧	5.56	4.37	1.16
楚雄	5.99	4.42	1.62
红河	5.68	4.07	2.29
文山	5.3	4.04	1.33
西双版纳	7.13	4.12	1.4
大理	5.38	4.23	1.5
德宏	5.62	4.23	1.87
怒江	4.43	4.45	0.95
迪庆	11.94	4.14	1.57

4)对外国际交流评价指标

以《云南省2009年通车里程调查表》统计数据为基础,将各等级公路里程转化为二级公路等效里程,根据云南省对外交流的实际情况(图4-21),按照4.2节式(4-14)计算思路求出云南省对外交流主要州市单位面积拥有公路网里程以及公路网等级水平(表4-16、图4-22)。

云南省对外国际交流评价指标属性值　　表4-16

地　区	对外交流主要州市单位面积拥有公路网里程(km/km^2)	对外交流路网等级水平
昆明	—	0.72
曲靖	—	0.7
玉溪	—	1.68
保山	0.050 5	1.91
昭通	—	2.69

续上表

地　　区	对外交流主要州市单位面积拥有公路网里程（km/km^2）	对外交流路网等级水平
保山	0.050 5	1.91
昭通	—	2.69
丽江	—	2.01
普洱	0.036 8	2.84
临沧	0.043 5	2.5
楚雄	—	1.74
红河	0.088 3	1.66
文山	0.054 5	1.87
西双版纳	0.031 9	3.54
大理	—	1.76
德宏	0.052 9	1.72
怒江	0.013	2
迪庆	—	3

图 4-21　云南省国际交流通道及主要口岸分布示意图

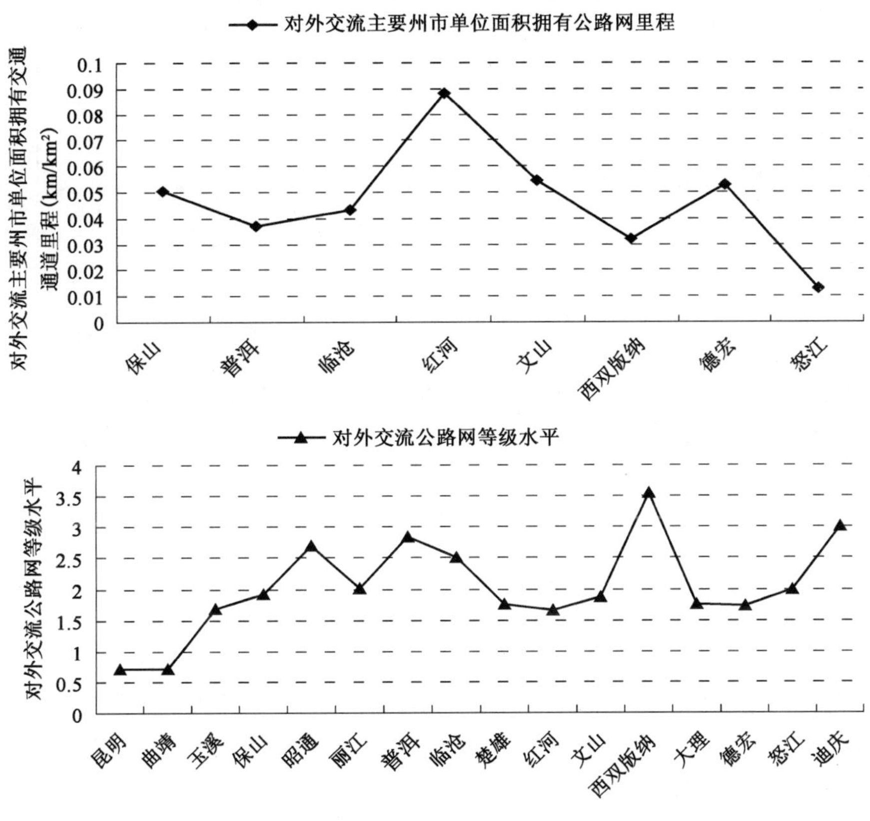

图 4-22 云南省十六地州市对外国际交流评价指标比较图

4.6 云南省公路网结构均衡性评价

基于 4.5 节得出的公路网结构评价指标值，根据单项评价、赛尔指数和不均衡指数等均衡性评价分析模型的建立方法与实施步骤，分别相对应从点、线、面三方面对公路网结构进行评价。“点”评的主要思路是将云南省十六州市公路网结构评价单项指标相对于本省指标情况进行排名，确定各州市在各单项指标上发展的水平；“线”评的主要思路是将公路网结构评价指标值的离散分布通过赛尔指数进行量化，从而得出公路网结构单个评价指标在云南省十六州市之间的纵向均衡程度；“面”评的主要思路是以公路网结构指标差异程度为基础数据做运算，求出不平衡指数来反映所有指标差异程度的综合评价值，从而得出云南省公路网结构在各个地区的整体均衡状况。

云南省公路网各单项指标的排名以及评语论域 表 4-17a)

区域	大类指标	技术性能指标										交通评价指标			
	中类指标	结构性指标						网络质量指标				行政中心节点间平均车速		路网平均拥挤度	
	小类指标	公路网连通度		公路网中位点吻合性		以昆明为中心的路网可达性		路网平均可达性系数		路网非直线系数					
		排名	评语	排名	评语	排名	评语	排名	评语	排名	评语	排名	评语	排名	评语
昆明		3	优	4	良	1	优	11	较差	1	优	16	差	4	良
曲靖		5	良	6	良	4	良	3	优	3	优	4	良	8	一般
玉溪		1	优	2	优	2	优	8	一般	5	良	14	差	2	优
保山		8	一般	5	良	8	一般	2	优	9	一般	13	较差	7	一般
昭通		10	较差	13	较差	13	较差	14	差	12	较差	2	优	9	一般
丽江		13	较差	9	一般	10	一般	12	较差	11	较差	6	良	11	较差
普洱		2	优	8	一般	7	一般	7	一般	7	一般	3	优	14	差
临沧		12	较差	16	差	12	较差	13	较差	14	差	7	一般	15	差
楚雄		14	差	10	一般	3	优	1	优	10	一般	11	较差	5	良
红河		4	良	3	优	5	良	4	良	4	良	9	一般	1	优
文山		9	一般	14	较差	9	一般	6	良	6	良	5	良	13	较差
西双版纳		7	一般	7	一般	11	较差	10	一般	8	一般	15	差	16	差
大理		6	良	1	优	6	良	5	良	2	优	10	一般	3	优
德宏		11	较差	12	较差	14	差	9	一般	16	差	12	较差	6	良
怒江		16	差	11	较差	15	差	15	差	13	较差	8	一般	10	一般
迪庆		15	差	15	差	16	差	16	差	15	差	1	优	12	较差

云南省公路网各单项指标的排名以及评语论域(续1) 表4-17b)

区域	社会效益指标									
中类指标	区域国防公路网络评价指标						社会公平性评价指标			
小类指标	沿边国防公路网等级水平		沿边州市单位面积拥有公路网里程		沿边州市距骨干线的最短距离		资源中心距骨干线的最短距离		贫困人口中心距骨干线的最短距离	
	排名	评语	排名	评语	排名	评语	排名	评语	排名	评语
昆明	—	—	—	—	—	—	9	一般	16	差
曲靖	—	—	—	—	—	—	13	较差	14	差
玉溪	—	—	—	—	—	—	8	一般	13	较差
保山	2	良	2	良	5	一般	10	一般	3	优
昭通	—	—	—	—	—	—	11	较差	15	差
丽江	—	—	—	—	—	—	15	差	9	一般
普洱	8	差	7	较差	7	较差	12	较差	11	较差
临沧	5	一般	5	一般	2	良	1	优	2	优
楚雄	—	—	—	—	—	—	6	良	10	一般
红河	6	较差	1	优	8	较差	5	良	8	一般
文山	7	较差	4	一般	4	一般	4	良	6	良
西双版纳	4	一般	6	一般	3	良	14	差	3	优
大理	—	—	—	—	—	—	3	优	12	较差
德宏	1	优	3	良	9	差	7	一般	1	优
怒江	3	良	9	差	1	优	2	优	7	一般
迪庆	—	—	8	较差	6	一般	16	差	5	良

云南省公路网各单项指标的排名以及评语论域(续 2)　　表 4-17c)

区域　大类指标	社会效益指标									
中类指标	区域民族发展评价指标						对外国际交流评价指标			
小类指标	少数民族聚集区人均拥有公路网里程		少数民族聚集区公路网等级水平		少数民族聚集区距骨干线的最短距离		对外交流主要州市单位面积拥有公路网里程		对外交流公路网等级水平	
	排名	评语	排名	评语	排名	评语	排名	评语	排名	评语
昆明	4	良	4	良	13	差	—	—	2	优
曲靖	—	—	—	—	—	—	—	—	1	优
玉溪	1	优	1	优	7	一般	—	—	4	良
保山	—	—	—	—	—	—	4	一般	9	一般
昭通	—	—	—	—	—	—	—	—	13	较差
丽江	11	较差	7	一般	3	良	—	—	11	较差
普洱	5	良	10	较差	5	良	6	较差	14	差
临沧	9	较差	11	较差	2	优	5	一般	12	较差
楚雄	6	一般	12	差	10	较差	—	—	6	良
红河	7	一般	3	良	12	差	1	优	3	优
文山	12	差	2	优	4	良	2	良	8	一般
西双版纳	3	良	5	良	6	一般	7	较差	16	差
大理	10	较差	8	一般	8	一般	—	—	7	一般
德宏	8	一般	9	较差	11	较差	3	良	5	良
怒江	13	差	13	差	1	优	8	差	10	一般
迪庆	—	—	6	一般	9	较差	—	—	15	差

4.6.1 基于单项指标评价法的公路网结构均衡性评价

根据 4.2 节对于云南省公路网技术性能、交通运行、社会效益这三个方面的单项指标分析计算结果，以及表 4-2 评价划分标准可得到云南省公路网各单项指标的排名以及评语论域，如表 4-17 所示。

4.6.2 基于赛尔指数 GE 的公路网结构均衡性评价

应用 4.2 节各单项评价指标的建立及计算方法对云南省公路网各指标计算出实际数据，然后采用 4.3.2 中的赛尔指数的计算方法计算出云南省各单项评价指标的赛尔指数并用它来描述公路网各项指标的均衡性，如表 4-18 所示。

云南省公路网评价指标赛尔指数计算结果　　表 4-18

评价指标		赛尔指数	平均值
技术性能指标	公路网连通度	0.026 46	0.032 32
	公路网中位点吻合性	0.001 12	
	以昆明为中心的路网可达性	0.020 92	
	路网平均可达性系数	0.111 70	
	路网非直线系数	0.006 17	
交通评价指标	行政中心节点间路网平均车速	0.003 66	
	路网拥挤度	0.020 77	
社会评价指标	沿边国防公路网等级水平	0.008 91	
	沿边州市单位面积拥有公路网里程	0.058 63	
	沿边州市距骨干线的最短距离	0.018 68	
	资源中心距骨干线的最短距离	0.061 82	
	贫困人口中心距骨干线的最短距离	0.060 00	
	少数民族聚集区人均拥有公路网里程	0.035 41	
	少数民族聚集区公路网等级水平	0.000 29	
	少数民族聚集区距骨干线的最短距离	0.029 86	
	对外交流主要州市单位面积拥有公路网里程	0.050 36	
	对外交流公路网等级水平	0.034 77	

由于赛尔指数可衡量该地区公路网结构均衡性的能力和水平。如表 4-18 所示，云南省公路网结构赛尔指数在 0～0.15 的范围内，均处于相对合理的状态；从各评价指标赛尔指数的绝对值来看，少数民族聚集区公路网等级水平的赛

尔指数最小，几乎处于绝对均衡的状态，说明云南省少数民族聚集区的公路网等级水平均衡性是比较合理的。技术性能评价中的路网平均可达性系数的赛尔指数相对较大，但仍处于相对合理的状态。

从整个公路网结构评价指标系统的赛尔指数来看，平均值在0～0.1的范围内，表明其处于比较均衡的状态，这说明云南省的整体公路网结构均衡性相对合理，但仍有部分指标存在区域差异，因此可根据路网均衡性的要求对路网布局结构做出适当的调整，使路网整体的均衡性达到最优。

4.6.3 基于均衡指数法的公路网结构均衡性评价

应用4.2节各单项评价指标的建立及计算方法对云南省公路网各指标计算出实际数据，然后采用4.3.3中的均衡指数法的变异系数的计算方法计算出云南省各单项评价指标的变异系数，如表4-19所示。再运用式(4-18)计算出云南省的公路网均衡指数，如表4-20所示。最后基于均衡指数也即单项指标的差异程度来描述云南省公路网结构在各个地区的整体均衡状况。

云南省公路网评价指标变异系数　　表4-19

评价指标		变异系数
技术性能指标	公路网连通度	0.3607
	公路网中位点吻合性	0.0719
	以昆明为中心的路网可达性	0.2953
	路网平均可达性系数	0.6107
	路网非直线系数	0.1753
交通评价指标	行政中心节点间路网平均车速	0.1355
	路网拥挤度	0.3202
社会评价指标	沿边国防公路网等级水平	0.1996
	沿边州市单位面积拥有公路网里程	0.4622
	沿边州市距骨干线的最短距离	0.3199
	资源中心距骨干线的最短距离	0.5715
	贫困人口中心距骨干线的最短距离	0.6007
	少数民族聚集区人均拥有公路网里程	0.4963
	少数民族聚集区公路网等级水平	0.0367
	少数民族聚集区距骨干线的最短距离	0.4475
	对外交流主要州市单位面积拥有公路网里程	0.4129
	对外交流公路网等级水平	0.3621

云南省公路网的均衡指数　　表 4-20

评价指标		V_i	$\overline{V}$	k
技术性能指标	公路网连通度	0.360 7		
	公路网中位点吻合性	0.071 9		
	以昆明为中心的路网可达性	0.295 3		
	可达性	0.610 7		
	路网非直线系数	0.175 3		
交通评价指标	行政中心节点间路网平均车速	0.135 5		
	路网拥挤度	0.320 2		
社会评价指标	沿边国防公路网等级水平	0.199 6		
	沿边州市单位面积拥有公路网里程	0.462 2	0.345 8	0.854 8
	沿边州市距骨干线的最短距离	0.319 9		
	资源中心距骨干线的最短距离	0.571 5		
	贫困人口中心距骨干线的最短距离	0.600 7		
	少数民族聚集区人均拥有公路网里程	0.496 3		
	少数民族聚集区公路网等级水平	0.036 7		
	少数民族聚集区距骨干线的最短距离	0.447 5		
	对外交流主要州市单位面积拥有公路网里程	0.412 9		
	对外交流公路网等级水平	0.362 1		

根据对上面表格的分析，云南省公路网评价指标存在一定的差异性，其差异程度的平均值为0.345 8。从表中可以看出，其中公路网中位点吻合性、少数民族聚集区公路网等级水平、行政中心节点间的平均车速的差异程度较小，而路网平均可达性系数的差异水平远高于平均值。

通过对云南省公路网结构评价指标差异程度的综合评价，反映了云南省公路网结构评价指标在各个地区的均衡状况，从均衡指数 $k=0.854\ 8$ 的计算结果可以看出：云南省公路网结构评价指标的差异程度较小，由此可以得出云南省公路网结构的各项技术性能指标在不同子区域之间的整体评价结果是均衡的，云南省公路网结构在自身不断完善的基础上，正在其十六个区域范围内比较均衡的发展并体现着对社会发展的促进、引导作用。

4.7 云南省公路网结构评价指标稳定性评价

4.7.1 指标值无量纲化处理

根据表4-4公路网评价指标无量纲化类型及式(4-19)和式(4-20),针对不同类型的指标采用不同的无量纲化处理方法,将其化为隶属于[0,1]区间的无量纲化指标。本书以云南为例,将云南省公路网评价指标计算而得的实际数据代入上述公式,将其进行量纲化处理,如表4-21~4-23所示。

4.7.2 构建三角系统模型

1)评价指标权重的确定

本书考虑到公路网结构三方面指标的同步发展的要求,在这里将三边相对于三角系统稳定性发展的重要程度进行同等看待,即对于公路网稳定性评价的三边组合不考虑权重问题。而各方面小类指标相对于三边长度的重要程度又有所不同,因此根据专家打分法确定其中类及小类指标的权重,如表4-24所示。

2)云南省三角系统形态的确定

由前两节已得出云南省十六地州市公路网评价指标的无量纲化处理结果以及各自对应的指标权重,分别求出云南省十六地州市公路网对应三角系统的三边值,以此为基础构建公路网三角系统,并依据三角形定理以及余弦定理确定其组成的三角系统形态。按照前面式(4-21)~式(4-23)可计算出云南省十六地州市三角系统三边的值,如表4-25所示。

云南省公路网技术评价无量纲化指标值 表4-21

区　域	结构性指标		网络质量指标		
	公路网连通度	公路网中位点吻合性	以昆明为中心的路网可达性	路网平均可达性系数	路网非直线系数
昆明	0.63	0.96	1.00	0.33	1.00
曲靖	0.60	0.94	0.80	0.85	0.97
玉溪	1.00	0.99	0.92	0.47	0.96
保山	0.46	0.95	0.51	0.94	0.83
昭通	0.44	0.97	0.45	0.13	0.79
丽江	0.37	0.88	0.48	0.15	0.81

续上表

区　域	结构性指标		网络质量指标		
	公路网连通度	公路网中位点吻合性	以昆明为中心的路网可达性	路网平均可达性系数	路网非直线系数
普洱	0.75	0.91	0.53	0.61	0.92
临沧	0.40	0.81	0.45	0.14	0.68
楚雄	0.31	0.85	0.86	1.00	0.83
红河	0.61	0.97	0.65	0.74	0.97
文山	0.46	0.83	0.51	0.64	0.94
西双版纳	0.56	0.93	0.46	0.41	0.92
大理	0.59	1.00	0.60	0.71	0.98
德宏	0.42	0.84	0.40	0.46	0.59
怒江	0.26	0.84	0.37	0.13	0.69
迪庆	0.29	0.82	0.34	0.10	0.64

云南省公路网交通评价无量纲化指标值　　表4-22

区　域	行政中心节点间路网平均车速(km/h)	路网拥挤度
昆明	0.65	0.63
曲靖	0.78	0.55
玉溪	0.67	0.73
保山	0.68	0.56
昭通	0.96	0.52
丽江	0.77	0.50
普洱	0.89	0.38
临沧	0.77	0.30
楚雄	0.69	0.60
红河	0.71	1.00
文山	0.78	0.43
西双版纳	0.67	0.30
大理	0.70	0.73
德宏	0.69	0.58
怒江	0.74	0.52
迪庆	1.00	0.50

表 4-23

云南省公路网社会效益评价无量纲化指标值

区域	国防			社会公平		少数民族			国际交流	
	沿边国防公路网等级水平	沿边州市单位面积拥有公路网里程（km/km²）	沿边州市距骨干线的最短距离（km）	资源中心距骨干线的最短距离（km）	贫困人口中心距骨干线的最短距离（km）	少数民族聚集区人均拥有公路网里程（km/万人）	少数民族聚集区公路网等级水平	少数民族聚集区距骨干线的最短距离（km）	对外交流主要州市单位面积拥有公路网里程（km/km²）	对外交流公路网等级水平
昆明	—	—	—	0.28	0.20	0.36	0.96	0.23	—	0.97
曲靖	—	—	—	0.21	0.32	—	—	—	—	1.00
玉溪	—	—	—	0.32	0.41	1.00	1.00	0.65	—	0.42
保山	0.96	0.82	0.80	0.26	0.90	—	—	—	0.57	0.37
昭通	—	—	—	0.24	0.21	—	—	—	—	0.26
丽江	—	—	—	0.18	0.61	0.30	0.93	0.71	—	0.35
普洱	0.53	0.44	0.72	0.22	0.55	0.36	0.90	0.68	0.42	0.25
临沧	0.69	0.52	0.92	1.00	0.95	0.31	0.90	0.82	0.49	0.28
楚雄	—	—	—	0.35	0.56	0.34	0.89	0.59	—	0.40
红河	0.64	1.00	0.49	0.36	0.61	0.32	0.96	0.41	1.00	0.42
文山	0.60	0.69	0.88	0.42	0.82	0.30	0.97	0.71	0.62	0.37
西双版纳	0.74	0.45	0.91	0.21	0.90	0.40	0.95	0.68	0.36	0.20
大理	—	—	—	0.53	0.53	0.30	0.93	0.63	—	0.40
德宏	1.00	0.79	0.42	0.34	1.00	0.32	0.93	0.51	0.60	0.41
怒江	0.76	0.19	1.00	0.68	0.64	0.25	0.88	1.00	0.15	0.35
迪庆	—	0.21	0.79	0.09	0.89	0.67	0.95	0.61	—	0.23

云南省公路网评价指标权重

表 4-24

路网技术指标 α_1					交通运行 α_2		社会效益指标 α_3									
结构性指标		网络质量指标					国防			社会公平		少数民族			国际交流	
0.45 α_{11}		0.55 α_{12}					0.15 α_{31}			0.35 α_{32}		0.35 α_{33}			0.15 α_{34}	
公路网连通度	公路网中位点吻合性	以昆明为中心的路网可达性	路网平均可达性系数	路网非直线系数	行政中心节点间路网平均车速	路网拥挤度	沿边国防公路网等级水平	沿边州市单位面积拥有公路网里程	沿边州市距骨干线的最短距离	资源中心距骨干线的最短距离	贫困人口中心距骨干线的最短距离	少数民族聚集区人均拥有公路网里程	少数民族聚集区公路网等级水平	少数民族聚集区距骨干线的最短距离	对外交流主要州市单位面积拥有公路网里程	对外交流公路网等级水平
0.65 α_{111}	0.35 α_{112}	0.35 α_{121}	0.45 α_{122}	0.2 α_{123}	0.45 α_{21}	0.55 α_{22}	0.3 α_{311}	0.35 α_{312}	0.35 α_{313}	0.55 α_{321}	0.45 α_{322}	0.35 α_{331}	0.3 α_{332}	0.35 α_{333}	0.55 α_{341}	0.45 α_{342}

云南省16个地州市三角系统三边 表4-25

区　域	C_1	C_2	C_3
昆明	0.720	0.639	0.557
曲靖	0.795	0.654	0.742
玉溪	0.849	0.703	0.694
保山	0.708	0.614	0.742
昭通	0.487	0.718	0.680
丽江	0.466	0.622	0.608
普洱	0.719	0.61	0.487
临沧	0.442	0.512	0.740
楚雄	0.731	0.641	0.622
红河	0.747	0.87	0.573
文山	0.626	0.588	0.621
西双版纳	0.602	0.467	0.562
大理	0.730	0.717	0.656
德宏	0.512	0.63	0.608
怒江	0.387	0.619	0.610
迪庆	0.376	0.725	0.611

根据是否满足三角形三边定理来判断云南省十六地州市的三边能否组成三角形，并应用三角形余弦定理分别求出各个角度值。最终根据求出的边长和角度确定其组成的三角系统形态，并根据锐角三角系统的稳定性优于钝角三角系统，其中稳定性最优的是等边锐角三角系统的三角形几何特性以及用角度标准差来刻画三角系统稳定性的式(4-26)，分别计算出云南省十六地州市三角系统模型，并根据角度标准差进行稳定性排序，如表4-26所示。

云南省16个州市公路网发展三角系统模型分析 表4-26

区　域	三角系统分析						
	三角形任意两边之和大于第三边	∠A	∠B	∠C	Max∠	S	稳定性排序
昆明	满足	73.67	58.40	47.93	73.67	10.571	9
曲靖	满足	69.10	50.22	60.67	69.10	7.723	5
玉溪	满足	74.81	53.06	52.13	74.81	10.478	8
保山	满足	62.11	50.01	67.88	67.88	7.447	3

续上表

区　域	三角系统分析						
	三角形任意两边之和大于第三边	∠*A*	∠*B*	∠*C*	Max∠	*S*	稳定性排序
昭通	满足	40.68	73.90	65.42	73.90	14.093	11
丽江	满足	44.50	69.33	66.17	69.33	11.033	10
普洱	满足	80.98	56.97	42.05	80.98	16.037	12
临沧	满足	35.79	42.68	101.53	101.53	29.503	16
楚雄	满足	70.65	55.88	53.47	70.65	7.595	4
红河	满足	58.04	81.30	40.66	81.30	16.649	14
文山	满足	62.33	56.27	61.40	62.33	2.667	1
西双版纳	满足	70.86	47.17	61.97	70.86	9.771	7
大理	满足	64.02	62.05	53.94	64.02	4.361	2
德宏	满足	48.78	67.83	63.40	67.83	8.138	6
怒江	满足	36.74	72.93	70.33	72.93	16.481	13
迪庆	满足	31.18	91.48	57.34	91.48	24.689	15

4.7.3 云南省公路网评价指标稳定性结果分析

在云南省16个州市中，根据公路网技术性能指标类(C_1)、交通运行指标类(C_2)、社会效益指标类(C_3)3个指标的计算结果，以能否构成三角形作为每个城市能否构成三角系统地的判别条件。我们可以得出，16个地州的技术性能—交通运行—社会效益子系统均可以构建起三角模型。根据三角系统的几何特征，锐角三角形的标志功能如内心、外心、中心等均在其内部，故较为稳定；而钝角三角形的稳定性较差。在16个地州三角系统城市模型中，根据三角形的最大角度分析，稳定性较强的有昆明、曲靖、玉溪等十五个区域(能够构成锐角三角形，图4-23)，只有临沧市的三角系统模型为钝角三角形(图4-23)，三角形的标志特征如内心、外心、重心等有可能分布在三角形的外部，稳定性较弱。

从云南省三角系统的标准差的计算结果排名看出，文山壮族苗族自治州的三角系统稳定性位居第一，而位于滇东、滇中地区大部分州市如大理、保山、楚雄、曲靖等地区的稳定性较强的区域，其公路网内部子系统的组合较为完美，可持续发展能力也较强。而滇西、滇南地区的部分城市如迪庆、红河、怒江的公路网三角系统虽为锐角三角系统，但其角度标准差较大，因此其稳定性相对较弱。

究其原因，主要是由于迪庆、怒江、临沧地区的公路网技术性能系统较小，与交通运行、社会发展系统的发展差异较大，三角系统内部发展组合较差。

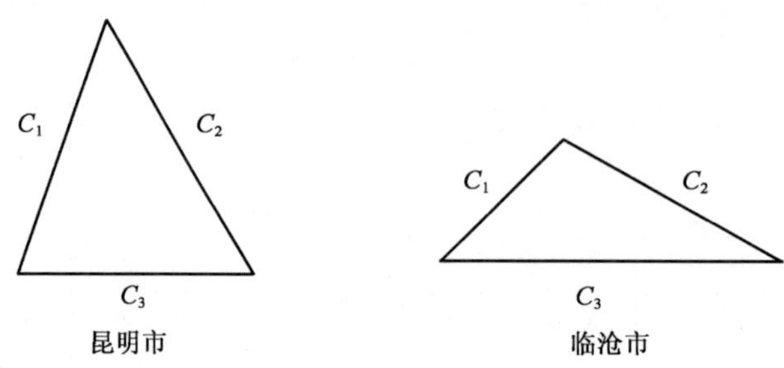

图 4-23　锐角系统与钝角系统模型

总体来看，云南省滇东、滇中地区公路网系统发展的稳定性差异不大，而西部的部分地州与其存在着较大的差异。由此评价结果可知，为了体现公路网发展均衡性的原则，在对云南省进行公路网发展规划时，更需要考虑到其内部系统稳定性的要求，使其整体系统内部发展组合最优化。

第5章 综合运输体系下高原山区公路网均衡性评价

5.1 综合运输体系下高原山区公路网均衡性评价理论

虽然我国高原山区与微丘平原地区相比经济水平仍存在一定差距，但是随着近年来国家加大对这些地区的扶持，这些地区也基本形成了多种运输方式相结合的综合运输体系。通过政府的扶持政策减弱了高原山区与微丘平原地区公路基础设施差距，但是仍不能忽视高原山区区域内部的公路交通基础设施的均衡配置问题。分析高原山区内部公路网均衡配置问题，评价高原山区内部各小区公路网均衡性，也不能单独的分析评价公路网均衡性，应当把公路网放在综合运输大环境大体系中评价分析，考虑综合运输中其他的运输方式与公路运输的整体性及其他运输方式对公路网功能的补充。因此在综合运输网络逐步完善，公路与铁路、水运等交通方式之间的客货运协作与竞争关系日益密切的背景下，公路网的均衡性还应从综合运输体系的角度全面考虑。

不同区域拥有的公路网或综合运输中其他的运输方式即使有相同数量的里程，也不代表该种交通资源的配置是均衡的。均衡不是平均，均衡的目的不是为了平均交通资源，而是以区域为一个系统，通过对其路网进行合理分配，促进并实现各子区域间经济、社会的协调发展。并且不同区域自然地理特征、经济发展水平、人口密度有很大的差别，对各种交通运输方式配置有不同的要求。各种交通方式相同里程的规模在不同的区域发挥的功能是不同的。因此，不考虑区域的交通因素而直接比较任一交通方式绝对指标里程是全面的，均衡性评价中交通资源绝对指标规模里程不具有可比性。但是综合考虑各种因素后的密度值却是将公路网及综合运输的等效里程合理的分担到各种因素指标中。充分考虑经济、人口、区域面积等交通因素，将不同区域的综合运输交通方式的里程分担到这些因素中，得到公路网综合密度及综合运输可比密度值，使得到的密度值具有可比性。不同区域的交通资源比较的是单位区域面积单位经济单位人口等综合各种交通因素单位值分担的里程，即综合密度值，利用此可比性的密度值评价各区域的交通资源的均衡性。

5.1.1 综合运输体系下高原山区公路网均衡性评价方法

1)评价指标的选择

统计学中反映数据集中趋势和分布离散程度的主要指标有极差、方差、离散系数。公路网综合密度及综合运输可比密度这两个指标在各区域样本之间都是具有可比性的指标。此处使用离散系数作为反映标志变动度大小的指标,它作为标志变异指标可以反映公路网密度及综合运输体系的均衡性,其含义是总体各单位的标准差与其算术平均数的对比的相对数。作为衡量各单位标志值差异程度或离散程度的常用指标,通过其比较不仅可以定性的反映差异,而且可以定量的反映现象之间差异程度的大小,离散系数越大,说明差距越大,反之,差距越小。因此,可以通过计算不同区域特征值的离散程度系数衡量指标的均衡性,此处使用离散系数衡量离散程度。离散系数其含义是总体各单位的标准差与其算术平均数的对比的相对数,它反映了评价指标的变动大小,离散程度。此处通过计算不同地区的公路网密度及综合运输的可比密度的离散系数得到不同区域的公路网密度与综合运输可比密度相对整个区域的公路网密度及综合运输可比密度均值的离散程度和集中趋势,如图 5-1 所示。

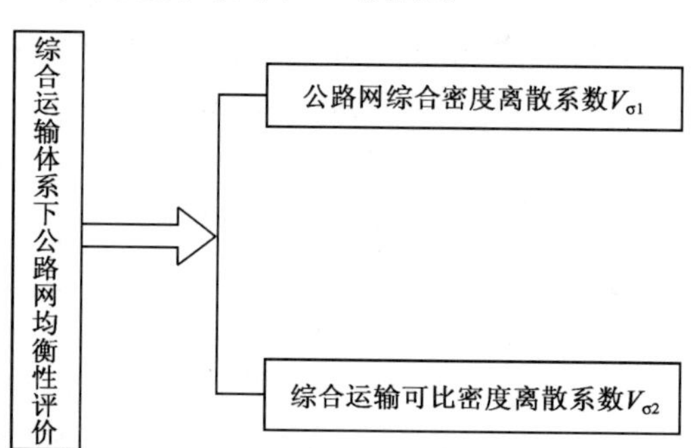

图 5-1 综合运输体系下公路网均衡性评价指标

2)综合运输体系下公路网均衡性评价

通过计算得到的公路网综合密度离散系数与综合运输可比密度离散系数。二者离散系数的关系分析可评价综合运输体系下公路网均衡性。得到可比密度与公路网综合密度的离散系数对比表,如表 5-1 所示。

可比密度与公路网综合密度的离散系数对比表 表 5-1

指　　标	区域公路网综合密度	综合运输可比密度
离散系数	$V_{\sigma1}$	$V_{\sigma2}$

通过上表计算的各指标比较，可得到区域可比密度差异程度与区域公路网密度的地区差异程度大小的比较。根据定量计算，分析 $V_{\sigma1}$ 与 $V_{\sigma2}$ 差距，比较分析区域公路网均衡性与综合运输均衡性的关系；分析导致 $V_{\sigma1}$ 与 $V_{\sigma2}$ 产生差异的因素；分析评价在综合运输体系下的公路网均衡性。

3）离散系数计算方法

利用离散系数计算综合运输可比密度及公路网密度的均衡程度，具有良好的度量性质。其计算公式为：

$$V_{\sigma} = \frac{\sigma}{\overline{X}} \times 100\% \tag{5-1}$$

式中：V_{σ}——离散系数；

σ——总体标准差；

$\overline{X}$——总体平均数。

它的数值与基尼系数一样，介于 0 和 1 之间，其数值越接近于 0，表示越均衡，越接近于 1，表示越不均衡。

离散系数计算公式中 σ 为总体标准差，标准差也可以反映一个总体全部标志值的离散程度，此处不使用总体标准差而是使用离散系数表征离散程度是因为总体标准差是一个绝对指标，缺乏可比性。它是总体各单位标志值与其算术平均数离差平方和的算术平均数的平方根，其一般计算公式为：

$$\sigma = \sqrt{\frac{\sum_{i=1}^{n}(x_i - \overline{x})^2}{N}} \tag{5-2}$$

式中：N——母体数据个数；

x_i——各单位标志值；

$\overline{x}$——各单位标志值的平均数。

标准差以算术平均数为中心，它可以反映一个总体全部标志值的离散程度。但它是一个绝对指标，当用其来对同一总体的不同时期或不同总体进行对比时，缺乏可比性。第一，当平均水平不同时，用绝对差异指标不可比；第二，绝对指标受量纲（计量单位）的限制，导致横向数据不可比。

5.1.2　公路网密度均衡性评价

公路网综合密度离散系数是衡量综合运输体系下公路网均衡性的指标之一。公路网密度是一种比率，表征着公路网络与其所服务的社会系统环境间的相对关系。常见的公路网密度有：面积密度、人口密度、车辆密度、运输密度、经济密度，但此处不使用公路网这些单一密度的离散性衡量公路网均衡性而是采用公路网综合密度离散性衡量公路网均衡性。因为单一公路网密度不能确切的评判公路网密度在各区域的分布均衡性，各区域自然地理特征、经济发展水平、人口密度对公路密度均有不同的要求，单一公路网密度与综合考虑各种因素的综合密度值比较在区域间的可比性差，所以宜综合考虑各种因素的密度值，例如采用国土面积、人口、经济计算公路网综合密度，分析公路网综合密度的离散程度。通过列举区域内部各子区域公路密度的数据来表现公路发展的均衡性，即综合考虑区域面积、人口、经济这些因素后的单位国土面积、单位人口及单位经济所拥有的等效公路里程数上的均衡性。

一般公路网综合密度离散系数计算公式如下：

$$V_{\sigma_1} = \frac{\sigma_1}{\bar{\rho}} \times 100\% \tag{5-3}$$

式中：V_{σ_1}——区域公路网综合密度离散系数；

σ_1——区域公路网综合密度标准差；

$\bar{\rho}$——区域公路网综合密度平均数。

利用离散系数的计算公式，得到公路网密度的均衡程度表征值离散系数的数值量，离散系数具有良好的度量性质，它的数值介于 0 和 1 之间，其数值越接近于 0，表示越均衡，越接近于 1，表示越不均衡。

区域内各子区域公路网综合密度标准差 σ_1：

$$\sigma_1 = \sqrt{\frac{\sum_{i=1}^{n}(\rho_i - \bar{\rho})^2}{N}} \tag{5-4}$$

式中：ρ_i——各子区域的公路网综合密度值；

$\bar{\rho}$——整个区域公路网综合密度的均值；

N——子区域的个数。

公路网综合密度 ρ 公式如下：

$$\rho = \sqrt[k]{\prod_{i=1}^{k} \rho_i} \quad (i = 0,1,2,3\cdots,k) \tag{5-5}$$

式中：ρ——公路网综合密度；

ρ_i——单一的公路网密度（i 从 1，2，3…，k；常用单一的公路网密度有：面积、人口、经济、车辆拥有量等；k 由综合的公路网密度的种类数量决定）。

公路网综合密度是由公路网各单一密度综合得到，公路网任一单一密度都来源于公路网等效里程。均衡性评价是对区域的指标进行可比性比较的分析，需要对比性地分析区域的公路网特征值，即公路网里程不是单纯的公路网里程之和，而是公路网统一标准之后具有可比性的等效总里程。将不同区域的不同等级公路组成的公路网统一化，统一折算成二级公路标准，使得不同区域公路网转化成可以比较进行离散性分析的二级公路标准。公路网等效里程计算公式参数有车道的等效系数 b_i 及地形起伏度修正系数 f_i，车道等效系数 b_i 已经有成熟的经验。高原山区特殊地形条件下地形修正系数没有成熟的经验值。需要我们分析在高原山区特殊地形条件下的地形起伏度修正系数。

5.1.3　综合运输均衡性评价

1）综合运输均衡性评价指标可比密度离散系数的计算方法

综合运输可比密度离散系数与公路网综合密度离散系数的比较，可分析得到综合运输体系下公路网的均衡性。因此综合运输可比密度的离散系数是本书研究的指标之一。

综合运输密度的大小反映了一个国家或地区运输总体发展水平，在某种程度上体现了各种运输方式的相互关系和运输网络布局结构的合理性。但是经济发展水平、人口密度、资源储量等因素导致单一密度并不具备可比性，确切评判综合运输网络规模是否适应社会经济发展，必须综合考虑多种形式的密度。类比理想道路长度的国土系数理论计算方法，此处利用综合运输网络可比密度的离散系数而不是综合运输网络单一的密度值的离散系数。

综合运输可比密度离散系数计算公式：

$$V_{\sigma_2} = \frac{\sigma_2}{\overline{\overline{D}}} \times 100\% \tag{5-6}$$

式中：V_{σ_2}——区域综合运输离散系数；

σ_2——区域综合运输可比密度标准差；

$\overline{\overline{D}}$——区域综合运输可比密度平均值。

利用离散系数的计算公式，得到区域综合运输可比密度的均衡程度表征值离散系数的数值量，离散系数具有良好的度量性质，它的数值与基尼系数一样，介于0和1之间，其数值越接近于0，表示越均衡，越接近于1，表示越不均衡。

区域综合运输可比密度平均值$\overline{\overline{D}}$：

$$\overline{\overline{D}} = \frac{1}{m}\sum_{i=1}^{m} \overline{D_i} \quad (i = 1,2,3,\cdots,m) \tag{5-7}$$

式中：$\overline{D_i}$——第 i 个子区域综合运输可比密度（i=1，2，3，…，m，m 的值为区域内

子区域的个数)。

第 i 个子区域综合运输可比密度 $\overline{D_i}$:

$$\overline{D} = \sqrt[n]{\prod_{k=1}^{n} D_k} \quad (k = 1,2,3,\cdots,n) \tag{5-8}$$

式中:D_k——单一的综合运输等效密度($k=1,2,3,\cdots,n,k$ 由综合运输等效密度种类的数量决定)。

$$D_k = \frac{LE}{F_k} \tag{5-9}$$

式中:LE——综合运输等效总里程;

F_k——第 k 种单一的综合运输等效密度(面积密度、人口密度、车辆密度、经济密度、矿产资源密度等)。

2)可比密度公式中的综合运输等效总里程计算方法

不同运输方式、不同技术等级的线路的运输能力不同,采取当量运量进行里程折算,以一般二级公路长度进行折算。其计算公式折算方法是:某种运输方式的线路的总里程=实际长度×设计运量/标准二级公路设计运量,然后对各种运输方式的线路总长度求和。公式如下:

$$LE = \sum_{j=1}^{n}\sum_{i=1}^{m} l_{ij} \times v_{ij} / V_{\mathrm{N}} \tag{5-10}$$

式中:LE——综合运输等效总里程;

l_{ij}——第 j 种运输方式的第 i 个路段的长度(j 从 1 到 m,m 为总共研究的运输方式种类的数量;i 从 1 到 n,n 表示该种运输方式分为 n 条路段);

v_{ij}——第 j 种运输方式的第 i 个路段的设计运量;

V_{N}——标准二级公路设计运量。

二级公路一般是指政府还贷二级公路,为连接政治、经济中心或大矿区、港口、机场等地的公路。二级公路设计交通量按各种车辆折合成中型载重汽车的年平均昼夜交通量为 3 000~7 500 辆。有如下计算公式:

$$V_{\mathrm{N}(货/客)} = \mathrm{AADT}_{(货/客)} \times \overline{T} \times D \times 365 \tag{5-11}$$

式中:$V_{\mathrm{N}(货/客)}$——标准二级公路设计运量;利用二级公路的适应交通量转化二级公路单向年运输量作为标准二级公路设计运量,根据折算标准的不同,存在 $V_{\mathrm{N}货}$、$V_{\mathrm{N}客}$;

$\mathrm{AADT}_{(货/客)}$——二级公路设计交通量(分为以小客车和货车不同标准的两类

设计交通量）；

$\overline{T}$——当设计交通量采用载货汽车标准时，设计交通量标准车型中型载货汽车的平均吨位，中型载货汽车的载重质量为 2～7t，取平均值 4.5t；当设计交通量采用小客车为标准时，设计交通量标准车型小客车的平均座位数，小客车的额定座位数小于或等于 19 人，按照客座率 0.59，可知平均载客数为 11 人；

D——交通量方向分布系数，根据长时间交通量情况，交通量方向分布系数 D 一般取 0.5。

5.2 云南省综合运输体系下高原山区公路网均衡性评价

5.2.1 云南省综合运输的均衡性分析

目前云南已基本形成了多种运输方式相结合的综合运输体系。从运输供给方面分析，云南省的综合运输体系主要由公路、铁路、水路和航空 4 种基本运输方式构成。由于缺乏航空运输、水运、铁路运输的运量数据，便无法计算得到综合运输总里程的数据，若有这些数据的情况下，通过计算，定量的分析评价综合运输均衡性。因为数据的缺乏，此处采用定性分析评价云南省综合运输体系下公路网均衡性。

1）铁路

铁路交通对云南省的对外交通起着极为重要的作用。由于云南省特殊的区位特点和自然地理情况，使其地处全国铁路运输网络的末端，网络规模小、布局偏、对外通道少、点线能力不匹配，是全国拥有铁路最少的省份之一。

（1）云南省铁路概况

云南省国土面积占中国总面积的 4.1%，而云南铁路运营里程 2 340.3km，仅占中国铁路营运总里程的 3.2%；每万平方公里拥有铁路 59.4km，仅为中国铁路平均密度的 78%，占中国 31 个省市区中的第 26 位；人均拥有铁路仅 5.35cm，未达到中国人均的 5.65cm 的水平。从铁路分布来看，云南省 16 个州市中只有 7 个通铁路，129 个县市区中仅有 43 个通铁路，通铁路的行政辖区国土面积仅占云南省国土面积的 23.2%，广大的滇西、滇西南地区基本没有铁路。

目前云南省已初步形成了以贵昆、成昆、南昆、内昆、昆玉、广大 6 条准轨干线和昆河窄轨铁路为主体的铁路网络，拥有昆明至玉溪、广通至大理等地方铁路。其中昆河铁路是全省唯一通向国外的铁路通道，也是我国现存唯一的米轨铁路干线，全长465km，自昆明北站，经红河州开远、蒙自、屏边至河口县，由河口站出境进入越南。贵昆、成昆、南昆、内昆四条出省铁路构成全省铁路网的主体干线。向北通过成昆铁路和内昆铁路，与我国西北和华中铁路网相连；向东通过贵昆铁路，与华中、华东、华北、东北铁路网相连；向东南通过南昆铁路，与华南和东南铁路网相连。

昆明铁路局管辖线路跨越云南、贵州、四川三省，东起贵昆铁路的凤凰山站，北至成昆铁路的迄资站，南到南昆铁路的威舍站；昆河线在中越铁路大桥与越南衔接，直达越南海防。现有成昆、沪昆、南昆、盘西、广大、昆玉6条准轨干线铁路，东川、昆阳、东王、安宁4条准轨支线铁路，昆河、蒙宝2条米轨干线铁路，昆小、昆石、草官3条米轨支线铁路，线路总延长3 343.1km，其中电气化铁路1 082.7km。

(2)铁路分布特征

云南地处高原山区，山高谷深，而铁路建设和铁路选线大都是在崇山峻岭中穿行，因而桥隧比非常大，有的线路桥隧比甚至达到70%更甚80%以上，隧道施工技术难度大。同时，地质条件复杂，云南的地质具有“三高”、“四活跃”的特性。“三高”就是高地震烈度、高地应力、高地热。高，就是高发，一旦出现灾害后，能量释放比较大，同时危害性比较大，比如高地震烈度。“四活跃”就是活跃的新构造运动、活跃的外动力条件、活跃的天然水环境，还有活跃的岸坡浅表的改造。活跃就是频繁，频繁的运动，特别是频繁的地壳运动，因此，施工的复杂性、难度比较大。这种困难在滇西横断山脉区域尤其突出。

另外，铁路投资较高，单线铁路每公里造价为100万～300万元之间，复线造价在400万～500万元之间；建设周期长，一条干线要建设5～10年。因而，从铁路建设适应经济性的角度考虑，铁路适于在内陆地区运送中、长距离、大运量、时间性强、可靠性要求高的一般货物和特种货物，在运输量比较大的地区之间建设铁路比较合理。综合这些原因云南省铁路线路基本分布于地形条件相对较好、经济相对发达的滇中地区；滇西、滇南(除了红河)都没有铁路设施。云南省铁路分布与云南省的工业分布之间有着一致的趋势关系。如云南省铁路线路分布图(图5-2)及云南省工业分布图(图5-3)所示。

从空间分布来看，目前云南省的第二产业主要集中在滇中地区，尤其是滇中地区的昆明、玉溪、曲靖三个州市，还有就是滇南的红河，其他地区的第二产业发展相对滞后。而工业是运输需求最大的产业，货运运量需求大。相应的云南省铁路基本上全部分布在这四个地州市，即铁路运输是适应性需求性很强的交通运输方式。铁路运输建设成本高，建设周期长，适于在内陆地区运送中、长距离、

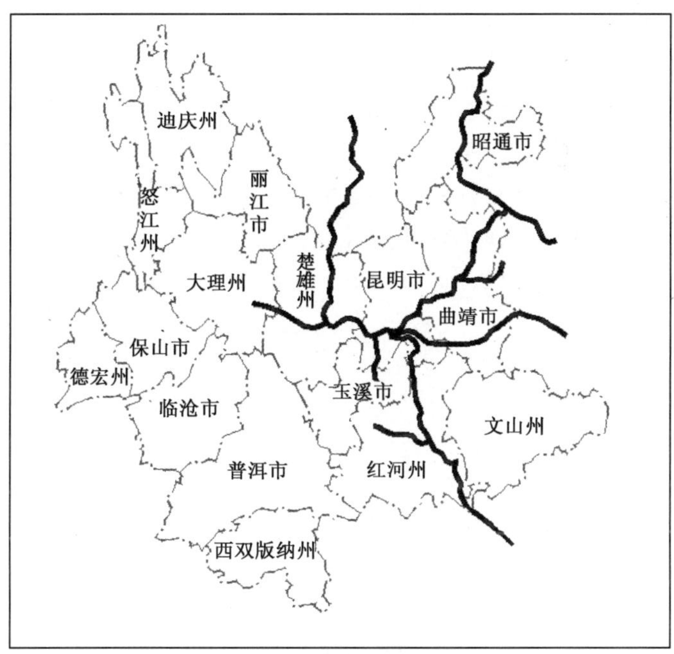

图 5-2　云南省铁路网络现状示意图

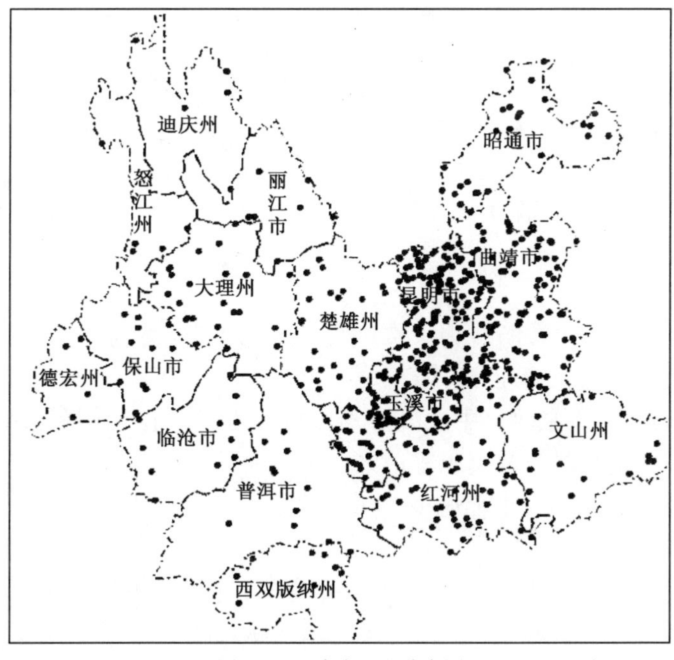

图 5-3　云南省工业分布图

大运量，时间性强、可靠性要求高的一般货物和特种货物，在运输量比较大的地区之间建设铁路比较合理。在运输量比较大的地区之间建设铁路收益也较快，对地区经济拉动能力、拉动效益显现周期都比在工业相对落后、运输需求相对较小的地区之间建设要大、要短。

因此，适应性、需求性很强的铁路运输方式在云南省的分布特征使这种交通基础设施基本上全部分布在工业相对比较发达的昆明、玉溪、曲靖、红河四个地州市。仅就铁路交通基础设施而言，铁路基础设施在云南省各地州市之间配置明显不均衡。

2)水运

(1)云南省水运概况

云南省主要河流有 6 条，即金沙江、澜沧江、红河、南盘江、怒江、伊洛瓦底江，干流共长 4 700km；所属支流 63 条，长 9 500km。有大小湖泊 30 余个，湖泊水面约 1 112km^2，集水面积有 9 000 多平方公里，占全省总面积的 2.3％，总蓄水量约 290 亿 m^3。较大天然湖泊主要有滇池、抚仙湖、洱海等。云南省的河流分属珠江水系、长江水系、澜沧江水系、红河水系、怒江水系和伊洛瓦底江水系，各水系间河流互不相通。由于云南地处高原，山高谷深，形成河流滩多、流急、河床比降陡、水位暴涨暴落的特点。

近年来，云南省以建设“两出省、三出境”水运通道为突破口，全力建设长江黄金水道，积极开发右江—珠江水运通道，开辟了水富—上海内河航线，努力推进澜沧江—湄公河国际航运，建成了景洪港关累码头、普洱港、大理港等水运基础设施，实现了云南水运从走出省门到跨出国门的重大突破。截至 2008 年底，云南省内河航道通航里程达到 2 539km，比 2000 年新增 959km，通航里程占全国通航总里程的 2.07％。

(2)水运分布特征

云南省水系多，水资源较为丰富，但是云南省河流多为干支流的上游，河弯流急，滩险众多，尤其是滇西地区。

全省水运客运量主要集中在洱海、滇池、抚仙湖等主要旅游湖区及澜沧江和金沙江，主要分布在滇中及滇东等地区。

货运量以矿建材料、非金属矿石等干散货为主，主要集中于金沙江及江澜沧江。

金沙江及主要湖区的煤炭、矿建材料、非金属矿石等的运输占了全省内河货运量的 70％以上，农副产品也是上述航道运量的重要组成部分。金沙江航道较长，能够实现货物远距离运输，但洱海航道主要是近距离货物运输，流通距离

较短。

加工贸易型产品的运输主要集中在澜沧江流域，景洪港、普洱港的对外贸易运输量呈不断上升趋势，借助于澜沧江—湄公河次区域开发的东风，云南省面向东南亚的水运通道已经开始显现其巨大的发展潜能。但是由于航道通航条件较差，货运量发展速度仍然较慢。而且没有能够充分发挥水路运输运距长、运量大等优势的良好航道条件，总体上内河运输的功能、地位及发展程度都还比较薄弱。

由上可知，云南省水运客运主要集中在旅游区，航道条件差，货运距离也较短。且 70%以上分布在滇中、滇东等水运条件较好、经济较好地区。从表 5-2 中也可知，水运在客货运量分担比例中都非常少。在综合运输体系中，水运运输地位及发展的程度都很薄弱，对云南省综合运输体系均衡性影响非常小。但仅就水运运输而言，云南省水运交通设施配置在各地州市之间也不均衡。

从以上叙述可知，不论是货运周转量比例占 40%、客运周转量比例占 15%的铁路，还是客货周转量分担比例均不足 0.5%的水运，基本上分布在滇中地形条件好、经济相对发达地区。因此，这两种运输方式交通设施在云南省各地州市之间配置不均衡。

3）民航

（1）云南省民航概况

民航是云南省近 20 年来发展最快的一种运输方式，全省拥有的机场数居全国前列。目前全省拥有昆明巫家坝国际机场等 12 个干（支）线机场（迪庆、丽江、保山、腾冲、芒市、临沧、普洱、西双版纳、文山、昆明、昭通、大理），民用机场数量居全国第二位，见图 5-4。

云南省航空运输网络体系基本形成了以昆明为中心，连接省内各大城市和旅游景点，连通周边省际支线，辐射国内大中城市（主要为东部沿海发达省市）的干线网络，以及面向东南亚、南亚国家和地区的国际航线网络。通航城市达 92 个，其中国际城市和地区 27 个；各机场始发航线总数达 237 条，其中，国内航线 204 条、国际航线 33 条，航线里程达到 11.21 万 km（图 5-5）。

（2）机场分布特征

从云南省民航机场现状示意图中，可以得到与铁路运输和水运不同的是航空运输在滇西每个地州市都有民航机场分布。机场分布情况与各地州市经济趋势并不一致，并且地形较差的滇西反而机场密度大于滇中、滇东地区。滇西地区经济相对落后，但旅游资源丰富，受到地形地质条件限制的滇西地区陆路交通不发达，且未成网络。相对而言，航空运输受地形因素影响较小。在云南省地形复杂的滇西支线航空运输高效、便捷的优势就尤显突出。有运输需求：有大量具有一定旅游消费能力的游客的客运需求。机场是当地旅游业发展的决定性因素，机场在滇西会产生投资少、速度快、带动作用明显的效果，拉动当地经济及第三产业的发展，并削减了云南省滇西与其他地区铁路、水运这两种交通设施资源配置的不均衡。

图 5-4　云南省民航机场现状示意图

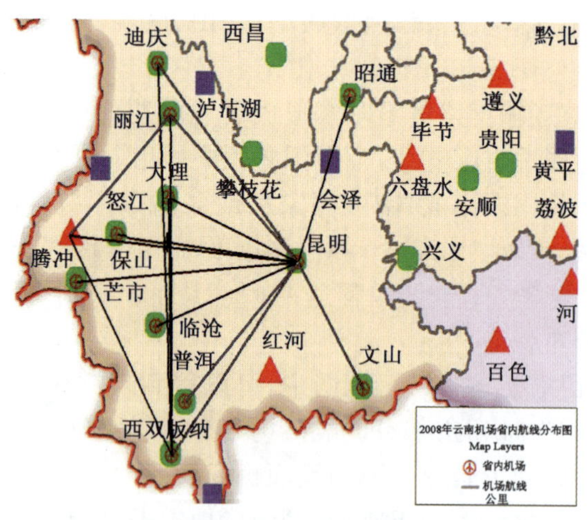

图 5-5　2008 年云南机场省内航线分布图

5.2.2　云南省综合运输体系下公路网密度均衡性分析

1)公路网综合密度的计算

从运输供给方面分析,云南省的综合运输体系主要由公路、铁路、水路和航空 4 种基本运输方式构成。但是道路运输是云南省客货运输的主要运输方式,在云南省的运输体系中居于主导地位。

云南省各种运输方式的客货周转量分担量(百分比)相差悬殊,具体如表 5-2、表 5-3 所示。

2004～2008 年云南省五种运输方式货运分担量(百分比)　　表 5-2

年份	货运周转量	铁路	铁路运输分担量	公路	公路分担量	水运	水运分担量	航空	航空分担量
2004	628.39	260.01	41.38%	365.08	58.10%	2.12	0.34%	1.18	0.19%
2005	656.49	270.37	41.18%	381.96	58.18%	2.93	0.45%	1.23	0.19%
2006	692.21	277.21	40.05%	409.46	59.15%	4.22	0.61%	1.31	0.19%
2007	770.96	314.23	40.76%	450.82	58.48%	4.59	0.60%	1.32	0.17%
2008	811.15	336.2	41.45%	468.63	57.77%	5.16	0.64%	1.16	0.14%

2004～2008 年云南省五种运输方式客运周转量分担量(百分比)　　表 5-3

年份	客运周转量	铁路	铁路分担量	公路	公路分担量	水运	水运分担量	航空	航空分担量
2004	317.76	37.3	11.74%	227.21	71.50%	0.91	0.29%	52.3	16.47%
2005	331.6	41.02	12.37%	233.12	70.30%	1.05	0.32%	56.4	17.01%
2006	362.4	47.22	13.03%	247.71	68.35%	1.17	0.32%	66.3	18.29%
2007	393.4	52.63	13.38%	265.8	67.57%	1.21	0.31%	73.8	18.75%
2008	411.89	66.61	16.17%	272.98	66.28%	1.54	0.37%	70.8	17.18%

云南省是一个以公路运输为主要运输方式的省份,由 5 种运输方式客货周转量比例表可知:公路货运量周转量占云南省全部货运量周转量的比例约 60%,铁路 40%左右,水运和航空在货运周转量中所占的比例微乎其微。公路客运周转量占云南省全部客运周转量比例为 70%,铁路 15%左右,航空高于 15%,水运所占的比例非常小。由上可知,公路运输在云南省综合运输体系中占据极为重要的地位。

(1)云南省各地州市公路网密度

云南省公路网均衡性评价从综合密度的角度来衡量公路网密度的离散程度,公路网综合密度是由公路网各单一密度综合得到,公路网任一单一密度都来源于公路网等效里程,公路网等效里程基础数据的求解过程见 2.3 节。最终得到云南省各地州市综合密度结果(表 5-4)。

公路网综合密度表　　表 5-4

云南省各地州市公路网综合密度								
云南省各地州市	人口(万人)	面积(km^2)	GDP(千万元)	各地州市公路网等效里程(km)	面积密度(km/km^2)	人口密度(km/万人)	经济密度(km/千万)	综合密度[km/(万人·千万元·km^2)]
昆明	623.9	21 580.8	16 054.0	3 305.2	0.153	5.298	0.206	0.551
西双版纳	107.0	19 705.3	1 227.8	816.0	0.041	7.626	0.665	0.594
保山	246.4	19 633.5	1 940.5	1 372.0	0.070	5.568	0.707	0.650
德宏	118.5	11 527.2	996.7	627.4	0.054	5.295	0.630	0.566
丽江	122.1	21 234.8	1 011.5	572.5	0.027	4.688	0.566	0.415
普洱	258.1	45 360.3	1 798.6	1 535.0	0.034	5.947	0.853	0.556
迪庆	37.7	23 860.8	556.8	306.1	0.013	8.119	0.550	0.385
临沧	238.2	24 455.9	1 568.7	885.7	0.036	3.718	0.565	0.424
楚雄	269.0	29 270.9	3 060.2	1 920.4	0.066	7.139	0.628	0.665
红河	441.2	32 925.4	5 147.0	2 755.1	0.084	6.245	0.535	0.654
曲靖	578.2	29 850.3	7 875.7	3 192.8	0.107	5.522	0.405	0.621
玉溪	227.6	15 285.4	5 961.0	2 651.7	0.174	11.650	0.445	0.965
大理	349.3	29 451.9	3 717.0	2 089.9	0.071	5.983	0.562	0.620
昭通	529.5	23 021.7	2 722.8	1 287.5	0.056	2.431	0.473	0.401
文山	343.0	32 236.8	2 445.1	2 107.3	0.065	6.144	0.862	0.702

(2)云南省各区域公路网密度均衡性评价

此处采用离散系数来衡量云南省公路网综合密度的离散程度。根据云南省各地州市公路网综合密度值(表 5-4)、标准差公式、公路网综合密度离散系数公

式可得到云南省综合运输可比密度离散程度(表 5-5)。

公路网综合密度离散系数　　表 5-5

云南省各地州市	综合密度 [km/(万人·千万元·km²)]	标准差	均值	离散系数
昆明	0.550 74	0.148	0.584	0.253
西双版纳	0.594 31			
保山	0.650 40			
德宏	0.566 10			
丽江	0.415 11			
普洱	0.555 86			
迪庆	0.385 44			
临沧	0.423 61			
楚雄	0.664 90			
红河	0.653 99			
曲靖	0.620 96			
玉溪	0.965 15			
大理	0.620 34			
昭通	0.400 62			
文山	0.702 12			

由表 5-5 可以得到,云南省各地州市公路网综合密度的离散系数为 0.253;同样的方法计算得到公路网等效里程的离散系数为 0.575,云南省各地州市公路网等效里程与公路网综合密度分布图比较如图 5-6 及图 5-7 所示。

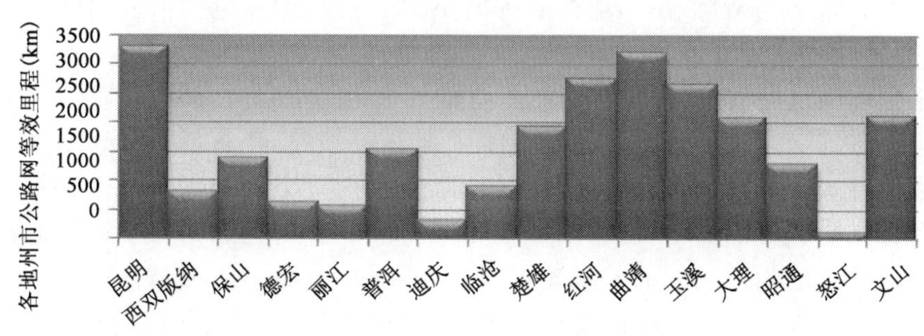

图 5-6　云南省各地州市公路网等效总里程

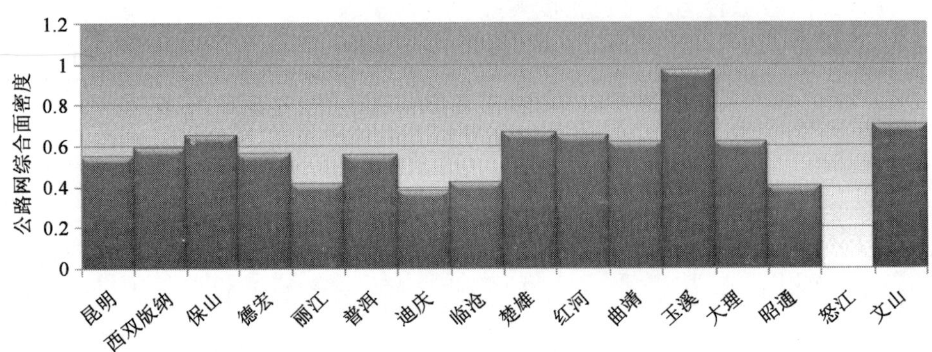

图 5-7 云南省各地州市公路网综合密度

2)计算结果分析

通过图 5-6 与图 5-7 的对比及各地州市公路网等效里程离散系数 0.575 与公路网综合密度离散系数 0.253 数据的对比可知,公路网综合密度与公路网等效里程两者比较,公路网综合密度在区域间的差异性小,离散性小。公路网在各地州市之间的均衡性用公路网等效里程离散系数衡量,公路网均衡性评价没有考虑地州市之间公路网影响因素的不同,均衡不是平均,均衡的目的不是为了平均交通资源,不是平均公路网里程,而是以区域为一个系统,根据各区域对应的如人口、区域面积、经济等公路网影响因素对路网进行合理分配,促进并实现各子区域间经济、社会的协调发展,因此合理考虑各区域公路网影响因素的公路网综合密度离散系数在不同区域间更有可比性,更能评价区域间的公路网均衡性。因此,此处采用云南省公路网综合密度离散系数评价云南省综合运输体系下公路网均衡性。

根据公路网综合密度离散系数表中数据可知,云南省各地州市之间公路网综合密度存在差距,公路网综合密度离散系数为 0.253,0.253>0.2,表明云南省公路网分布不均衡,但是不均衡的程度不大。云南省各地州市公路网存在差距,主要差距存在于滇西和其他地区。

根据前面云南省铁路运输和水运运输特征及在各地州市分布情况可知,这两种运输方式交通设施基本上分布在滇中地形条件好、经济相对发达地区。这两种运输方式交通设施在云南省各地州市之间配置不均衡。95%以上的铁路运输分布在昆明、玉溪、曲靖、红河四个地州市。但是公路运输相对于铁路运输与水运运输在各地州市之间的差距缩小。

抛开在云南省交通运输中发挥极小作用的水运运输。铁路运输的主要分布地区昆明、玉溪、曲靖、红河四个地州市的公路网综合密度除了玉溪,其他三个地州市的公路网综合密度低于西双版纳傣族自治州、保山市、德宏傣族景颇族自治州、普洱、大理白族自治州、楚雄彝族自治州的公路网综合密度。也就是说，铁路运输分布集中地并非公路网也最多，相反，往往铁路运输多的地州市公路网综合密度相对会小一些。铁路运输这种交通资源在滇中地区与其他地区配置差距悬殊，但是没有这种交通方式的地州市的交通基础设施功能可以通过公路运输来实现和弥补。

从整一节的评价分析中可知，铁路运输、水运及航空运输交通基础设施在云南省各地州市之间配置非常不均衡。云南省在公路交通运输占主导地位背景下，虽然铁路交通运输、水运交通运输在滇中配置高于其他地区，但是公路运输平衡了这两种交通方式交通运输功能在这些地区的缺失。再者，在滇西地区建设公路的成本远远高于建设航空运输基础设施，滇西航空运输又弥补了滇西地区交通基础设施相对较少的不足。因此，云南省在公路交通运输占主导地位背景下，尽管其他运输方式的交通基础设施配置不均衡，但是它们在综合运输体系中所占的比例很小，发挥的作用较小。公路网又部分地弥补了其他运输方式薄弱地区的交通资源运输功能的缺失，所以尽管公路网分布不均衡，但是相对其他运输方式不均衡的程度较小，并且导致不均衡的地州市为滇西地区地形条件非常恶劣的地区，滇西航空运输又弥补了滇西地区公路网资源相对较少的不足。所以综合运输体系下云南省公路网分布不均衡程度又再次被弱化。再加之云南省公路网不均衡的程度较小，即云南省综合运输体系下公路网不均衡，但是不均衡程度较低，除去滇西地区，云南省其他地区的公路网交通基础设施公路网综合密度离散系数是 $0.177<0.2$，因此云南省加大对滇西地区公路网建设的扶持或是加大其他运输方式对滇西地区公路网弥补，都能实现减弱云南省公路网不均衡的现状，甚至可以实现综合运输体系下公路网规模的均衡分布。

第6章　基于均衡性的高原山区公路网规模确定方法

6.1　基于均衡性的高原山区公路网规模

6.1.1　公路网规模的界定

公路网总规模的确定，是公路网发展中的重要问题，一个区域的公路网究竟要达到什么规模才算合理，才能满足要求，是一个比较复杂的问题。结合均衡性理论，对公路网规模的合理性进行更深入的研究，并对其内容进行延伸和拓展。

从不同的角度考虑事物的合理性，就会定义出不同的规模。公路网饱和规模是指一个区域公路网发展的最终合理规模；公路网经济规模是指在公路网建设过程中投入和产出两者达到平衡区域的路网规模，即能充分发挥路网效益的路网规模。而本书提出的合理规模，是指公路网区域均衡规模，即“以人为本”，缩小贫富差距为目的的公路网规模，以期当各区域公路网规模达到饱和时，实现路网配置在均衡或者接近均衡的状态下达到最优。公路网发展模式，不仅要考虑地区发展的潜在经济价值，即可持续理论的公平性（纵向发展）；也要体现缩小地区间差异性的协调发展理论的公平性，即不同空间地域发展的公平性（横向发展）。

公路网规模是否合理，通常都是以是否与该区域的经济社会发展水平相匹配为标准，而从省域的角度来说，以往的做法则会忽视区域间的公路网分配的均衡性。经济越发达的地区，显性效益越明显，各方面投资越集中，而相对落后的地区同样需要发展，并且具有很大发展潜力，而这种潜在价值却不能显现出来，因此对该地区的投资远跟不上需求，导致不同地区贫富差距加大。另外，公路网投资有限，在实际建设时不可能满足各个区域公路网需求，为了避免只重视发展较好的地区而忽视欠发达地区的现象，就要从均衡的角度出发，在省域内对公路网规模进行横向的调整，使各个区域在均衡的前提下有序地发展。

6.1.2　高原山区公路网规模发展理念

高原山区公路网规模的确定与平原地区相比，有着很大的差异性（图6-1）。

总体来看，高原山区公路建设呈现出地形干扰大、施工组织难、造价费用高、设计变更量大等特性。而落后的交通状况，客观上又对公路建设有着迫切的需求。统计显示，我国西部地区高速公路仅占公路总里程的 0.6%，不到东部地区的 1/3。在公路网规模的确定中，自然条件往往是其很大的限制因素，会使规模发生质的变化，从而影响到道路的总体布局。因此，平原地区不受地形限制，主要以道路功能为主；而高原山区则需强调指标的均衡性，在与自然条件结合的基础上，强调“潜在价值”的挖掘和公平性的体现。

图 6-1 平原公路与高原山区公路

6.2 公路网规模发展规律

6.2.1 发达地区公路建设规模的发展历程

当前，发达地区的公路规模大多已经达到饱和状态，公路发展与运输化、工业化及现代经济、社会和谐发展相互促进的历史，在研究的过程中值得借鉴。虽然由于历史、地理和社会因素的不同，各个地区公路发展历程都各具特点及偶然性，但是，他们的公路发展历程中都遵循着一种必然性趋势。

发达地区的公路建设规模经历了开始缓慢发展、中期较快发展、后期抑制发展的过程。这种现象如同生物生长过程一样，经历发生、发展和成熟三个阶段，具有这种变化特征的曲线称为生长曲线(图 6-2)，可用来模拟公路网建设规模的发展阶段。

$$y_t = \frac{L}{1 + a\mathrm{e}^{-bt}} \tag{6-1}$$

式中：y_t——公路网规模；

L——y_t 的最大值；

t——时间，a、b 均为正常数。

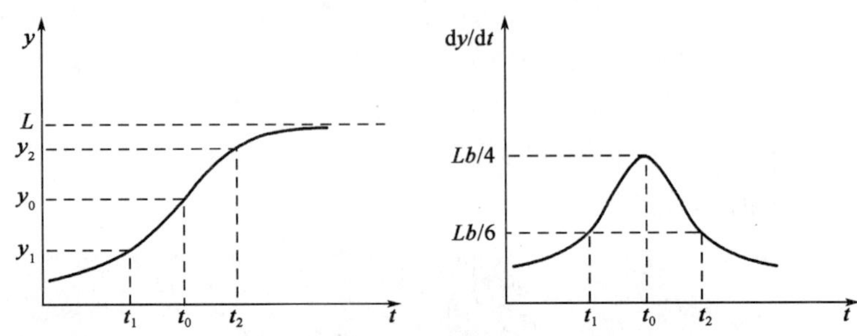

图 6-2　发展过程和发展速度的曲线图

从图 6-2 和表 6-1 中可以看出，公路网的发展具有极限性和单调递增性。在起步期，系统发展速度 dy_t/dt 缓慢，逐渐上升至 $Lb/6$；在成长期，系统处于迅速发展阶段，具有较高的发展速度，由 $Lb/6$ 迅速上升至 $Lb/4$ 的最大值；在成熟期，系统发展速度虽然逐渐下降，但仍然保持较高，即大于 $Lb/6$；在衰退期，系统发展速度逐渐下降，直至趋于 0，系统停止发展。公路网从量的积累变化成为质的积累，公路网结构不断优化、高级化。

生长曲线的系统发展过程分析　　表 6-1

t	y_t	dy_t/dt	发展时期	发展性质
$[0,t_1)$	缓慢上升	上升	起步期	发展缓慢
t_1	$L(3-\sqrt{3})/6$	$Lb/6$(拐点)		
(t_1,t_0)	迅速上升	上升	成长期	发展快速 发展持续
t_0	$L/2$(拐点)	$Lb/6$(极大)		
(t_0,t_2)	继续上升	下降	成熟期	
t_2	$L(3+\sqrt{3})/6$	$Lb/6$(极大)		
$(t_2,+\infty)$	趋于平稳	下降	衰退期	发展停止

利用生长曲线，结合历史数据，将美、英、法、德、日、意等发达国家的公路总里程及高速公路里程进行拟合，如表 6-2 所示。

通过表 6-2 的相关参数 R 可以看到，曲线的拟合程度是相当好的。通过这些拟合曲线得出拟合参数，如表 6-3 和表 6-4 所示。

典型发达国家公路网发展历程生长曲线拟合表 表 6-2

国家	公路总里程生长曲线拟合模型	相关系数 R	高速公路生长曲线拟合模型	相关系数 R
美国	$l=\frac{660}{1+9.346\,482\cdot e^{-0.063\,86t}}$	0.96	$l=\frac{9.1}{1+8.049\,727\,18\cdot e^{-0.122\,684\,6t}}$	0.96
英国	$l=\frac{40}{1+10.222\,1\cdot e^{-0.051\,656\,7t}}$	0.93	$l=\frac{0.34}{1+15.012\,386\cdot e^{-0.117\,777\,2t}}$	0.85
法国	$l=\frac{84}{1+2.370\,313\cdot e^{-0.050\,766t}}$	0.98	$l=\frac{0.9}{1+48.49\cdot e^{-0.133\,84t}}$	0.96
德国	$l=\frac{33}{1+2\,118.692\,486\cdot e^{-0.065\,432t}}$	0.91	$l=\frac{1.2}{1+8.886\,986\cdot e^{-0.094\,982\,4t}}$	0.9
日本	$l=\frac{118}{1+4.248\,135\cdot e^{-0.051\,66t}}$	0.98	$l=\frac{0.75}{1+73.256\,16\cdot e^{-0.122\,684\,5t}}$	0.98
意大利	$l=\frac{33}{1+18.999\,734\,4\cdot e^{-0.068\,475\,6t}}$	0.92	$l=\frac{0.08}{1+6.512\,51\cdot e^{-0.089\,225t}}$	0.92

注:公路总里程以 1900 年为基期,高速公路以 1950 年为基期。

典型发达国家公路总里程生长曲线拟合参数 表 6-3

国家	K(万 km)	拐点	快速发展期(年)	跨度(年)	拐点到饱和点的时间(年)
美国	660	1935	1914～1957	43	46
日本	118	1928	1909～1956	55	57
英国	40	1945	1919～1972	53	57
法国	84	1937	1919～1976	57	58
意大利	33	1943	1920～1969	49	43
德国	80	1973	1953～1995	42	45

注:拐点为增长速度达到最大时的拐点。

典型发达国家高速公路生长曲线拟合参数 表 6-4

国家	K(万 km)	拐点	快速发展期(年)	跨度(年)	拐点到饱和点的时间(年)
美国	9.1	1967	1957～1980	23	24
日本	0.75	1985	1957～1998	23	24
英国	0.34	1973	1962～1986	24	25
法国	0.9	1979	1969～1991	22	22
意大利	0.8	1971	1956～1988	32	33
德国	1.2	1973	1959～1988	29	31

注:拐点为增长速度达到最大时的时点。

根据表6-3和表6-4可以得出，公路及高速公路的饱和值为极限值的95%；公路总里程：快速发展期的时间跨度为40～55年，拐点到饱和期的时间跨度为40～55年；高速公路里程：快速发展期的时间跨度为20～30年，拐点到饱和期的时间跨度为20～30年。

6.2.2 欠发达地区公路建设规模的变化规律

1)相对于经济发展的超前性

通过对发达地区公路建设规模发展历程的分析可以发现，公路建设规模与社会经济的发展变化随时间的推移呈"鱼嘴形"变化趋势，在一定时期内有相对于经济发展的超前性特征。由图6-3可见，公路里程曲线 L 是上凸的，其增长速度递减；而GDP曲线则是下凹的，增长速度递增。这说明在一定时期内，公路建设必须"先行"，在发展速度上超前于经济发展，才能实现区域经济的快速持续增长。两曲线之间的最大距离，就是公路建设相对于经济发展的最大超前量。

成因分析认为，这是因为公路建设在社会经济欠发达时是促进经济发展，引导经济建设的，只有当公路建设达到一定服务水平后，才能满足经济发展所需要的运输需求，从而带动经济的快速发展，即交通必须当好经济发展的先行官。

2)大趋势下的多阶段性

从大的趋势看，区域公路网发展规模基本符合"生长曲线"的变化规律；但从微观看，其还存在着多阶段性，即随着区域社会经济的发展，欠发达地区的既有路网规模达到一定程度后，会再次出现不相适应的矛盾，从而会出现第二个生长过程，使社会经济与路网规模之间又达到相互适应的状态。如此循环发展下去，直到社会经济发展摆脱交通条件的制约，路网规模基本发展到成熟状态为止。这就可能出现多个S形曲线的发展过程，如图6-4所示。这一发展过程可以用突变理论来解释。

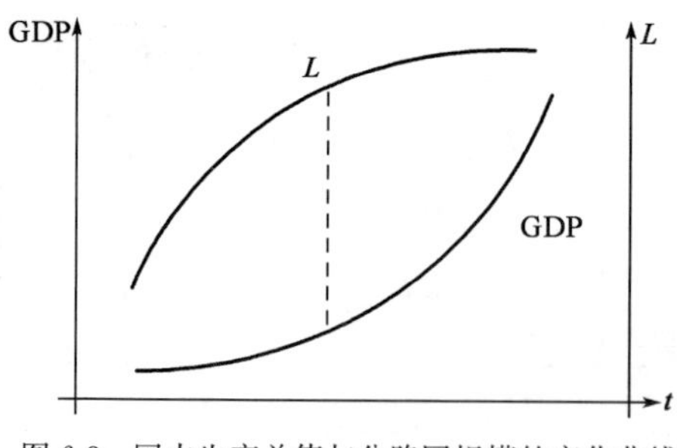

图6-3 国内生产总值与公路网规模的变化曲线

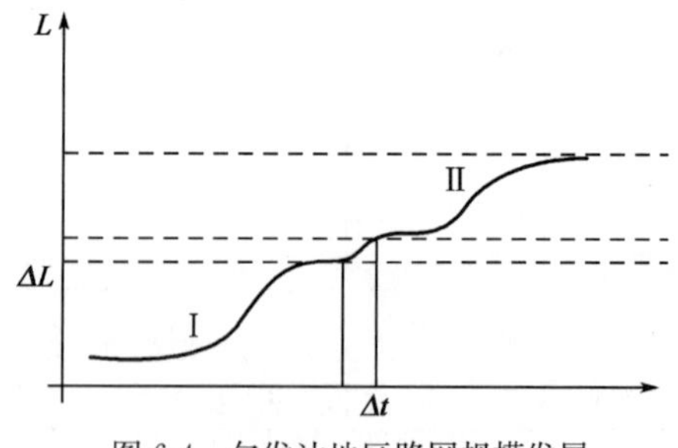

图6-4 欠发达地区路网规模发展过程的多阶段性曲线

突变理论认为，系统所处的状态可用一组参数描述。当系统处于稳定态时，标志该系统状态的某个函数就取唯一的值；当参数在某个范围内变化，该函数值有不止一个极值时，系统必然处于不稳定状态。系统从一种稳定状态进入不稳定状态，随参数的再变化，又使不稳定状态进入另一种稳定状态，那么，系统状态就在这一刹那间发生了突变。欠发达地区公路网建设发展规模的变化可以认为是从一个S形发展阶段跃迁到另一个S形发展阶段的突变，是从一个路网规模与社会经济发展的稳态突变到另一个相互逐步适应的稳态的变化过程。究其原因，认为主要有以下几个影响因素。

第一、社会经济条件的突变。社会经济的发展是需要交通运输条件保障的，而对欠发达地区，公路交通是重要的交通方式。当社会经济发展时，对公路交通运输的需求会表现出明显的依赖性。因此，要发展该地区的经济，会在短时间内进行大量的公路建设，表现为路网规模总量的增长；从而改善了区域的区位发展条件，公路建设和社会经济发展相互促进，迅猛发展。

第二、区域政策的出台。纵观国外许多国家的发展历史，政府对欠发达地区区域政策的优惠和鼓励，会刺激该地区各相关产业的发展。公路交通运输作为社会基础产业，对欠发达地区其他产业的促进和引导的作用是很明显的。欠发达地区要寻求发展，政府会对相关的区域产业进行政策倾斜，提供强有力的政策保障，促进公路建设规模的快速增长。

第三、新资源的探明开采。欠发达地区地理地貌复杂，但是资源较为丰富，往往随着勘探开采技术水平的提高，许多新资源被探测发现，为了尽快实现其开采价值，往往加大新资源周边相关地区的公路交通等运输设施建设，保证资源外运的快捷。除矿产资源外，还有“绿色环保”资源的开发利用，即旅游业的发展，会修建众多的旅游公路，带动产业发展。

第四、资金的投入。欠发达地区基础设施落后的主要原因就是财力不足，难以保证建设资金到位。当国家财政拨款投入到欠发达地区的公路建设中时，会加速公路建设的步伐，但是国家财力有限，往往也只能保证几年的持续投资，因此这段时期也就是公路建设迅猛发展的突变时期。

第五、公路施工技术、工艺水平的革新。欠发达地区地质地貌复杂，修建公路存在许多难题。新工艺、新技术、新材料、新设备的推广应用，设计、施工速度提高等因素，使得原来难以完成的公路建设得以顺利进行，路网规模迅速增长。

3)弹性系数的衰减性

由于公路建设属于公益性基础设施建设，建设周期长、投资大，其规模的增长一般是在保持历年规模基础上的“惯性”增长。区域社会经济的发展可能会出现较大的波动，但是由于公路建设一旦投入，很难停止，因此两者可能在一个时期内不保持同步增长。分析各典型国家社会经济从不发达→欠发达→发达的演变过程，可用公路网规模与社会经济发展增长速度的弹性系数，来探讨两者的变化关系。公路网规模与社会经济增长的弹性系数表示为：

$$E_{\mathrm{t}} = \frac{r_{\mathrm{lt}}}{r_{\mathrm{gt}}} \tag{6-2}$$

式中：r_{lt}——区域公路网规模在第 t 年的年均增长率；

r_{gt}——区域社会经济某项指标(此处采用国内生产总值 GDP)在第 t 年的年均增长率。

由于公路网规模的基数比较大，而且所需投资规模也很大，建设周期长，使得年均增长速度一般较国内生产总值的增长速度为小，因此一般两者的弹性系数 $E_{\mathrm{t}}<1$。依据表 6-5 所列的数据，绘制出各典型国家的公路网规模与国内生产总值(GDP)的弹性系数抽象后的曲线形状(图 6-5)。由图 6-5 可以看出，各国公路网规模与 GDP 的弹性系数的变化曲线大致呈波浪形衰减变化趋势。在其发展的前期，波形变化的幅度较大，弹性系数曲线逐步达到一个峰值，然后有所回落。随着社会经济的发展，新的供求矛盾再次出现时，经济受到制约，增长速度缓慢，而公路网建设的投入会有所加大，增长速度再次加快，所以又出现了弹性系数上升的变化趋势。如此下去，两者总量都在呈现螺旋式的增加。当公路网建设规模逐步适应社会经济的发展需求后，公路网规模的增长速度明显减缓，弹性系数开始衰减变小，并逐渐趋于稳定。

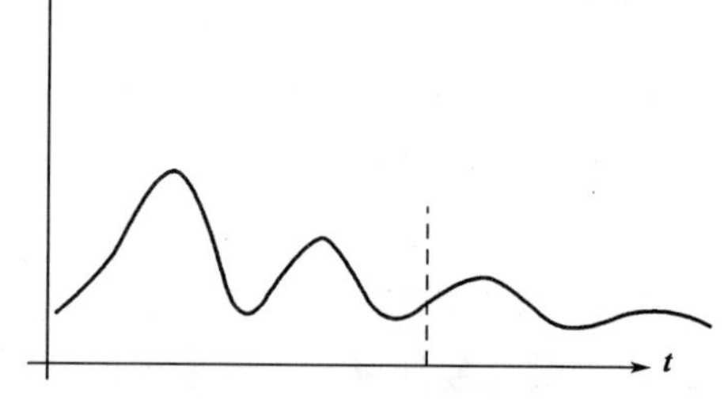

图 6-5　公路网规模与 GDP 的弹性系数曲线抽象图

需要说明的是，公路网规模和社会经济发展速度两者的弹性系数 E_{t} 会出现小于 0 的情况，一般是由于社会经济的增长变化比较活跃，因某种原因而出现负增长所致。

以上是对典型国家从欠发达到发达的整个发展过程中，公路网建设规模与社会经济发展速度的弹性系数分析。对于欠发达地区而言，可以认为两者弹性

系数的变化，是处于弹性系数波形曲线变化幅度较大的那个阶段（见图 6-5 中划分线的左边部分），因为欠发达地区的特点就是交通基础设施难以满足社会经济发展的需要，需要有一个不断加速建设发展的过程，以使经济摆脱基础设施建设短缺的制约。这从另一个方面说明了欠发达地区公路建设规模是分阶段超前发展的，与前述"超前性"和"多阶段性"特征是一致的。

典型国家路网规模与 GDP 的历年弹性系数值　　　　表 6-5

年份	美国	英国	加拿大	法国	德国	澳大利亚	印度	巴西	日本	意大利
1950										
1955	0.091									
1960	0.156									
1965	0.125									
1970	0.029									
1975	0.056									
1978	0.034	0.051	0.198		0.074				0.032	0.065
1980	0.087	−0.05	−0.329	0.004	0.042				0.164	−0.007
1985	−0.059	−0.165	−0.042	−0.011	−0.047	1.051	0.558	−2.398	0.055	−0.262
1990	0.014	0.031	1.113	0.001	0.021	−0.085	0.482	0.065	−0.014	0.006
1991	0.079	0.228	0.015	1.925	1.86	0	−0.105	0.032	0.031	0.063
1992	0.064	0.195	−3.35	0.014	0.04	−2.527	−0.336	0	0.049	0.022
1993	0.018	−0.103	−7.851	−0.009	−0.682	0.142	9.581	0.407	0.037	−0.098
1994	0.008	−0.039	0.06	0.018	−0.236	0.383	0.466	0	0.056	0.192
1995	0.031	0.064		0.002	−0.002		0.289	0.828	0.039	0.105
1996	0.079									
1997	0.163									

4）欠发达地区公路网规模发展要求

对欠发达地区公共投资的重点，是加强其基础设施的建设，这不仅包括交通、通信、能源等生产性基础设施的建设，以改善欠发达地区的投资环境，而且还包括教育、卫生、文化等社会基础设施的建设，以增强欠发达地区的自我发展能力。就我国西部地区而言，交通发展建设正处在第二阶段，所以交通设施的建设发展要满足以下要求。

第一，作为中国资源富集地区的西部各省份，必然要优先保证交通干线的通畅，以便使资源优势得以转化为经济效益。

第二，要在西部大开发中保障各种投资行为顺利开展，使交通运输在运量增长的情况下，仍能较好地满足其他投入带来的要求，就必须有合理的交通建设规模。

第三，要想改善西部地区的投资环境，必须通过交通建设，使投资与市场条件发生重大变化。这要求西部运输通道不仅要适应运输量、交通量的要求，更应超前于经济发展。只有主干道路的高等级化，才能提高经济极点之间联系的接近程度，拉动经济发展。

第四，为了社会共同进步，培育新的市场领域，还要确保运输通达深度，大力发展西部地区居住分散的村民之间的联系道路，通过运输网通达范围更深和可达性指标的显著提高，促进偏远、闭塞环境下人们的联系，使他们能溶入开放型的社会经济系统之中，从而实现社会进步与共同发展的目标。

总之，交通运输大发展既是西部大开发的必要保障，更是西部大开发中优先实施的开发内容，其建设要有一定的超前性，不能仅以交通量标准确定道路等级，应本着在经济发展过程中，城市之间均衡发展及改善社会最底层偏远闭塞区域村民生活状态的目标，修建大量重在通达的公路。

6.3 区域公路网合理发展规模的确定

6.3.1 基于均衡性的路网规模确定

1)公路网规模确定方法

均衡规模考虑了区域间的协调发展，即各子区域不仅仅是单一、封闭的个体，而是一个系统下相互联系、相互影响的开放的个体。

首先，确定各子区域均衡规模的调整顺序。根据经济发达程度（见表6-6）对各个子区域进行划分；再根据差距系数中服务频数的基础原理，频数过大或过小都会造成资源的不合理分配（浪费或者紧缺），从而导致差距扩大，以服务频数的排名结果作为调整顺序，优先考虑欠发达地区，根据发达程度进行顺序修正，确定最终的调整顺序，以此顺序对子区域的路网规模进行调整、再分配。

在确定了调整顺序之后，计算各子区域公路网均衡规模调整的幅度。均衡性规模既要从以人为本的角度出发，考虑交通的便捷程度，又要考虑区域经济发展的带动作用，因此本书沿用连通度法和国土系数法，但基于这两种方法存在不足，需进行修正后使用。

经济发达程度划分标准 表 6-6

人均 GDP(万元)	10 000～30 000	5 000～10 000	1 300～5 000
发达程度	较发达	欠发达	落后

国土系数法中的经济系数是从历史数据进行回归分析而得到的，没有考虑潜在经济价值及路网饱和程度。因此在利用国土系数法计算出公路网规模后，必须加以修正，才能得出较为符合实际的预测结果。根据当年 GDP 和潜在经济价值计算发展潜力修正系数 ξ_1；根据路网拥挤度计算得到发展程度修正系数 ξ_2；确定均衡规模也应该采用等效里程，以二级公路为标准，根据各道路等级的等效系数进行加权平均得到综合等效系数，最终利用发展潜力修正系数 ξ_1、发展程度修正系数 ξ_2、综合等效系数，得出修正后的国土系数法。

对连通度法的修正是对非直线系数 ξ 及综合等效系数的修正。本书认为，连通度法应该采用各子区域的综合非直线系数，尤其是在高原山区，地形会对计算结果产生较大影响，因此应采用各个地区的非直线系数的加权值，即综合非直线系数。连通度法中综合等效系数的修正与国土系数法中的综合等效系数求法相同，根据非直线系数 ξ 及综合等效系数的修正，利用连通度法即可确定各子区域连通度法下的规模。

将以上两种方法计算得到的规模作为各子区域规模理论区间上限和下限，对应各个子区域的发达程度和实际公路里程，会出现以下三种情况中的一种：第一种，实际值属于理论区间，表示满足了经济需求和社会需求的其中之一；第二种，实际值小于理论区间；表示既没有满足社会需求，也没有满足经济需求；第三种，实际值大于理论区间，此情况说明，公路网规模已达到饱和状态，不能再做调整。根据这三种情况，缩小区间幅度，以此作为各子区域均衡规模调整的区间。

在得出各个子区域规模调整区间后，分别将其划分为 N 个子区间，设子区域为 M 个，形成 $M \cdot N$ 的矩阵。以 $\min\{J_{人口}+J_{面积}+J_{经济}\}$ 为目标函数(J 代表基尼系数)，应用 Matlab 软件，通过试算法，确定规模配比方案。每次试算，将子区域的 N 个区间值与其他($M-1$)个子区域的 N 个区间值自由组合，剔除导致不均衡公路网规模范围，给出各个地区最终的均衡规模，即此时的各子区域的规模配比方案能够保证整个区域公路网处于均衡状态。本书以均衡为出发点，以基尼系数为标准，因此配比方案可能会出现多种最优组合，应当结合区域政策及城市发展战略对这些方案进行筛选，在此不做说明，只给出各子区域满足均衡要求的理论规模。

最后，通过综合运输体系验证规模是否可实现，可实现的部分为公路网规模，不可实现的部分采用其他交通方式进行弥补。流程图如图 6-6 所示。

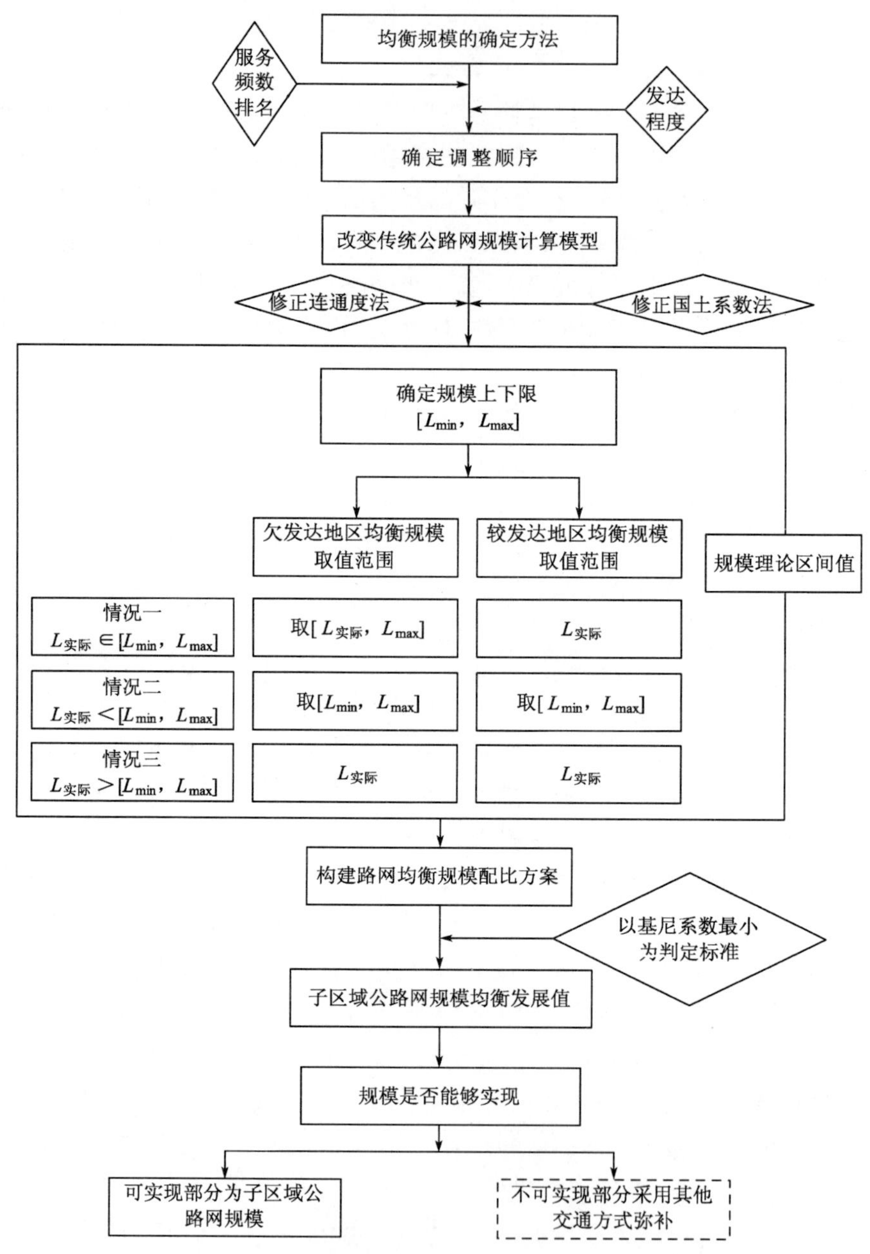

图 6-6　基于基尼系数的均衡规模确定方法流程图

路网规模的确定，应是政策、经验和技术三者的结合。在规模的确定过程中，具体的政策和经验不可能全部如实地概括成数学模型，因此，计算结果只能是相对的，非肯定性的因素更是如此。在今后的路网规划当中，应当在理论计算的基础上，联系实际条件进行必要的修正和补充。

2）部分公式及参数的确定与修正

（1）综合等效系数的确定

均衡规模是以基尼系数评价为基础的，即基尼系数≤0.2 为最优状态。而评价对象为等效里程，而非实际绝对里程。因此在均衡规模预测时，确定的均衡规模也应该采用等效里程。

以二级公路为标准，根据各道路等级的等效系数进行加权平均，计算得到各子区域的综合等效系数。计算公式如下：

$$\omega = \frac{\sum_{i=0}^{5} \omega_i L_i}{L} \tag{6-3}$$

式中：ω、ω_i——分别为综合等效系数和各等级等效系数；

L、L_i——分别为各子区域总里程及各子区域各等级里程；

i——表示各道路等级。

（2）连通度法的修正

连通度法公式为：$L = C\xi\sqrt{AN}$，非直线系数 ξ 并没有明确而统一的取值方法。

在连通度法的计算公式中，应该采用各子区域的综合非直线系数，尤其是在高原山区，地形将对计算结果产生较大影响，并且还应当注重贫穷地区的社会效益，因此应采用均衡体系下的连通度评价指标及各个地区的非直线系数的加权值，得到的加权值称之为综合非直线系数，综合非直线系数公式如下所示：

$$\xi = \frac{\sum_{i=0}^{5} \xi_i L_i}{L} \tag{6-4}$$

式中：ξ_i——各等级道路非直线系数；

L_i——各等级道路里程；

i——表示各道路等级。

然后再乘以综合等效系数，确定各子区域连通度法下的规模。修正后的连通度法计算公式为：

$$L = C\xi\sqrt{AN}\omega \tag{6-5}$$

式中：符号意义如前所示。

(3)国土系数法的修正

路网国土系数法的公式为：$L=k\sqrt{PA}$。其中的经济系数 k 是根据历史数据进行回归分析而得到的，没有考虑潜在价值及路网饱和程度。因此在利用国土系数法计算出公路网规模后，必须加以修正，才能得出较为符合实际的预测结果。

①发展潜力修正系数 ξ_1。各个子区域的发展潜力修正系数的计算方法，采用的指标为当年 GDP 和潜在价值，公式为：

$$\xi_1 = 1 + \frac{\text{潜在价值}}{\text{当年 GDP}} \times \text{里程对 GDP 的弹性系数} \tag{6-6}$$

②发展程度修正系数 ξ_2。各个子区域的发展程度修正系数的计算方法，采用的指标为路网拥挤度，计算公式为：

$$\xi_2 = 1 + \left(\text{子区域路网拥挤度} - \frac{1}{n}\sum_{i=1}^{n}\text{子区域路网拥挤度}\right) \tag{6-7}$$

式中：n——子区域数目。

在得出两组修正系数后，再乘以综合等效系数，得出修正后的国土系数法的公式为：

$$L = k_0\sqrt{PA}\xi_1\xi_2\omega \tag{6-8}$$

式中：符号意义如前所示。

6.3.2 高原山区综合运输体系下公路网均衡性发展规模修正

我国高原山区与微丘平原地区相比，经济水平仍存在一定的差距，随着近年来国家加大对这些地区的扶持，这些地区也基本形成了多种运输方式相结合的综合运输体系。高原山区特殊的地理条件，导致有些地区公路建设里程达到理想设计规划值成本太高，综合运输方式中有些运输方式如航空运输可在短时间内实现对公路网运输的弥补。

常见的高原山区为分割高原，如中国的云贵高原，流水切割较深，起伏大，顶面宽广。高原山区一般地域辽阔，自然地理环境恶劣，灾害频发，贫困人口众多，给交通基础设施建设和社会经济的发展带来许多困难，社会经济发展远低于全国平均水平。由于铁路建设成本非常高，高原山区铁路运输相对薄弱。此外，高原山区分布的河流一般具有河弯流急、滩险众多、航道条件差等特点，因此高原山区的水运运输也相对薄弱。在这样特殊的自然地理、交通区位和经济区位条件下，决定了高原山区相对于微丘平原地区运输需求相对较小。综合运输体系一般也会以公路运输为主。

这里我们就针对这种分割高原(即高原山区),探讨综合运输体系下公路网均衡性发展模式。如果按照均质非均质地形来划分,分割高原的地形属于非均质地形。这种非均质高原山区中既有区域空间内地形基本一致的区域空间,即大区域的小区域范围又是均质的地形;但又存在差异较大的流水切割较深、起伏大的横断山脉,也就是整个区域为非均质区域。

对于研究区域为大区域非均质地形中的小区域均质地形区域,该均质的区域空间内地形基本一致,内部单位长度公路网建设成本基本相同。该种地形条件下区域合理的公路网发展模式应当是均衡模式。也就是这种地形条件相对较好的均质高原山区,公路网可以达到均衡发展的条件。该种地形条件下合理的公路网发展模式应当是均衡模式,不用通过综合运输弥补其中不均衡的部分。

而对于整个非均质高原山区,既有小区域范围地形条件相对较好的均质区域,又有流水切割较深、山高谷深的非均质区域,这类区域公路建设成本太高、建设难度等问题使得在这类地形区域公路网交通基础设施均衡配置难度很大。因此,这类区域的公路网规模一般不均衡,但是这类不均衡的公路网发展模式不一定是不合理的。不均衡的公路网现状,可以通过合理的综合运输模式来实现交通基础设施的均衡配置。在这种因为地形原因导致的公路网不均衡发展的区域,铁路和水运都不能实现大的发展。但是航空运输受地形因素影响较小,又存在高效、便捷的优势,而且这类区域一般地广人稀,这些条件决定公路网的不均衡只能通过航空运输来弥补。

通过均衡性指标我们可以求得要使得整个区域达到均衡水平,公路网不足的小区应当补充的公路网等效里程数量:

$$\Delta LE = LE_m - LE \tag{6-9}$$

式中:LE_m——达到区域均衡后各小区的公路网等效里程;

LE——区域内各小区现有公路网等效里程;

ΔLE——达到区域均衡小区内需要弥补的公路网总里程。

但在这类非均质高原山区需要补充的公路网等效里程不可能全部通过公路网实现,部分需要通过航空运输来弥补:

$$LE_{空缺} = \Delta LE - LE_{公路} \tag{6-10}$$

式中:ΔLE——理论上达到区域均衡小区内需要弥补的公路网总里程;

$LE_{公路}$——实际中小区可以实现补充的公路网等效里程;

$LE_{空缺}$——为使区域公路网均衡,尽量补充公路网后,剩余空缺里程部分。

公路网不足部分需要尽可能地补充公路网里程,但是自然地理等因素导致公路网补充的里程有限，在现阶段的投资、技术条件下，根据小区的实际情况只能建设部分里程的公路网，这些里程的公路网不足以弥补公路网的不均衡，还有部分的空缺即 $LE_{空缺}$，这时需要加大对航空运输的投资实现部分平衡这种不均衡，在航空运输投资允许的条件下，最大限度弥补这部分的空缺量，空缺的里程可以通过转化成航空运输的运量，最大限度地实现交通资源的均衡。

6.3.3 均衡规模下等级结构的确定

公路网等级结构是指公路网中不同技术等级公路的组合。尽管确定公路网等级结构的模型多种多样，但大体的思路都是在得出实际里程（非等效里程）后对各等级公路进行分配，而本书的思路是在计算出等效总里程的基础上，分别以区域内部各子区域为对象，先利用模型对各子区域进行等级结构的配置，然后对各子区域各个等级的公路里程进行汇总，得出整个区域各等级道路的实际里程，进而得出整个区域的总里程，即将等效里程反推为实际里程，才能体现均衡理念的实用性。

1)模型的确定

进行公路网等级结构配置时，主要考虑建设资金的约束、服务水平的要求等，另外还应考虑发展政策、策略的需要，有的必须实现，有的要求在一定的条件下尽量实现，有的则相互冲突，而常用的线性规划模型具有目标单一性和约束绝对性的不足，不能满足规划要求，因此采用多目标规划模型。

(1)确定目标函数

根据各子区域中各等级公路新建单位造价的平均值和改造单位造价的平均值，确定出组合单价，可得到实现投资最少的目标函数：

$$\min f_1(L_i) = \sum_{i=0}^{5} W_i(L_i - L_i^0) \tag{6-11}$$

式中：i——各等级道路（0 为高速公路，1 为一级公路，…，5 为等外路）；

W_i——组合单价（万元/km）；

L_i^0——i 级公路上一特征年里程，由于是常数，故可省去。

化简并转化为求最大值的标准式：

$$\max f_1(L_i) = -\sum_{i=0}^{5} W_i L_i \tag{6-12}$$

式中：符号意义同前。

根据各子区域中各技术等级公路适应的交通量的上限值，可得到实现公路网通行能力最大的目标函数：

$$\max f_2(L_i) = \sum_{i=0}^{5} T_i L_i \tag{6-13}$$

式中：i——各等级道路(0为高速公路，1为一级公路，…，5为等外路)；

T_i——各道路等级交通量(辆/日)。

由此可得，等级结构配置的对目标函数为：

$$\max \begin{cases} \max f_1(L_i) = -\sum_{i=0}^{5} W_i L_i \\ \max f_2(L_i) = \sum_{i=0}^{5} T_i L_i \end{cases} \tag{6-14}$$

式中：符号意义同前。

(2)拟定约束条件

约束条件一：

$$\sum_{i=0}^{5} f_i L_i \geqslant \text{该子区域等效里程} \tag{6-15}$$

式上：f_i——各等级公路等效系数。

约束条件二：

$$\sum_{i=0}^{5} L_i \geqslant \omega_i L' \tag{6-16}$$

式中：ω_i——规模增长系数；

L'——该子区域现有总里程(非等效里程)。

约束条件三～八，分别根据各等级道路的实际发展需求进行限制。

2)模型求解

在具体计算过程中，采用加权法对模型法进行求解，将两个目标函数分别赋予权重W_1和W_2，$W_1+W_2=1$，且W_1、$W_2\geqslant 0$，构造相应的单目标规划：

$$\max\{W_1 f_1(L_i) + W_2 f_2(L_i)\} \tag{6-17}$$

权向量W实际上反映了不同目标在决策者心中的相对重要程度。下一步借助Lingo软件，经过反复试算，得到最终方案。

6.4 基于均衡性的云南省公路网发展

6.4.1 云南省公路网规模发展规律

1)相对超前性

根据《云南统计年鉴》的历史数据，将云南省通车里程和GDP的变化趋势绘制于图中，并与欠发达地区的相对超前性进行对比，如图6-7所示。

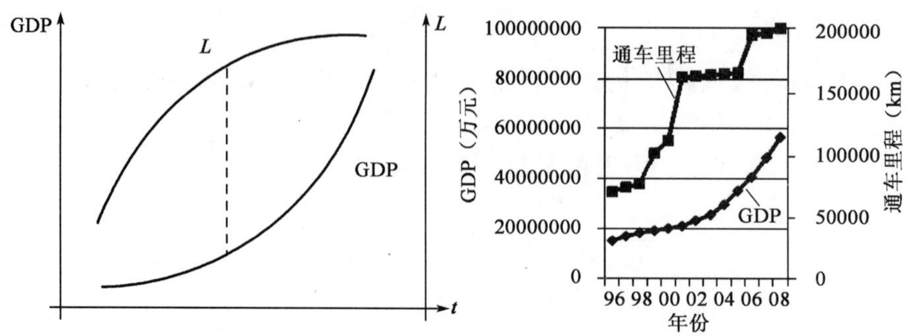

图 6-7　欠发达地区与云南省公路网发展的相对超前性的对比

从图 6-7 中可以看出，就云南省的总体情况来看，符合欠发达地区公路网发展某一阶段的特性。云南省公路建设规模与社会经济的发展变化随时间的推移也呈"鱼嘴形"的变化趋势，在这个时期内有相对于经济发展的超前性特征。公路里程曲线 L 总趋势是上凸的，其增长速度递减；而 GDP 曲线下凹，增长速度递增。这说明在当前未来几年，公路建设必须"先行"，在发展速度上超前于经济发展，才能实现区域经济的快速持续增长，超前度的量化，应结合云南省实际情况，把潜在价值作为衡量标准，而不是跟从两曲线之间的最大距离（即最大超前量）来发展公路网规模。

2）多阶段性

根据《云南省统计年鉴》2000～2007 年的数据，可以绘制出云南省通车里程的变化趋势，并与欠发达地区发展的多阶段性进行对比，如图 6-8 所示。

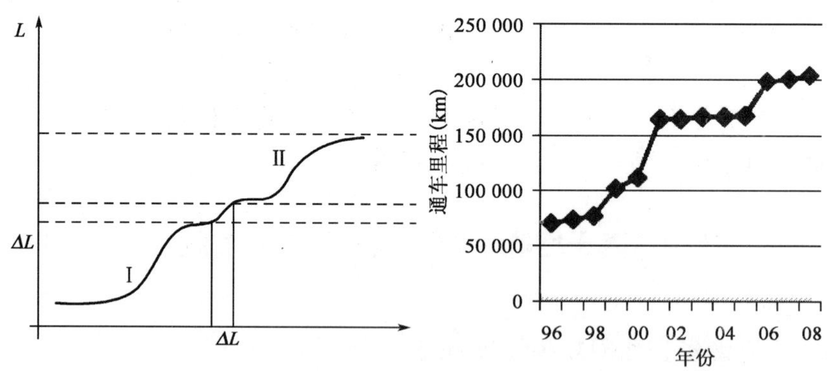

图 6-8　欠发达地区与云南省公路网发展的多阶段性的对比

从图 6-8 可以得出，从大的趋势看，云南省公路网发展规模基本符合"生长曲线"的变化规律；但从微观看，符合欠发达地区公路网规模发展的多阶段性，每一阶段都是S形曲线，即随着区域社会经济的发展，欠发达地区的既有路网规模达到一定程度后，会再次出现不相适应的矛盾。截至2008年，云南完成一个S曲线的发展阶段，标志着又一生长过程的开始，这样的突变从云南省现实情况得到了很好的印证。湄公河经济区的良好合作，通边公路的修建，旅游业的繁荣，地方政策的相应出台，能源的勘探开发等，从另一个侧面说明，现阶段云南要更好地发展，必须重视公路网科学合理的均衡化建设理念。

3)弹性系数衰减性

采用公路网规模与社会经济增长的弹性系数，分析云南省1996～2008年公路网规模与社会经济发展增长速度的关系。公式如下：

$$E_t = r_{lt}/r_{gt}$$

式中：r_{lt}——区域公路网规模在第t年的年均增长率；

r_{gt}——国内生产总值GDP在第t年的年均增长率。

计算结果如表6-7所示。

云南省公路网规模与国内生产总值(GDP)的弹性系数　　表6-7

年份(年)	GDP(万元)	通车里程(km)	GDP增长率	里程增长率	弹性系数
1996	14 966 782	70 178			
1997	16 708 778	73 822	0.116 4	0.051 9	0.446 1
1998	18 259 137	76 957	0.092 8	0.042 5	0.457 7
1999	18 980 576	102 406	0.039 5	0.330 7	8.369 6
2000	20 085 156	112 016	0.058 2	0.093 8	1.612 5
2001	21 211 809	164 453	0.056 1	0.468 1	8.345 3
2002	23 427 174	164 851	0.104 4	0.002 4	0.023 2
2003	25 324 983	166 133	0.081 0	0.007 8	0.096 0
2004	29 810 799	167 047	0.177 1	0.005 5	0.031 1
2005	34 926 250	167 636	0.171 6	0.003 5	0.020 5
2006	40 651 037	198 495	0.163 9	0.184 1	1.123 1
2007	48 120 258	200 333	0.183 7	0.009 3	0.050 4
2008	56 519 853	203 753	0.174 6	0.017 1	0.097 8

与典型国家历年的弹性系数及各年间的变化幅度相比较，可以认为云南省的曲线抽象图应该为图6-9中曲线的一部分，虚线的左侧比较靠近的位置(图6-9)。表明交通基础设施未满足社会经济发展的现实需求和或者潜在需求，路网规模仍需发展，这也从另一个方面说明了云南省公路建设规模是分阶段超前发展的，与“超前性”和“多阶段性”特征的分析结果是一致的。

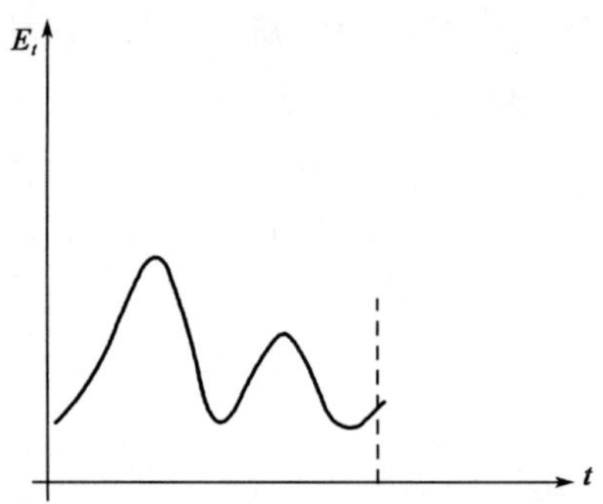

图 6-9　云南省公路网规模与 GDP 的弹性系数曲线图

6.4.2　云南省公路网均衡规模确定

1)确定调整顺序

以人均 GDP 为指标，根据经济发达程度对云南省各地州市公路网服务频数排名进行调整，计算结果如表 6-8 所示。

各子区域路网调整顺序　　表 6-8

地　区	发 达 程 度	服务频数 Y_i	排　名
怒江	欠发达	27.124 3	1
丽江	欠发达	1.356 3	2
昭通	欠发达	0.979	3
临沧	欠发达	0.535 9	4
德宏	欠发达	0.426 6	5
普洱	欠发达	0.412 7	6
保山	欠发达	0.199 8	7
文山	欠发达	0.125 6	8
迪庆	较发达	0.940 2	9
昆明	较发达	0.933 5	10
西双版纳	较发达	0.376 1	11
曲靖	较发达	0.317 6	12
楚雄	较发达	0.267	13
红河	较发达	0.171 1	14
大理	较发达	0.168 8	15
玉溪	较发达	0.094 8	16

2)确定调整幅度

(1)综合等效里程的确定

以二级公路为标准,根据各道路等级的等效系数进行加权平均,计算得到各子区域的综合等效系数。计算公式如下:

$$\omega=\frac{\sum_{i=0}^{5}\omega_i L_i}{L} \tag{6-18}$$

式中:ω、ω_i——分别为综合等效系数和各等级等效系数;

L、L_i——分别为各子区域总里程及各子区域各等级里程;

i——各道路等级。

对云南省16个地州市的相关数据进行统计,利用式(6-23)进行计算,结果如表6-9所示。

云南省16个地州市综合等效系数 表6-9

地区	昆明	曲靖	玉溪	保山	昭通	丽江	普洱	临沧
综合等效系数	0.24	0.22	0.26	0.2	0.15	0.19	0.15	0.15
地区	楚雄	红河	文山	西双版纳	大理	德宏	怒江	迪庆
综合等效系数	0.15	0.22	0.23	0.21	0.19	0.19	0.12	0.19

(2)应用修正后连通度法计算路网规模

先计算出综合非直线系数,其公式如下所示:

$$\xi=\frac{\sum_{i=0}^{5}\xi_i L_i}{L} \tag{6-19}$$

式中:ξ_i——各等级道路非直线系数;

L_i——各等级道路里程;

i——各道路等级。

再利用修正后的连通度法计算公式:$L=C\xi\sqrt{AN}\omega$,得出路网规模,计算结果如表6-10所示。

(3)应用修正后国土系数法计算路网规模

根据《云南统计年鉴》对历史数据进行回归分析,得出经济指数k值,再利用公式计算发展潜力修正系数ξ_1和发展程度修正系数ξ_2,代入修正后的国土系数法计算路网规模。修正后的国土系数法的公式为:

$$L=k_0\sqrt{PA}\xi_1\xi_2\omega \tag{6-20}$$

云南省 16 个地州市修正后的连通度法的路网规模计算结果 表 6-10

地区	连通度 C	非直线系数 ξ	节点数 N	区域面积 A(km)	综合等效 系数 ω	修正连通度法下 的规模值
昆明	2.25	1.36	1 269	21 581	0.24	3 872
曲靖	2.17	1.33	1 478	29 850	0.22	4 250
玉溪	3.6	1.38	665	15 285	0.26	4 075
保山	1.65	1.51	915	19 633	0.20	2 135
昭通	1.59	1.45	1 220	23 022	0.15	1 809
丽江	1.33	1.57	346	21 235	0.19	1 079
普洱	2.71	1.47	492	45 360	0.15	2 822
临沧	1.44	1.62	932	24 456	0.15	1 702
楚雄	1.12	1.47	2 849	29 271	0.15	2 209
红河	2.19	1.44	1 187	32 925	0.22	4 343
文山	1.65	1.43	933	32 237	0.23	2 980
西双版纳	2.02	1.42	220	19 705	0.21	1 237
大理	2.11	1.52	1 098	29 452	0.19	3 521
德宏	1.51	1.57	340	11 527	0.19	882
怒江	0.95	2.50	260	14 724	0.12	581
迪庆	1.03	1.91	183	23 861	0.19	785

修正后国土系数法计算出的路网规模如表 6-11 所示。

云南省 16 个地州市修正后的国土系数法的路网规模计算结果 表 6-11

地区	k 值	2015 年人口 (万人)	面积 (km^2)	发展程度 修正系数	发展潜力 修正系数	综合等 效系数	国土系数 法修正值
昆明	47.36	692	21 581	0.853 75	1.20	0.24	4 533
曲靖	55.74	608	29 850	0.943 75	1.16	0.22	5 758
玉溪	91.55	242	15 285	0.773 75	1.19	0.26	4 155
保山	58.27	263	19 633	0.923 75	1.09	0.20	2 679
昭通	44.86	565	23 022	0.973 75	1.11	0.15	2 600
丽江	51.07	127	21 235	1.003 75	1.20	0.19	1 915
普洱	64.35	265	45 360	1.233 75	1.14	0.15	4 717
临沧	65.85	248	24 456	1.483 75	1.04	0.15	3 815
楚雄	68.54	282	29 271	0.883 75	1.17	0.15	2 989
红河	54.11	458	32 925	0.643 75	1.06	0.22	3 165
文山	39.12	366	32 237	1.123 75	1.05	0.23	3 636
西双版纳	45.63	112	19 705	1.503 75	1.17	0.21	2 466

续上表

地区	k值	2015年人口（万人）	面积（km^2）	发展程度修正系数	发展潜力修正系数	综合等效系数	国土系数法修正值
大理	57.46	369	29 452	0.773 75	1.04	0.19	2 930
德宏	60.53	128	11 527	0.903 75	1.16	0.19	1 447
怒江	40.62	55	14 724	0.973 75	1.20	0.12	533
迪庆	42.24	39	23 861	1.003 75	1.08	0.19	844

3）确定均衡规模配比方案

（1）计算调整区间

将修正后的连通度法和国土系数法计算的规模分别设为上限和下限对应各个子区域的发达程度和实际公路里程，会出现以下3种情况中的一种。第一种，实际值属于理论区间，表示满足了经济和社会需求的其中之一；第二种，实际值小于理论区间，表示既没有满足社会需求，也没有满足经济需求；第三种，实际值大于理论区间，此情况说明，公路网规模已达到饱和状态，不能再做调整。根据这三种情况，缩小区间幅度，以此作为各子区域均衡规模调整的区间。根据差距系数法得到的排名，并结合子区域经济发展程度，确定规模调整顺序及试算区间，如表6-12所示。

云南省16个地州市均衡规模调整顺序及试算区间 表6-12

调整顺序	地区	发达程度	理论区间与实际里程的关系 情况二 $L_{实际} < [L_{min}, L_{max}]$	均衡规模区间
1	怒江	欠发达	√	[533,581]
2	丽江	欠发达	√	[1 079,1 915]
3	昭通	欠发达	√	[1 809,2 600]
4	临沧	欠发达	√	[1 702,3 815]
5	德宏	欠发达	√	[882,1 447]
6	普洱	欠发达	√	[2 822,4 717]
7	保山	欠发达	√	[2 135,2 679]
8	文山	欠发达	√	[2 980,3 636]
9	迪庆	较发达	√	[785,844]
10	昆明	较发达	√	[3 872,4 533]
11	西双版纳	较发达	√	[1 237,2 466]
12	曲靖	较发达	√	[4 252,5 758]
13	楚雄	较发达	√	[2 209,2 989]

续上表

调整顺序	地区	发达程度	理论区间与实际里程的关系	均衡规模区间
			情况二	
			$L_{实际}<[L_{min},L_{max}]$	
14	红河	较发达	√	[3 165,4 343]
15	大理	较发达	√	[2 930,3 521]
16	玉溪	较发达	√	[4 075,4 155]

从表 6-12 中可以得出，云南省十六个地州市的公路网现有规模均处于均衡规模区间内，表明各地区路网规模发展较好，但从整个云南省公路网均衡角度来看，需进行调整。根据公路网发展的均衡理论，及“以人为本”、缩小贫富差距的理念，应当保证各子区域在发展各自路网规模的时候满足区域的均衡性。

(2)确定均衡规模配比方案

将各地区均衡规模区间分为五等分(表 6-13)，构造配比矩阵，此处仅选取具有代表性的两组数据利用 Matlab 软件进行试算，数据位置分别位于处于区间的 25%、75%处，共有 $2^{16}=65\ 536$ 种组合，分别由 Matlab 计算关于人口、面积、GDP 的基尼系数 J_1、J_2、J_3。选取 $J_1+J_2+J_3$ 最小的一组数据或者几组数据，得出最终的路网规模。计算过程及结果如表 6-13 所示。

规模区间划分表 表 6-13

地　区	区间划分				
怒江	533	549	565	576	581
丽江	1 079	1 358	1 636	1 822	1 915
昭通	1 809	2 073	2 336	2 512	2 600
临沧	1 702	2 406	3 111	3 580	3815
德宏	882	1 070	1 259	1 384	1 447
普洱	2 822	3 454	4 085	4 506	4 717
保山	2 135	2 316	2 498	2 619	2 679
文山	2 980	3 199	3 417	3 563	3 636
迪庆	785	805	824	837	844
昆明	3 872	4 092	4 313	4 460	4 533
西双版纳	1 237	1 647	2 056	2 329	2 466
曲靖	4 250	4 753	5 255	5 590	5 758
楚雄	2 209	2 469	2 729	2 902	2 989
红河	3 165	3 558	3 950	4 212	4 343
大理	2 930	3 127	3 324	3 455	3 521
玉溪	4 075	4 102	4 128	4 146	4 155

建立矩阵：

z_1、B_1 表示人口，z_2、B_2 表示面积，z_3、B_3 表示经济，

B_1（人口）＝

Columns 1 through 6

549	549	549	549	549	549
1358	1358	1358	1358	1358	1358
2512	2512	2512	2512	2512	2512
2406	2406	2406	2406	2406	2406
1070	1070	1070	1070	1070	1070
3454	3454	3454	3454	3454	3454
2316	2316	2316	2316	2316	2316
3199	3199	3199	3199	3199	3199
805	805	805	805	805	837
4092	4092	4460	4460	4460	4092
1647	2329	1647	1647	2329	1647
4753	4753	4753	4753	4753	4753
2902	2902	2902	2902	2902	2902
3558	3558	3558	3558	3558	3558
3455	3455	3455	3455	3455	3455
4146	4146	4102	4146	4146	4102

Columns 7 through 12

549	549	549	576	576	576
1358	1358	1358	1358	1358	1358
2512	2512	2512	2512	2512	2512
2406	2406	2406	2406	2406	2406
1070	1070	1070	1070	1070	1070
3454	3454	3454	3454	3454	3454
2316	2316	2316	2316	2316	2316
3199	3199	3199	3199	3199	3199
837	837	837	805	805	805
4092	4460	4460	4092	4460	4460
1647	1647	1647	1647	1647	2329
4753	4753	4753	4753	4753	4753
2902	2902	2902	2902	2902	2902
3558	3558	3558	3558	3558	3558
3455	3455	3455	3455	3455	3455
4146	4102	4146	4146	4146	4146

Columns 13 through 16

576	576	576	576
1358	1358	1358	1358
2512	2512	2512	2512
2406	2406	2406	2406
1070	1070	1070	1070
3454	3454	3454	3454
2316	2316	2316	2316
3199	3199	3199	3199
837	837	837	837
4092	4092	4460	4460
1647	1647	1647	1647
4753	4753	4753	4753
2902	2902	2902	2902
3558	3558	3558	3558
3455	3455	3455	3455
4102	4146	4102	4146

B_2(面积)=

Columns 1 through 6

549	549	549	549	549	549
1358	1358	1358	1358	1358	1358
2512	2512	2512	2512	2512	2512
2406	2406	2406	2406	2406	2406
1070	1070	1070	1070	1070	1070
3454	3454	3454	3454	3454	3454
2316	2316	2316	2316	2316	2316
3199	3199	3199	3199	3199	3199
805	805	805	805	805	837
4092	4092	4460	4460	4460	4092
1647	2329	1647	1647	2329	1647
4753	4753	4753	4753	4753	4753
2902	2902	2902	2902	2902	2902
3558	3558	3558	3558	3558	3558
3455	3455	3455	3455	3455	3455
4146	4146	4102	4146	4146	4102

Columns 7 through 12

549	549	549	576	576	576
1358	1358	1358	1358	1358	1358
2512	2512	2512	2512	2512	2512
2406	2406	2406	2406	2406	2406
1070	1070	1070	1070	1070	1070
3454	3454	3454	3454	3454	3454
2316	2316	2316	2316	2316	2316
3199	3199	3199	3199	3199	3199
837	837	837	805	805	805
4092	4460	4460	4092	4460	4460
1647	1647	1647	1647	1647	2329
4753	4753	4753	4753	4753	4753
2902	2902	2902	2902	2902	2902
3558	3558	3558	3558	3558	3558
3455	3455	3455	3455	3455	3455
4146	4102	4146	4146	4146	4146

Columns 13 through 16

576	576	576	576
1358	1358	1358	1358
2512	2512	2512	2512
2406	2406	2406	2406
1070	1070	1070	1070
3454	3454	3454	3454
2316	2316	2316	2316
3199	3199	3199	3199
837	837	837	837
4092	4092	4460	4460
1647	1647	1647	1647
4753	4753	4753	4753
2902	2902	2902	2902
3558	3558	3558	3558
3455	3455	3455	3455
4102	4146	4102	4146

B_3(经济)=

Columns 1 through 6

549	549	549	549	549	549
1358	1358	1358	1358	1358	1358
2512	2512	2512	2512	2512	2512
2406	2406	2406	2406	2406	2406
1070	1070	1070	1070	1070	1070
3454	3454	3454	3454	3454	3454
2316	2316	2316	2316	2316	2316
3199	3199	3199	3199	3199	3199
805	805	805	805	805	837
4092	4092	4460	4460	4460	4092
1647	2329	1647	1647	2329	1647
4753	4753	4753	4753	4753	4753
2902	2902	2902	2902	2902	2902
3558	3558	3558	3558	3558	3558
3455	3455	3455	3455	3455	3455
4146	4146	4102	4146	4146	4102

Columns 7 through 12

549	549	549	576	576	576
1358	1358	1358	1358	1358	1358
2512	2512	2512	2512	2512	2512
2406	2406	2406	2406	2406	2406
1070	1070	1070	1070	1070	1070
3454	3454	3454	3454	3454	3454
2316	2316	2316	2316	2316	2316
3199	3199	3199	3199	3199	3199
837	837	837	805	805	805
4092	4460	4460	4092	4460	4460
1647	1647	1647	1647	1647	2329
4753	4753	4753	4753	4753	4753
2902	2902	2902	2902	2902	2902
3558	3558	3558	3558	3558	3558
3455	3455	3455	3455	3455	3455
4146	4102	4146	4146	4146	4146

Columns 13 through 16

576	576	576	576
1358	1358	1358	1358
2512	2512	2512	2512
2406	2406	2406	2406
1070	1070	1070	1070
3454	3454	3454	3454
2316	2316	2316	2316
3199	3199	3199	3199
837	837	837	837
4092	4092	4460	4460
1647	1647	1647	1647
4753	4753	4753	4753
2902	2902	2902	2902
3558	3558	3558	3558
3455	3455	3455	3455
4102	4146	4102	4146

J_1(人口)=

Columns 1 through 7

0.0243	0.0390	0.0238	0.0240	0.0385	0.0243	0.0246

Columns 8 through 14

0.0241	0.0243	0.0185	0.0180	0.0329	0.0181	0.0183

Columns 15 through 16

0.0181	0.0183

J_2(面积)=

Columns 1 through 7

0.1463	0.1638	0.1466	0.1475	0.1687	0.1446	0.1455

Columns 8 through 14

0.1458	0.1466	0.1457	0.1468	0.1681	0.1452	0.1460

Columns 15 through 16

0.1452	0.1460

J_3(经济)=

```
Columns 1 through 7
  0.1901    0.1920    0.1920    0.1908    0.1916    0.1917    0.1905
Columns 8 through 14
  0.1914    0.1901    0.1914    0.1910    0.1919    0.1920    0.1908
Columns 15 through 16
  0.1916    0.1904
```

根据 Matlab 的计算结果,最优组合只有一种,将此作为云南省路网规模的均衡配比方案,如表 6-14 所示。

云南省公路网均衡规模配比方案(km)　　表 6-14

地　区	配比方案	地　区	配比方案
怒江	549	迪庆	805
丽江	1 358	昆明	4 092
昭通	2 512	西双版纳	1 647
临沧	2 406	曲靖	4 753
德宏	1 070	楚雄	2 902
普洱	3 454	红河	3 558
保山	2 316	大理	3 455
文山	3 199	玉溪	4 146

此配比方案下的基尼系数如表 6-15 所示。

云南省公路网均衡规模下的基尼系数　　表 6-15

人口基尼系数	经济基尼系数	面积基尼系数
0.02	0.19	0.15
绝对均衡	绝对均衡	绝对均衡

6.4.3 基于均衡性的云南省公路网等级结构的确定

结合云南省实际情况,确定 W_1、W_2 分别取 0.98、0.02,则 16 个地州市等级结构的目标函数为 $\max\{0.98f_1(L_i)+0.02_2 f_2(L_i)\}$,约束条件如下:

约束条件一,$f_0L_0+f_1L_1+f_2L_2+\cdots+f_5L_5=$该地州市所分配的等效里程;

约束条件二,$L_0+L_1+L_2+\cdots+L_5\geqslant 1.15L'$,$L'$为该地州市现有总里程(非等效里程);

约束条件三,$L_0\geqslant L_0'$,L_0'为该地州市高速公路现有里程;

约束条件四，$L_1 \geqslant 1.2L_1'$，L_1' 为该地州市一级公路现有里程；

约束条件五，$1.2L_2' \leqslant L_2 \leqslant 2L_2'$，$L_2'$ 为该地州市二级公路现有里程；

约束条件六，$0.9L_3' \leqslant L_3 \leqslant 1.5L_3'$，$L_3'$ 为该地州市三级公路现有里程；

约束条件七，$0.5L_4' \leqslant L_4 \leqslant 1.5L_4'$，$L_4'$ 为该地州市四级公路现有里程；

约束条件八，$L_5 \leqslant 1.2L_5'$，L_5' 为该地州市等外公路现有里程。

应用 Lingo 软件分别对 16 个目标函数进行计算，经过程序编写、调试、输出结果。此过程以昆明市为例，如图 6-10 所示。

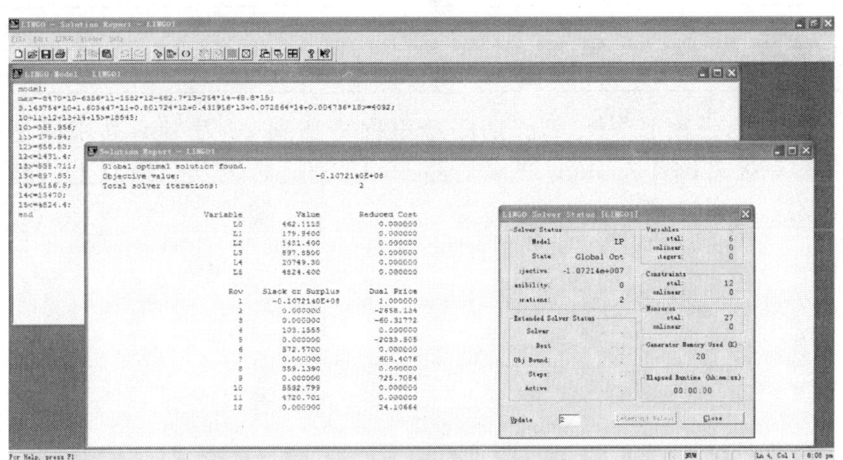

图 6-10　Lingo 软件计算过程

16 个地州市最终的计算结果如表 6-16 所示。

云南省 16 个地州市等级结构配置表　　表 6-16

地区	高速公路	一级公路	二级公路	三级公路	四级公路	等外公路
昆明	462	180	1 431	898	10 749	4 842
曲靖	546	344	610	1 507	15 721	4 631
玉溪	564	117	581	1 510	15 585	544
保山	331	32	772	572	7 499	4 172
昭通	422	0	814	316	6 517	8 827
丽江	180	22	481	746	2 843	2 735
普洱	673	0	306	1 252	9 682	10 057
临沧	398	33	897	322	7 181	791
楚雄	578	0	369	1 061	6 154	11 286
红河	386	64	785	1 927	13 142	5 931

续上表

地区	高速公路	一级公路	二级公路	三级公路	四级公路	等外公路
文山	541	0	220	1 953	8 556	3 957
西双版纳	287	40	493	39	4 250	2 101
大理	474	106	1 084	1 573	7 550	8 523
德宏	32	0	883	322	3 514	3 271
怒江	0	358	66	194	1 430	2 238
迪庆	135	3	341	86	3 491	1 267
云南省	6 010	1 300	10 132	14 277	123 864	75 172

由此得出，云南省"十二五"期间总里程将达到 23 万 km，其中高速公路 6 000km，一级公路 1 300km，二级公路 10 132km，二级及二级以上公路达到 1.7 万km。

第7章　基于均衡性的高原山区公路网布局

前几章主要分析了整个高原山区的公路网规模上的均衡性，确定出公路网规模的均衡配比方案；下面基于此配比方案，从公路网结构均衡性的角度出发，提出区域公路网布局发展。

7.1　公路网布局均衡性发展概述

7.1.1　公路网布局均衡性发展的必要性分析

目前，区域公路网布局发展的差异性是一种普遍存在的现象，并且是自然、经济、社会长期演化的产物，有其存在的客观基础。而和谐发展的重要内容之一是强调公平，而且要求本区域公路网布局的发展在各个区域的机会或条件均衡。这就要求公路网在社会经济发展、资源环境以及人口、城镇体系布局的空间结构中，保持各方面均衡。如果仅强调公路网的交通供给对社会经济系统的满足，任其公路网结构差异化发展，极易造成社会经济发展“贫者愈贫、富者愈富”的不公平局面，不利于引导和促进现状自然地理环境恶劣、社会经济欠发达但开发潜力大的地区的发展，忽视了公路交通资源分配的公平性内涵，有悖于可持续发展的公平性原则以及社会经济的和谐发展观念。因此，公路网布局均衡性发展对于区域的社会经济进步势在必行。下面主要从经济、社会两个方面来分析。

1)公路网布局均衡性与经济发展

区域公路网作为交通基础设施，其均衡发展和完善是保证社会经济活动得以和谐发展的前提条件。任何国家和地区的经济发展，都是以建设安全、高效、完备的运输体系为前提的，通过建设道路或其他相关基础设施，把国民经济的各个发展基点联结成一个体系，进行物质交流，加快商品流通，促进国民经济发展。各个区域之间公路网布局配置资源的均衡性对于社会经济的和谐发展，起着非常重要的作用；公路网布局建设均衡发展对于经济发展产生的拉动作用主要包括三个层次：一是合理均衡的公路网布局可以扩大经济有效需求，促进各区域生产劳动经济的增长；二是公路网合理布局后带来的通行能力的增加以及交通条件的改善，可以带来直接的经济效益；三是在直接效益影响下，可以派生出的间接效益，促进是区域之间公路网均衡发展所带来的资源与要素合理流动以及综合运输体系效益的提高。

(1)直接经济效益的拉动

①公路网建设投资活动直接创造的经济增长。

考虑到区域之间的均衡发展，在欠发达区域对于公路网的投资建设比例加大。在这些区域的公路建设活动因消耗水泥、钢材、沥青等材料而带来的该行业的需求增加，从而促进这些产业的发展，公路建设活动直接拉动了这些行业的发展。同时，公路建设投资除了引起一单位的经济增长外，还会引起因消耗原材料带来的与之相关行业需求的增加，即一次投资的增加会引起生产领域多次需求的增加。公路建设一次投资必然会引起一系列相关产业多次需求的增加，这是公路建设的乘数拉动效应。所以，公路建设投资可以大幅度的促进经济其他部门的大力发展。

②区域之间公路网均衡布局对运输条件改善带来的经济增长。

合理的公路网布局将缓解欠发达区域公路运输紧张状况；改善运输条件，产生新增效益；促进公路运力增加，运力结构改善和站场设施完善；促进公路运输量增长、运输产值增加和运输服务质量的改善；改善运输组织结构，提高综合运输效率，使公路网建设在各个区域共同发展中的得到加强。

(2)间接经济效益的拉动

各个区域之间公路网的合理布局，可以在相同公路网规模的情况下增强区域经济的影响力和辐射力，加快市场流动和交换的步伐，加速市场竞争和选择淘汰过程，促进房地产开发、商贸流通、旅游等新兴产业的发展以及地区产业结构的调整，改变区域投资环境，从而达到调整生产力布局、提高区域范围内的聚集经济效应的目的。

①区域公路网沿线产业带的发展。

产业带是指由交通干线和沿线一定范围内经济区域(主要由交通干线的吸引区域决定)所形成的、具有巨大开发潜力和优良远景的区域经济系统。根据区位经济理论，一个区域只要具备某种有利于经济发展的必要条件，这个区域与其他区域的之间的有效连通就会产生一种引力，有可能把相关企业和生产力要素吸引过来，在利益原则的驱动下，形成产业布局上的相对集中和聚集，从而促进该区域经济的发展。

②增强资源配置的空间合理性，加快区域物流业的发展。

由于区域间公路网结构差异的存在和扩大将引起部分资源和要素在高投入开发的因素下，不能做到合理的开发流动，这必然在一定程度上抑制了公路网布局欠发达地区的发展能力。这无论对发达区域，还是对欠发达区域的资源配置都将是不利的。其主要原因是由于公路交通条件的限制，使得该区域的资源得不到有效地开发导致资源配置的不合理，造成大量的有效资源的闲置。公路网布局的均衡发展可以降低货物的运输成本，同时在一定程度上促进物流业的发展，带来国民经济的有效增长。

(3)促进区域开发

通过区域之间的均衡合理布，可以局提高公路网交通的可达性，从而能够改善区域空间结构的合理性。首先，因区域可达性的提高，运输及商品流通的速度加快，对外联系紧密，区域产业结构由于外界商品的介入和内部产品的外运而得到调整，且区域的产业布局也会随着区域可达性的提高进行合理性的转变。其次，由于公路网均衡性发展带来的公路交通联系的广泛性在一定程度上会增强区域内部和区域之间社会经济的有机联系，加强区域内部及区域之间生产、分配、交换环节的流通，区域产业结构得到调整，居民的就业和收入会在不同程度上得到提高，相应的消费水平会随之提高，促进区域经济的发展。

(4)公路网的均衡发展进一步加快城市化进程

城市化是社会发展的必然结果，也是社会经济发展的客观规律，而交通是城市化发展的重要动力。一方面，公路交通的灵活性改变了人们的生活方式，城市郊区已经出现城市化的现象。另一方面，交通条件的改善加快农村人口涌入城市的步伐，推动了城市化的进程。公路网在各个区域之间的均衡性布局发展对公路的通达性、等级结构提出了更高的要求，从而进一步提高了交通的速度、质量、安全和方便的性能，以满足城市发展空间扩张性以及延展性需求，加快城市化的进程。

2)公路网布局均衡性与社会发展

区域之间公路网结构的差异拉大，会引发一些不容忽视的社会和政治问题。区域公路网布局的不均衡发展所导致的社会经济发展差异的存在和扩大，会加剧宏观社会经济不稳定性，并且在一定程度上使各地区都倾向于增大和保护本区域的利益，在全局经济发展中不愿无偿承担更多的责任，从而削弱了地区之间、地区与全局之间的向心力。而对高原山区这样的一般多民族的边缘区域来说不仅如此，如果地区差距拉的过大，将会动摇社会稳定的基础，引发民族矛盾和社会动乱甚至会危及国防安全。

另一方面，公路交通作为最广泛、最基本的交通运输方式，在高原山区地区交通发展中占有重要地位，加快公路交通发展是高原山区经济发展的必要条件。因此，在加强高原山区公路交通建设的同时，必须注重老、少、边、穷地区以及不通公路甚至不通机动车的地方的公路建设，做到区域公路网布局结构的均衡性发展。这些地方（多为少数民族聚居地区）公路建设的好与坏、有与无直接关系到民族团结、边疆稳定与国防安全。公路建设是经济问题更是政治问题，没有了民族的团结，边疆的稳定，就谈不上国家经济增长与人民生活的改善。

（1）公路网布局均衡性发展与国防建设

①高原山区公路网的布局均衡性发展，可以增强沿边区域基础设施建设，必然会使军事交通条件得到明显改善，部队机动能力将大为提高。

由于高原山区经济发展缓慢，公路交通基础设施建设落后和不足，综合运力偏低，在一定程度上落后于国防建设的需要，在一定程度上影响和制约了军事基础设施的建设和发展。沿边地区公路建设均衡性发展，可以扩大与内部区域之间的运输通道，形成一体化的道路运输体系，不仅有利于扩大国内需求，拉动国民经济增长，而且有利于改善高原山区的军事交通条件，提高部队机动能力。

②高原山区公路基础建设均衡性发展必将增强军政军民团结，为维护边疆稳定提供更加广泛的群众基础，有力地推动国防动员建设。公路设施是通用性较强基础设施，实行军民合用、资源共享，不仅能够产生良好的经济、社会和军事效益，而且有利于拓宽平战结合的路子。公路交通网络在各区域的均衡合理配置可以使人防通信、警报系统得到进一步完善配套，可靠性、抗毁性和抗干扰能力增强，通信、警报传递将更加快速、准确、可靠，人防体系更加完善。

③公路网布局的均衡发展，必将推动边境经济贸易往来的迅猛发展，进一步改善我国周边的安全环境。

着眼利用国外市场和资源，扩大对外技术交流与合作，培育新的经济增长点；积极争取国外长期优惠贷款，吸引更多地外资进入。合理的公路网布局发展可以促进全面发展外向型经济，扩大和规范边境贸易，推进边疆省区参与的区域性合作，适应世界范围经济结构调整、提高我国国际竞争能力的迫切要求。同时，公路网布局发展的均衡性旨在使各个区域的机会或条件均衡，达到区域之间的公平和谐发展，因此，从中所体现的“以人为本”的发展思想在一定程度上能够为抵御民族分裂和外来反动势力的渗透破坏，维护周边安全和社会稳定。

（2）区域公路网布局均衡性发展与民族团结

高原山区一般是我国少数民族人口众多的地区。少数民族地区的突出特征是地域广阔、人口稀少、交通相对闭塞、经济发展水平较为落后。加快民族地区交通建设均衡性发展，将会进一步巩固平等、团结、互助的社会主义民族关系，促进共同繁荣和进步，进而打牢构建社会主义和谐社会的物质基础。长期以来，由于投入不足以及投资的不均衡配置，高原山区少数民族地区公路网布局发展明

显滞后，成为制约经济社会健康、快速发展的“瓶颈”。公路网布局合理均衡性发展对少数民族地区经济发展的重要作用，可以集中反映在以下三个方面：一是促进民族地区资源的开发和利用，使民族地区蕴藏的丰富旅游、水利、矿产等资源优势变为现实的生产力；二是疏通和扩大民族地区的信息、商品交流渠道，使土特物产和农副产品能够更便捷地进入流通领域，为人民群众发家致富创造条件；三是改善民族地区的社会发展和对外开放环境，使之尽快走上“引进来、走出去，以开放促开发”的发展道路。

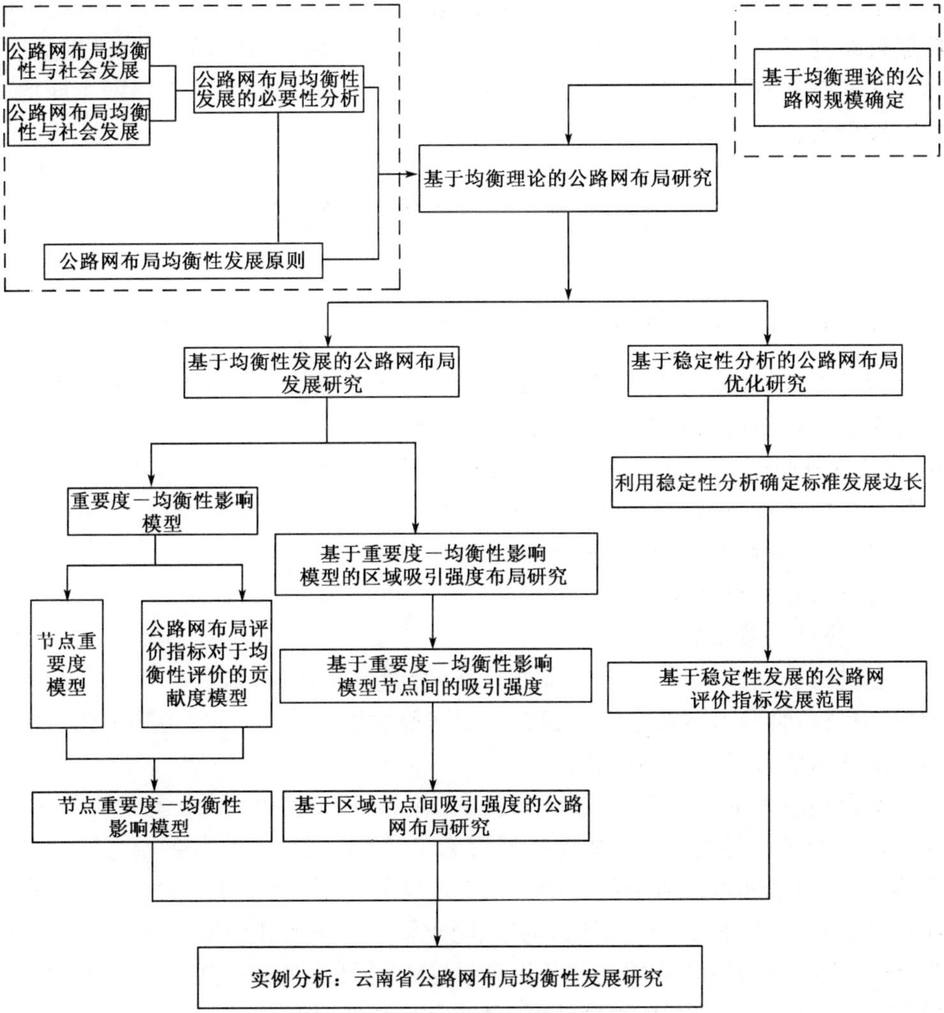

图 7-1 公路网布局均衡性发展基本思路

7.1.2 公路网布局结构均衡性发展总体思路

根据以上公路网布局均衡性发展的必要性分析可知，无论从经济还是社会发展方面，公路网结构的合理布局对其都有着积极的推动作用。通过对公路网布局均衡性发展所充分体现出的公路交通资源公平性内涵，主要根据在既定公路网规模下的公路网布局均衡发展模式，针对不同分区社会经济发展资源配置与其需求相适应的公路网结构，同时考虑到公路网布局结构各项均衡性评价指标对于原有公路网布局方法的修正，得出直接连接节点间的理论里程长度；继而依据公路网三角系统的稳定性发展要求，确定公路网各指标，如公路网连通度、公路网拥挤度、资源中心距离的发展值，最终基于以上理论确定公路网布局均衡性发展模式。具体思路见图 7-1。

7.2 基于重要度的均衡性的公路网布局

7.2.1 重要度—均衡性影响度模型

为了寻求最佳的公路网布局，需要分析各个节点的功能和作用，并根据区域内各节点的经济现状和未来社会经济发展趋势、节点在区域发展中的地位和作用、节点未来交通需求预测的情况以及区域发展政策，确定公路网必须连接的控制节点和各节点所属的不同层次类别。由于不同节点之间的交通强度和功能存在差异，因此对路网布局的形式和要求必然不同。

1)节点重要度模型

(1)公路网节点的选择

在进行节点选择时，一般应根据公路网的特征、地位或层次、作用以及发展的战略目标，结合区域社会经济、政治、国防等发展的需要，选择合理范围的节点作为路网路线布局的控制点。

对范围较大的全国性干线公路网(如国家高速公路网、国道主干线公路网、国家重点干线公路网)，一般遵循以城市为节点，强化和完善省会城市(直辖市、自治区首府)之间以及区域经济中心城市之间的相互连接，建立完善的综合运输体系为主轴，连接重要交通枢纽，为维护国家政治稳定和国防安全提供交通保障，同时适应未来旅游业的发展和更高层次对外开放的需要等原则。因而选择的节点一般为大、中城市(省会城市、直辖市、自治区首府、经济中心城市等)重要的沿海和内河港口、航空港、铁路及公路运输枢纽、其他重要的客货集散地、重要军事战略要地和军事敏感区、重要旅游城市和陆路边贸口岸等。

对范围相对较小的省域干线公路网，可以遵循以省内各中心城市（县）为节点，强化和完善省会城市与各中心城市（县）之间以及各中心城市（县）之间的相互连接、建立完善的综合运输体系、连接重要的客货运输枢纽，并考虑未来旅游业等的需要等原则。因而选择的节点一般为省会城市、省内的重要市、县、铁路及公路运输枢纽、车站、港口、机场、其他重要的客货集散地等。

对省内的区域性公路网（如市域公路网），可遵循以区域内中心城市及各县为节点，强化和完善该中心城市与县之间以及各县相互之间的相互连接、连接重要的客货枢纽及运输集散地，并考虑未来旅游业等的需要等原则。一般选择区域内的市（县）、乡镇、集镇、大型工矿、农牧业基地、车站、港口、机场等作为公路网节点。

对更小范围的局部公路网（如县乡公路网），可遵循以路网范围内的中心县及各主要乡镇、行政村屯为节点，建立和强化该中心县与各主要乡镇之间以及各主要乡镇之间的相互连接等原则。因而一般选择中心县、各乡镇、行政村屯作为路网节点。

除了上述原则以外，各类公路网在选取节点时，还应考虑到区域及节点未来可能的经济发展布局状况。如某节点虽然在近期属于非重要节点，但未来将作为发展某一产业经济的重点，则该点也应在被选择的节点之列。又如除个别省份外，西部地区社会经济较中、东部地区相比普遍不发达，公路交通建设也相对落后，这样，在进行全国性的道路网布局时，对西部地区路网节点的选择标准应考虑到各节点未来的经济发展方向并结合西部开发的战略和规划适当降低。

(2)节点重要度

节点重要度主要根据反映和度量节点社会经济活动的指标通过定量计算得到。对节点社会经济活动的度量指标主要有：人口、工农业总产值、地区生产总值、第三产业产值、社会商品零售总额、主要工农业产品的产量等。这些指标共同构成了节点以及区域的社会经济属性，且部分指标相互之间存在着较明显的相关关系。通过对影响节点重要度的诸多社会经济因素进行分析，逐个筛选，最终确定由人口、工业总产值、地区生产总值三项指标作为确定公路网各节点重要度的综合指标。这三项指标即是目前在计算节点重要度时最广泛使用的指标。经典的节点重要度计算见式(7-1)：

$$Z_i = \left(\alpha_1 \cdot \frac{R_i}{R_a} + \alpha_2 \cdot \frac{G_i}{G_a} + \alpha_3 \cdot \frac{S_i}{S_a}\right) \times 100\% \tag{7-1}$$

式中：Z_i——i 节点的重要度；

R_i——i 节点的人口；

R_a——区域内各节点人口的平均值；

G_i——i 节点工业总产值；

G_a——区域内各节点工业总产值的平均值；

S_i——i 节点的地区生产总值；

S_a——区域内各节点地区生产总值的平均值；

α_1、α_2、α_3——分别为第 i 节点以上三项指标的权重。

2)公路网结构均衡性评价的影响度模型

基于公路网结构均衡性评价方法——赛尔指数均衡性评价，建立各单项指标值对于均衡性评价结果的贡献程度模型。由于赛尔指数的表示方法为越小越均衡，赛尔指数为 0 时表示完全均衡，因此，可采用各区域单项评价指标的均衡性影响度来表示公路网布局结构评价指标对于均衡性评价的影响程度。影响度的值根据各区域发展情况取值有正负之分，其值的大小表示各区域评价指标发展相对于均衡水平的离散程度。具体见式(7-2)～式(7-4)。

$$\mu_k=\frac{1}{n}\sum_{i=1}^{n}y_{ik} \tag{7-2}$$

$$GE_k=\frac{1}{n}\sum_{i=1}^{n}\lg\frac{\mu_k}{y_{ik}} \tag{7-3}$$

$$g_{ik}=\frac{\lg\frac{\mu_k}{y_{ik}}}{n\cdot GE_k} \tag{7-4}$$

式中：n——区域数量；

μ_k——公路网第 k 项评价指标值的平均值；

y_{ik}——第 i 个区域的公路网第 k 项评价指标值，$i=1,2,\cdots,n$；

GE_k——区域公路网结构第 k 项评价指标的赛尔指数；

g_{ik}——第 i 区域内第 k 项评价指标对于公路网均衡性评价的均衡性影响程度。

g_{ik} 的取值为[−1,1]；当 g_{ik} 的值取值范围为[−1,0]时，表示此区域公路网结构评价单项指标发展较好，超出各区域发展的均衡水平，其值越小表示该区域公路网结构评价指标值与整体路网均衡水平相差越大，因此在以后的发展中可以减小此区域该项指标发展的重要程度；当 g_{ik} 的值为 0 时，表示此区域公路网结构评价单项指标完全均衡；当 g_{ik} 的值取值范围为[0,1]时，表明区域公路网接结构评价单项指标发展较差，其值越大表示该区域公路网结构评价指标值与整体路网均衡水平相差越大，因此需要在以后的发展中加大此区域该项指标发展的重要程度。

3)节点重要度—均衡性影响程度模型

上述节点重要度法所采用的指标均为节点的社会经济指标，没有考虑节点的布局均衡性水平，无法更加客观、真实地反映出节点在路网中的地位和均衡性的强弱。为此，下面进一步考虑标志公路网结构的指标，将节点的均衡性影响程度作为确定节点重要度的重要指标，对节点重要度模型进行改进，利用表示各个区域指标发展影响度的正负值对于原始的节点重要度进行修正，从而得到节点重要度—均衡性影响程度的改进模型。其综合重要度计算公式如下：

$$Z_i=\left[h\left(\alpha_1\cdot\frac{R_i}{R_a}+\alpha_2\cdot\frac{G_i}{G_a}+\alpha_3\cdot\frac{S_i}{S_a}\right)+l\left(\sum_{k=1}^{m}\beta_k\cdot g_{ik}\right)\right]\times100\% \tag{7-5}$$

式中：Z_i——i 节点的综合重要度（参见表 7-1）；

R_i——i 节点的人口；

R_a——区域内各节点人口的平均值；

G_i——i 节点工业总产值；

G_a——区域内各节点工业总产值的平均值；

S_i——i 节点的地区生产总值；

S_a——区域内各节点地区生产总值的平均值；

α_1、α_2、α_3——分别为第 i 节点以上三项指标的权重；

g_{ik}——为第 i 区域内第 k 项评价指标对于公路网均衡性评价的均衡性影响程度；

β_k——第 k 项评价指标均衡性影响程度的权重；

m——第 i 区域内公路网布局评价指标的个数；

h、l——节点重要度、均衡性影响程度的权重。

7.2.2　基于重要度—均衡性影响度模型的公路网布局

1)基于重要度—均衡性影响度模型节点间的吸引强度

上文通过每个节点的三个社会经济指标——人口、工业总产值、地区生产总值以及节点布局评价指标的均衡性影响程度，计算出了每个节点的综合重要度（表 7-1）。

综合重要度分析指标及其权重 表 7-1

目标层 I_1	指标层 I_2	次指标层 I_3
综合重要度 Z_i	节点重要度 h	人口(R) α_1
		工业总产值(G) α_2
		地区生产总值(S) α_3
	均衡性影响程度 l	公路网布局评价指标的均衡性影响程度(g) β_k

下面将以重要度—均衡性影响程度模型的计算结果——综合重要度为基础，得出节点间的吸引度，并以此为依据确定区域内部公路网合理布局模式。区域间公路网布局结构首先需要将各个区域看作其位于政治经济中心所在的节点，见图 7-2；其次，将每个节点的综合重要度看作是一个节点的质量，区域内每两个节点之间具有吸引力，这种吸引力随着距离的增大而减小；由于每个节点的质量由不同的要素组成，质量的大小同样决定两者的吸引度。节点与节点之间的吸引度可以通过万有引力定律得到，而两个节点之间的吸引度的强弱可直接决定其间所需的交通供给强度。

两节点间的吸引度计算公式如下：

$$A_{ij}=\frac{Z_iZ_j}{R^2} \tag{7-6}$$

式中：A_{ij}——节点 i 与 j 之间的吸引度；

R——节点 i 与 j 之间的距离，km；

Z_i、Z_j——节点 i、j 的综合重要度。

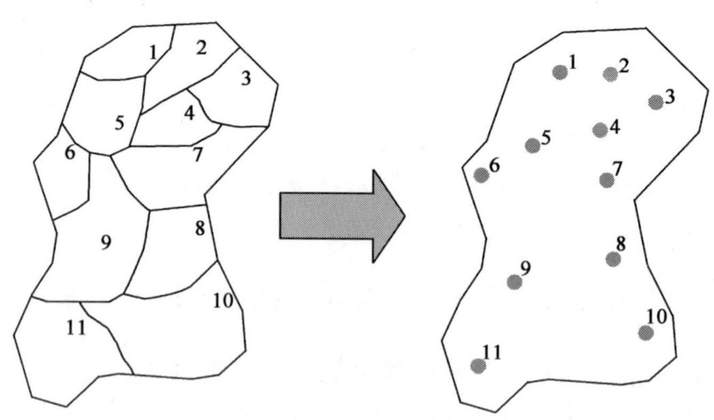

图 7-2 区域节点位置图

2)基于区域节点间吸引强度的公路网布局发展

公路网是在一定区域内相互联络、交织成网状分布的公路系统,它由不同道路功能和不同技术等级的公路组成,以适应该区域内城市和乡村之间,居民区、工业区、农业区和商业区之间,以及公路和其他运输方式(铁路、水运、航空、管道)之间,该区域与其他区域之间,其他区域经过本区域的过境交通等公路交通运输的需要。因此,公路网的功能主要分为区域内部之间的交流连通以及与其他区域之间的对外交流连通两个大方面。本书主要确定区域内部之间的公路网布局。

基于区域节点间吸引强度布局发展,主要是根据区域内部各节点之间的吸引度大小确定公路网直接连接节点间所需要的交通强度,对区域内部交流的公路网进行合理布局。其主要思路为:首先从直接连通节点间的布局着手进行,计算出直接连通节点间的吸引度,而非直接连通节点间的连通则由一串直接连通节点得出;在此基础上,利用 Matlab 软件将非直接连通节点间的吸引度赋予通过直接连通节点的合理路径(无需绕行即可到达目的地的路径),得到直接连通节点的综合吸引度,并根据综合吸引度大小、节点间的直线距离长度确定,直接连接节点的所分配比例,继而得到两点间的公路长度,由此构建整个公路网络。具体操作步骤如下:

(1)确定直接连通的节点

区域节点中任意两者之间的公路网中间不经过第三个节点,只要满足该原则的节点就称为直接连通的节点。如图 7-3 所示,区域中对应节点 1 的直接连通的节点为节点 2 和 5,对应节点 5 的直接联通的节点为节点 1、2、4、6、7 和 9。

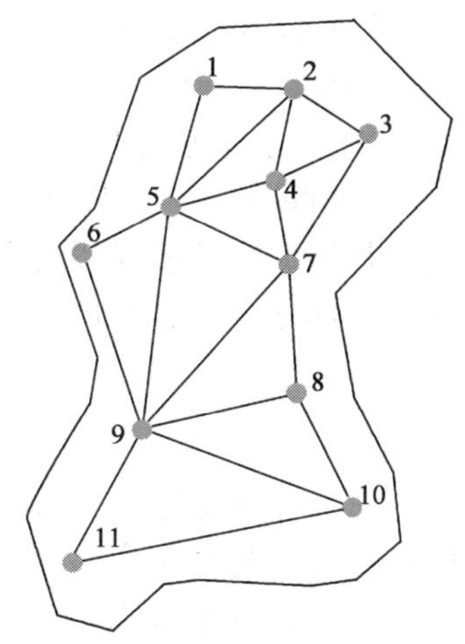

图 7-3　区域直接连通节点公路网连通图

(2)计算各个节点之间吸引度

将每个节点的综合重要度看作是一个节点的质量,利用公式(7-6)计算各个节点之间的吸引度。

(3)将非直接连通节点间的吸引度分配给直接连通的节点

由于公路网布局需要从直接连通节点间的布局着手进行,而非直接连通节点间的连通则由一串直接连通节点得出;在此应用 MATLAB 软件将非直接连通节点间的吸引度赋予通过直接连通节点的合理路径(无需绕行即可到达目的地的路径)，得到直接连通节点的综合吸引度，见公式(7-7)，并以其吸引度的强弱为基础确定连通线的粗细，如图 7-4 所示。

$$B_{ij} = A_{ij} + A'_{kl} \tag{7-7}$$

式中：B_{ij}——直接连通节点 i 与 j 之间的综合吸引度；

A_{ij}——直接连通节点 i 与 j 之间的吸引度；

A'_{kl}——通过合理路径连通需要经过节点 i、j 的非直接连通节点 k 与 l 之间的吸引度。

例如图 7-2 所示节点 1 与 9 属于非直接连通的节点，两者之间的连通需要经过由直接连通节点组合而成的合理路径实现，如路径 1—5—9、1—2—4—7—9；因此需要将节点 1 与 9 的吸引度分别附加于组成以上合理路径的直接连通节点之间的吸引度之上，方可得到直接连通节点间的综合吸引度，如图 7-4 所示。

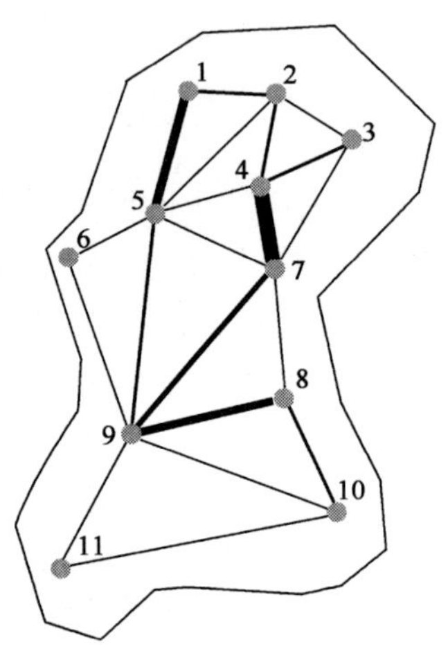

图 7-4　直接连通节点间的综合吸引度强弱示意图

(4)计算直接连通节点 i 与 j 之间考虑距离条件下的综合吸引度比例

由于直接连通节点之间公路网的布局规模还受到节点之间本身直线距离长短的约束，因此，需要将其与综合吸引度共同作为影响布局规模的因素，方可计算考虑距离条件下的综合吸引度比例，见式(7-8)：

$$f_{ij} = \frac{B_{ij} \cdot R_{ij}}{\sum_{j=1}^{m}\sum_{i=1}^{n} B_{ij} \cdot R_{ij}} \tag{7-8}$$

式中：f_{ij}——直接连通节点 i 与 j 之间考虑距离条件下的综合吸引度比例；

B_{ij}——直接连通节点 i 与 j 之间的综合吸引度；

R_{ij}——直接连通节点 i 与 j 之间的直线距离，km；

m、n——节点的数量。

(5)确定直接连通的两节点间公路网理论长度

以公路网总体规模为基础，根据区域公路网对内交流的比例得出区域内各直接连通节点内部交流的长度，由此得出的比例关系求出区域内分配到直接连通的节点间的公路网长度，见式(7-9)和式(7-10)：

$$L_{\mathrm{N}} = L \cdot \varphi \tag{7-9}$$

$$L_{ij} = f_{ij} \cdot L_{\mathrm{N}} \tag{7-10}$$

式中：L——总公路网规模长度，km；

L_N——区域内用于内部交流连通的公路网规模长度，km；此指标主要根据现状公路网的主要功能统计得出；

φ——区域公路网内部连通交流的比例；

L_{ij}——直接连通节点 i 与 j 之间的内部连通的公路网规模长度，km；

f_{ij}——直接连通节点 i 与 j 之间考虑距离条件下的综合吸引度比例。

7.2.3　基于快速聚类分析法的节点间公路网等级结构配比

基于区域节点间吸引强度布局发展模式，主要是根据区域内部各节点之间的吸引度大小，确定公路网直接连接节点间所需要的交通强度，并以此为基础将公路网规模分配到直接连通的节点之间。因此，利用吸引度方法求出的节点之间公路网规模是等效里程长度，并没有涉及等级结构的配比。而不同节点之间的重要度和功能存在差异，对公路网路线的等级结构要求必然不同。公路网布局应考虑重要节点、较重要节点和一般节点之间互相连接的交通通道的等级结构配比，以体现和区分不同层次节点的功能强弱，使得层次清楚、重点突出，并有利于公路网的分期、分重点建设和分级管理。本节的主要内容是利用快速聚类分析法，根据综合重要度指标，将入选节点划分为三个层次——重要节点层次、较重要节点层次和一般节点层次，并基于经验分析给出不同层次节点间的公路网等级结构配比方案。

1)聚类分析思想

聚类分析又称群分析，它是研究(样品或指标)分类问题的一种多元统计方法，所谓类，通俗地说，就是指相似元素的集合。聚类分析起源于分类学，在考古的分类学中，人们主要依靠经验和专业知识来实现分类。随着生产技术和科学的发展，人类的认识不断加深，分类越来越细，要求也越来越高，有时光凭经验和专业知识是不能进行确切分类的，往往需要定性和定量分析结合起来去分类，于是数学工具逐渐被引进分类学中，形成了数值分类学。后来随着多元分析的引进，聚类分析又逐渐从数值分类学中分离出来而形成一个相对独立的分支。

聚类分析通过建立一种分类标准并根据彼此不同的特性加以“聚类”，使同一类的事物具有高度的相似性。简而言之，就是把事物按其相似程度进行分类，并寻找不同类别事物的特征。聚类分析主要解决的问题就是如何在没有先验知识的前提下，实现满足这种要求的聚簇的聚合。

在社会经济领域中存在着大量分类问题，比如对我国31个省(市、自治区)独立核算工业企业经济效益进行分析，一般不是逐个省(市、自治区)去分析，较好地做法是选取能反映企业经济效益的代表性指标，如百元固定资产实现利税、资金利税率、产值利税率、百元销售收入实现利润、全员劳动生产率等，根据这些指标对个省（市、自治区）进行分类，然后根据分类结果对企业经济效益进行综合评价，就易于得出科学的分析。

为了将样品（或指标）进行分类，就需要研究样品之间的关系。目前用得最多的方法有两种：一种是用相似系数，性质越接近的样品，它们的相似系数的绝对值越接近，而彼此无关的样品，它们的相似系数的绝对值越接近于零。比较相似的样品归为一类，不怎么相似的样品归为不同的类。另一种是将一个样品看作 P 维空间的一个点，并在空间定义距离，距离越近的点归为为一类，距离较远的点归为不同的类。样品之间的聚类即 Q 型聚类分析，常用距离来测度样品之间的亲疏程度。

设有 n 个样品$\{X_1,X_2,\cdots,X_n\}$，每个样品测得 p 项指标（变量），用矩阵表示为：

$$\boldsymbol{X}=\{X_1,X_2,\cdots,X_n\}=\begin{bmatrix} x_{11} & x_{12} & \cdots & x_{1p} \\ x_{21} & x_{22} & \cdots & x_{2p} \\ \vdots & \vdots & & \vdots \\ x_{n1} & x_{n2} & \cdots & x_{np} \end{bmatrix} \tag{7-11}$$

其中 $x_{ij}(i=1,2,\cdots,n;j=1,2,\cdots,p)$ 为第 i 个样品的第 j 个指标的观测数据。令 d_{ij} 表示样品 X_i 与 X_j 的距离，常用的距离为明氏(Minkowski)距离：

$$d_{ij}(q)=\left(\sum_{a=1}^{p}|x_{ia}-x_{ja}|^q\right)^{1/q} \tag{7-12}$$

当 $q=1$ 时

$$d_{ij}(1)=\sum_{a=1}^{p}|x_{ia}-x_{ja}| \quad \text{（绝对距离）} \tag{7-13}$$

当 $q=2$ 时

$$d_{ij}(2)=\left(\sum_{a=1}^{p}|x_{ia}-x_{ja}|^2\right)^{1/2} \quad \text{（欧氏距离）} \tag{7-14}$$

当 $q=\infty$ 时

$$d_{ij}(\infty)=\max_{1\leqslant a\leqslant p}|x_{ia}-x_{ja}| \quad \text{（切比雪夫距离）} \tag{7-15}$$

其中，欧氏距离是人们较为熟悉也是使用最多的距离。

聚类分析内容非常丰富，有系统聚类法、有序样品聚类法、动态聚类法、模糊聚类法、图论聚类法、聚类预报法等。当样本量较大时，快速聚类分析法就显得方便、适用。快速聚类分析使得每一类内的元素都是聚合的，并且类与类之间还能很好地区别开来。基于快速聚类法的适用范围和优点，下面采用快速聚类法进行分析，其聚类过程可用图7-5表示。

2)快速聚类分析的实现

利用SPSS软件进行快速聚类分析。SPSS软件快速聚类分析计算过程如下：

(1)首先需要用户指定聚成多少类(比如k类)。

(2)然后利用SPSS软件确定k个类的初始类中心。SPSS软件会根据样本数据的实际情况，选择k个有代表性的样本数据作为初始类中心。

(3)计算所有样本数据点到k个类中心的欧氏距离。SPSS软件按照距k个类中心点聚类最短原则，把所有样本分派到各中心点所在的类中，形成一个新的k类，完成一次迭代过程。其中欧氏距离(Euclidean Distance)的计算公式如下：

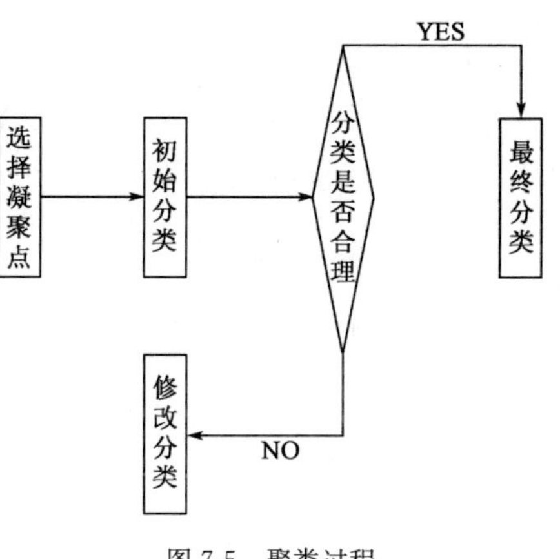

图7-5 聚类过程

$$\text{EUCLID}=\sqrt{\sum_{i=1}^{n}(x_i-y_i)^2} \tag{7-16}$$

式中：n——每个样本有n个变量；

x_i——第一个样本在第i个变量上的取值；

y_i——第二个样本在第i个变量上的取值。

(4)SPSS软件重新确定k个类的中心点。SPSS软件计算每个类中各个变量的变量均值，并以均值点作为新的类中心点。

(5)重复上面的两步计算过程，直到达到指定的迭代次数或终止迭代的判断要求为止。判断是否结束迭代过程有以下两个标准，满足其中之一即可结束快速聚类分析过程：

①迭代次数等于指定的迭代次数。

②迭代收敛标准。本次迭代产生的新的类的中心点距上次迭代后确定的类的凝聚点的最大距离小于0.02。

3)不同层次节点间的公路网等级结构配比

根据上述计算方案，将入选节点划分为三个层次：重要节点层次、较重要节点层次和一般节点层次，并基于经验分析给出不同层次节点间的公路网等级结构配比方案。在此基础上，考虑到入选节点间公路网现状水平以及作为交通通道的功能要求，主要确定高等级公路等级结构配比方案，即公路网规模中高速公路、一级公路与二级公路的比例。从理论上来说，不同层次节点间相互连通共有六种组合，如表 7-2 所示。

不同层次节点间相互连通组合的公路网等级结构配比方案 表 7-2

不同层次节点间连通组合	等级结构配比方案
1 ←连通→ 1	高速公路：一级公路：二级公路
1 ←连通→ 2	
1 ←连通→ 3	
2 ←连通→ 2	
2 ←连通→ 3	
3 ←连通→ 3	

注：1 代表重要节点层次；2 代表较重要节点层次；3 代表一般节点层次。

7.3 基于稳定性分析的公路网布局

上一节基于重要度—均衡性影响程度模型的公路网布局发展，以整个区域公路网作为一个独立的分析个体，置身于区域社会经济大系统之中，并从这个大系统中确定直接连通节点之间公路网布局结构均衡性发展模式；基于以上分析，本节主要按照“三角理论”在公路网布局发展稳定性分析中的应用，以区域节点内部的公路网结构指标作为分析对象。

7.3.1 基于稳定性分析的标准边长值确定

稳定性评价已计算出了由公路网布局结构大类指标——技术性能、交通运行、社会效益组成的三角系统的三边边长，如表 7-3 所示。下面以三角系统中的最长边长值为基础，根据表 7-3 中公路网布局评价指标类别划分，寻找此边长所代表的公路网结构评价体系大类指标下评价为“一般”以下的小类指标；按照公路网均衡性发展的要求，将其发展为指标评价为“优、良”评语等级的均衡状态水平，最终按照三角系统边长的确定步骤得到标准边长值。具体步骤如下：

公路网布局评价指标大类、中类、小类划分表　　表 7-3

大类指标	路网技术指标					交通运行		社会效益指标										
中类指标	结构性指标		网络质量指标					国防			社会公平		少数民族			国际交流	
小类指标	公路网连通度	公路网中位点吻合性	以昆明为中心的路网可达性	路网平均可达性系数	路网非直线系数	行政中心节点间路网平均车速	路网拥挤度	沿边国防公路网等级水平	沿边州(市)单位面积拥有公路网里程	沿边州(市)距骨干线的最短距离	资源中心距骨干线的最短距离	贫困人口中心距骨干线的最短距离	少数民族聚集区人均拥有公路网里程	少数民族聚集区公路网等级水平	少数民族聚集区距骨干线的最短距离	对外交流主要州(市)单位面积拥有公路网里程	对外交流公路网等级水平

（1）寻找公路网稳定性评价的三角系统的最长边长。在此需要指出的是，此边长为无量纲后的计算结果，并不是实际的指标值。

（2）以最长边长为基础，根据公路网结构单项指标评价评语等级，寻找此边长所代表的公路网发展方面评语等级为“一般”以下的单项指标，并计算该项指标所对应的其他区域评语等级为“优、良”的指标实际值的均衡发展值作为该项指标的发展标准值，计算公式如下：

$$\eta=\frac{1}{m}\sum_{i=1}^{m}X_i \tag{7-17}$$

式中：η——该单项指标需要发展到的标准值；

X_i——评语等级为“优、良”的指标实际值；

m——该单项指标评价等级为“优、良”区域的个数。

（3）按照公路网均衡性发展的要求，将最长边中评语等级为“一般”及以下单项指标发展到标准值 η。

（4）根据三角系统边长的确定步骤得到标准边长值，边长计算如下：

$$C_i=\sum_{j=1}^{m}\sum_{k=1}^{n}\alpha_{ijk}\cdot r_{ijk} \tag{7-18}$$

式中：C_i——公路网三角系统最长边的标准边长值；

r_{ijk}——当公路网结构单项评价评语为“优、良”时，r_{ijk} 为现状指标值的无量纲化结果；当公路网结构单项评价评语为“一般”及以下时；r_{ijk} 为该项指标发展到标准值 η 后的无量纲化结果；

α_{ijk}——指标权重；

m——大类指标中所含中类指标的个数；

n——中类指标中所含小类指标的个数。

7.3.2 基于稳定性发展的公路网布局评价指标发展范围

公路网布局结构指标发展时，需要满足公路网三角系统三边稳定发展的要求，而当三角系统成为等边三角形时，其稳定性最强。因此，本节利用上一节中求出的公路网三角系统最长边的标准边长值，确定区域公路网三角系统的较弱两边发展范围。

1）求出三角系统较弱两边的发展边长度

$$\Delta C = C_i - C_k \tag{7-19}$$

式中：ΔC——三角系统较弱边需要发展的边长值；

C_i——公路网三角系统的标准边长值；

C_k——公路网三角系统较弱边边长值。

2）确定较弱边各项评价指标的发展权重

公路网布局发展在考虑三角系统稳定性的基础上，仍需要考虑各项布局指标的均衡性发展，因此，各项评价指标的综合发展权重需要采用公路网三角系统评价指标权重与指标均衡性影响程度联合的方法进行确定，见公式(7-20)：

$$q_{ik}=\frac{\delta\cdot\omega_{ik}+\varphi\cdot g_{ik}}{\sum_{k=1}^{n}(\delta\cdot\omega_{ik}+\varphi\cdot g_{ik})} \tag{7-20}$$

式中：q_{ik}——第 i 区域公路网三角系统较弱边第 k 项评价指标的综合发展权重；

ω_{ik}——为第 i 区域公路网三角系统较弱边第 k 项评价指标权重；

g_{ik}——为第 i 区域内公路网三角系统较弱边第 k 项评价指标对于公路网均衡性评价的均衡性影响程度；

n——三角系统较弱边所包含的小类评价指标的数量；

δ——评价指标权重相对于综合发展权重的重要程度；

φ——评价指标的均衡性影响程度相对于综合发展权重的重要程度。

由上可知，发展权重考虑了各个区域公路网布局评价指标的影响度，并根据上一节影响度的取值范围进一步修正权重，若最终综合发展权重的取值为负，则说明区域该项指标的发展较其他指标超前，因此，可以将其权重修正为 0，即暂时不考虑对其继续发展。

3）求出公路网布局评价指标发展范围

根据上述 1）、2）求出的公路网三角系统较弱两边的发展边长度，以及各个评价指标的发展权重，求出公路网布局评价指标的发展范围。在此需要强调一点，利用三角边长求出的发展范围是无量纲归一化后的结果，因此，需要利用反推无量纲化公式（7-21）求出指标的实际值范围：

$$C_{ik}=q_{ik}\cdot \Delta C \tag{7-21}$$

式中：ΔC——三角系统较弱边需要发展的边长；

C_{ik}——第 i 区域公路网三角系统较弱边第 k 项评价指标无量纲化发展范围；

q_{ik}——第 i 区域公路网三角系统较弱边第 k 项评价指标的综合发展权重。

4）根据评价指标发展范围给出公路网布局发展对策

根据上述 3）可以确定出公路网布局结构指标满足稳定性发展所需要的实际范围；针对不同区域的指标发展需求，可以总结得出适用于该区域的公路网布局稳定性发展对策，如表 7-4 所示。

公路网布局发展对策　　　　表 7-4

布局评价指标	计算公式	发展对策
公路网连通度	$C=\frac{L/\delta}{\sqrt{A\cdot N}}$	优化路网规模，增加公路网里程，提高路网层次和等级结构，合理合并应连通的节点数
公路网中位点吻合性	—	均衡和协调路网分布
路网可达性系数	$\alpha_i=\frac{1}{m}\sum_{i=1}^{m}L_i/\sum_{k=1}^{4}d_{ik}$	提升路网覆盖范围，增加公路网里程，提高路网层次和等级结构，协调路网分布
路网非直线系数	$R_{ij}=\frac{\text{两点间最短路线距离}}{\text{两点间的空间距离}}$	提升路网效率和效益，增强路网功能和服务水平
路网平均车速	$v=\sum_i v_iL_iq_i/\sum_i L_iq_i$	增加公路网里程，提高路网层次和等级结构，提升路网效率和效益，增强路网功能和服务水平
公路网拥挤度	$S=\frac{Q}{C}=\frac{\sum_i(q_iL_i)}{\sum_i(C_iL_i)}$	

续上表

<table>
<tr><th>布局评价指标</th><th>计算公式</th><th>发展对策</th></tr>
<tr><td>公路网等级水平</td><td>$G=\sum L_iG_i/\sum L_i$</td><td>优化路网规模，增加高等级公路网里程，提高路网层次和等级结构</td></tr>
<tr><td>单位面积拥有公路网里程</td><td>$\mathrm{DA}=\frac{L}{A}$</td><td rowspan="2">优化路网规模，增加公路网里程，提高路网层次和等级结构，提升路网覆盖范围</td></tr>
<tr><td>人均拥有公路网里程</td><td>$\mathrm{DP}=\frac{L}{P}$</td></tr>
<tr><td>资源中心距骨干线的最短距离</td><td>—</td><td rowspan="2">提升路网覆盖范围，增加公路网里程，提高路网层次和等级结构，协调路网分布</td></tr>
<tr><td>贫困人口中心距骨干线的最短距离</td><td>—</td></tr>
</table>

7.4 基于均衡性的云南省公路网布局

随着云南省地区公路网络的规划实施，四通八达的公路网像一条巨型的“条型磁铁”，将人才、技术、资金紧紧吸附在它的周围，形成一条条密集的产业带，使得沿线产业得以迅猛发展，吸引更多的外资和技术力量，发展和繁荣云南地区；加速了云南省与全国各地科技、经贸、文化、旅游等方面的联系，加强了与相邻国家的经济贸易往来。云南省的公路网的布局结构，对于开发旅游资源、加强各民族之间的贸易往来，促进各民族大团结，吸引更多的国内外游客观光旅游，促进旅游事业和经济、文化、科贸事业的发展以及加强国防建设，有着极其重要的作用。以此使沿线土地、土特产增值，促进其他产业发展，增大就业面，全面提高云南人民的生活水平和文化素质。因此，云南省公路网布局结构均衡性发展对其地区社会、经济、人文景观、旅游的发展起着积极的促进作用。

7.4.1 基于重要度—均衡性影响度模型的公路网布局

1）公路网布局结构均衡性评价的影响度分析

利用7.2节中提出的均衡性影响程度模型公式，计算出云南省16个州（市）公路网布局评价指标的均衡性影响程度，如表7-5所示。

2）节点重要度—均衡性重要度测算

将云南省16个州（市）看作其整体路网的16个节点，分别求取各节点的综合重要度。

云南省公路网布局评价指标均衡性影响程度结果

表 7-5a)

地　区	结构性指标		网络质量指标				
	公路网连通度	公路网中位点吻合性	以昆明为中心的路网可达性	路网平均可达性系数	路网非直线系数	行政中心节点间路网平均车速(km/h)	路网拥挤度
昆明	−0.210 5	−1.605 1	−0.831 1	0.091 8	−0.867 5	1.1903	−0.2985
曲靖	−0.173 4	−1.010 7	−0.535 5	−0.134 9	−0.741 0	−0.206 1	−0.106 9
玉溪	−0.692 7	−2.369 0	−0.729 1	0.007 7	−0.679 0	0.930 4	−0.496 2
保山	0.107 6	−1.306 1	0.033 5	−0.160 4	−0.023 1	0.845 2	−0.147 1
昭通	0.145 6	1.755 9	0.212 2	0.314 9	0.158 5	−1.771 2	−0.048 8
丽江	0.328 8	0.483 5	0.120 2	0.280 0	0.055 6	−0.120 5	0.006 8
普洱	−0.401 4	−0.145 6	0.014 9	−0.052 5	−0.498 3	−1.187 5	0.369 1
临沧	0.247 3	2.723 4	0.193 7	0.310 6	0.840 1	−0.067 9	0.674 5
楚雄	0.505 0	1.431 0	−0.640 5	−0.174 2	−0.023 1	0.669 6	−0.231 5
红河	−0.182 8	−1.755 9	−0.265 7	−0.099 7	−0.741 0	0.486 9	−0.899 1
文山	0.107 6	2.021 1	0.045 8	−0.065 5	−0.587 7	−0.172 8	0.208 3
西双版纳	−0.099 9	−0.791 5	0.189 1	0.039 7	−0.498 3	0.957 3	0.696 1
大理	−0.144 6	−2.524 7	−0.161 5	−0.090 3	−0.772 3	0.577 7	−0.496 2
德宏	0.198 6	1.826 0	0.354 3	0.016 9	1.486 8	0.729 8	−0.188 6
怒江	0.673 9	1.629 3	0.472 3	0.329 7	0.796 3	0.177 0	−0.048 8
迪庆	0.591 0	2.150 3	0.557 2	0.386 3	1.093 9	−2.038 2	0.006 8

表 7-5b）

地区	国防			社会公平		少数民族			国际交流	
	沿边国防公路网等级水平	沿边州市单位面积拥有公路网里程（km/km²）	沿边州市距骨干线的最短距离(km)	资源中心距骨干线的最短距离(km)	贫困人口中心距骨干线的最短距离(km)	少数民族聚集区人均拥有公路网里程（km/万人）	少数民族聚集区公路网等级水平	少数民族聚集区距骨干线的最短距离(km)	对外交流主要州市单位面积拥有公路网里程(km/km²)	对外交流公路网等级水平
昆明	—	—	—	−0.0285	0.4065	0.0946	−3.3880	0.9845	—	−0.8059
曲靖	—	—	—	0.1004	0.1997	—	—	—	—	−0.8279
玉溪	—	—	—	−0.0795	0.0899	−0.8619	−7.9485	−0.1627	—	−0.1444
保山	−1.8374	−0.3004	−0.2948	0.0142	−0.2709	—	—	—	−0.0907	−0.0442
昭通	—	—	—	0.0513	0.3921	—	—	—	—	0.2232
丽江	—	—	—	0.1603	−0.0936	0.2792	0.4581	−0.2670	—	−0.0044
普洱	1.7986	0.2133	−0.0296	0.0878	−0.0471	0.1152	3.9168	−0.2096	0.2505	0.2655
临沧	0.1514	0.0625	−0.6699	−0.5837	−0.2941	0.2376	4.4397	−0.4201	0.0702	0.1660
楚雄	—	—	—	−0.1224	−0.0527	0.1673	5.7367	−0.0463	—	−0.1170
红河	0.1514	−0.4679	0.9542	−0.1291	−0.0966	0.2175	−3.6677	0.3410	−0.6931	−0.1537
文山	1.0064	−0.1583	−0.5515	−0.2051	−0.2278	0.2828	−4.5111	−0.2670	−0.1729	−0.0607
西双版纳	−0.2510	0.1869	−0.6298	0.1038	−0.2709	0.0029	−2.2758	−0.2096	0.4045	0.4375
大理	—	—	—	−0.3010	−0.0309	0.2687	0.7279	−0.1324	—	−0.1081
德宏	−2.0732	−0.2699	1.3616	−0.1131	−0.3186	0.2275	0.7279	0.1143	−0.1408	−0.1260
怒江	−0.4015	0.9040	−0.8800	−0.4112	−0.1187	0.4520	6.5078	−0.6435	1.3723	−0.0083
迪庆	—	0.8298	−0.2601	0.4558	−0.2664	−0.4835	−1.7238	−0.0814	—	0.3083

(1)综合重要度分析指标及其权重(表 7-6)

根据上述公路网结构均衡性评价指标体系的分析,利用专家打分法,求出公路网布局评价指标的均衡性影响程度的权重系数 β_k,如表 7-7 所示。

综合重要度分析指标及其权重　　表 7-6

目标层 I1	指标层 I2	次指标层 I3
综合重要度 Z_i	节点重要度 h 0.6	人口(R) α_1　0.63
		工业总产值(G) α_2　0.11
		地区生产总值(S) α_3　0.26
	均衡性影响程度 l—0.4	公路网布局评价指标的均衡性影响程度(g) β_k

公路网布局评价指标的均衡性影响程度的权重系数 β_k　　表 7-7

路网技术指标					交通运行		社会效益指标									
0.35					0.3		0.35									
结构性指标		网络质量指标					国防			社会公平		少数民族			国际交流	
0.45		0.55					0.15			0.35		0.35			0.15	
公路网连通度	公路网中位点吻合性	以昆明为中心的路网可达性	路网平均可达性系数	路网非直线系数	行政中心节点间路网平均车速	路网拥挤度	沿边国防公路网等级水平	沿边州(市)单位面积拥有公路网里程	沿边州(市)距骨干线的最短距离	资源中心距骨干线的最短距离	贫困人口中心距骨干线的最短距离	少数民族聚集区人均拥有公路网里程	少数民族聚集区公路网等级水平	少数民族聚集区距骨干线的最短距离	对外交流主要州(市)单位面积拥有公路网里程	对外交流公路网等级水平
0.65	0.35	0.35	0.45	0.2	0.45	0.55	0.3	0.35	0.35	0.55	0.45	0.35	0.3	0.35	0.55	0.45

(2)云南省 16 个州(市)节点重要度指标计算

云南省 16 个州(市)中公式所列三项指标数据如表 7-8 所示。将表中的数据代入公式(7-5),得到表 7-9 为云南省 16 个州(市)的各项指标与其各区域平均值的比值关系。

云南省节点各项指标数据(2008年)　　表7-8

区　域	人口(万人)	工业总产值(万元)	地区生产总值(万元)
昆明	623.9	17 731 553	16 053 993
曲靖	578.2	7 871 163	7 875 678
玉溪	227.6	7 146 113	5 960 973
保山	246.4	855 169	1 940 496
昭通	529.5	1 534 628	2 722 801
丽江	122.1	453 199	1 011 490
普洱	258.1	748 162	1 798 569
临沧	238.2	646 777	1 568 740
楚雄	269.0	2 618 528	3 060 166
红河	441.2	5 980 035	5 146 961
文山	343.0	1 548 154	2 445 148
西双版纳	107.0	402 642	1 227 785
大理	349.3	2 721 252	3 716 977
德宏	118.5	514 193	996 655
怒江	53.3	453 159	436 661
迪庆	37.7	191 525	556 760
区域平均值	283.9	3 213 516	3 532 491

云南省16个州(市)的各项指标与其各区域平均值的比值　　表7-9

区　域	人　口	工业总产值	地区生产总值
昆明	2.197 6	5.517 8	4.544 7
曲靖	2.036 6	2.449 4	2.229 5
玉溪	0.801 7	2.223 8	1.687 5
保山	0.867 9	0.266 1	0.549 3
昭通	1.865 1	0.477 6	0.770 8
丽江	0.430 1	0.141 0	0.286 3
普洱	0.909 1	0.232 8	0.509 2
临沧	0.839 0	0.201 3	0.444 1
楚雄	0.947 5	0.814 8	0.866 3
红河	1.554 1	1.860 9	1.457 0
文山	1.208 2	0.481 8	0.692 2

续上表

区　域	人　口	工业总产值	地区生产总值
西双版纳	0.376 9	0.125 3	0.347 6
大理	1.230 4	0.846 8	1.052 2
德宏	0.417 4	0.160 0	0.282 1
怒江	0.187 7	0.141 0	0.123 6
迪庆	0.132 8	0.059 6	0.157 6

(3)云南省16个州(市)节点综合重要度计算结果

利用上述(1)、(2)的计算结果以及综合重要度的计算公式,得出云南省16个州(市)的综合重要度,如表7-10所示。

云南省16个州(市)的综合重要度　　表7-10

区　域	节点重要度	均衡性影响程度	综合重要度
昆明	3.167 8	−0.156 8	2.502 9
曲靖	2.131 3	−0.197 0	1.665 7
玉溪	1.185 9	−0.572 2	0.834 3
保山	0.720 1	−0.041 2	0.567 8
昭通	1.429 9	−0.057 4	1.132 4
丽江	0.361 5	0.102 6	0.309 7
普洱	0.732 0	0.017 2	0.589 0
临沧	0.667 3	0.446 8	0.623 2
楚雄	0.912 0	0.325 7	0.794 8
红河	1.561 5	−0.390 4	1.171 1
文山	0.995 3	−0.086 9	0.778 8
西双版纳	0.342 3	0.096 7	0.293 2
大理	1.142 7	−0.198 2	0.874 5
德宏	0.354 4	0.267 6	0.337 0
怒江	0.165 9	0.495 9	0.231 9
迪庆	0.131 5	−0.035 7	0.098 0

表7-10的最后一列,即为所得出的16个州(市)的综合重要度,将其按照从大到小排序,如表7-11所示。

云南省 16 个州(市)的综合重要度排序　　表 7-11

排　名	区　域	综合重要度
1	昆明	2.502 9
2	曲靖	1.665 7
3	红河	1.171 1
4	昭通	1.132 4
5	大理	0.874 5
6	玉溪	0.834 3
7	楚雄	0.794 8
8	文山	0.778 8
9	临沧	0.623 2
10	普洱	0.589 0
11	保山	0.567 8
12	德宏	0.337 0
13	丽江	0.309 7
14	西双版纳	0.293 2
15	怒江	0.231 9
16	迪庆	0.098 0

3)节点间吸引强度分析

上文中通过每个节点州(市)社会经济发展的三个指标——人口、工业总产值、地区生产总值,以及各节点的均衡性影响程度,计算出每个节点州市的综合重要度。本节将每个州(市)的综合重要度看作是该节点的质量,每两个节点之间具有吸引度,而这种吸引度随着距离的增大而减小。但由于每个节点的质量由不同的要素组成,质量的大小同样决定二者的吸引度。节点与节点之间的吸引度可以通过万有引力定律得来,而两个州(市)之间的吸引度的强弱直接决定其间所需的交通供给强度。

16 个州(市)节点间的距离见表 7-12,将以上结果代入公式(7-6),得到节点间的相互吸引度,见表 7-13。

根据 7.2.2 节的具体步骤确定云南省直接连通的州(市)之间的综合吸引度,如表 7-14 和图 7-6 所示;并利用公式(7-8)计算出直接连通节点 i 与 j 之间考虑距离条件下的综合吸引度比例,如表 7-15 所示。

16个州(市)节点间的距离(单位:km) 表7-12

距离	昆明	曲靖	玉溪	保山	昭通	丽江	普洱	临沧	楚雄	红河	文山	西双版纳	大理	德宏	怒江	迪庆
昆明																
曲靖	121.2															
玉溪	77.9	175.8														
保山	360.1	465.3	352.4													
昭通	286.3	209.6	366.1	518.7												
丽江	327.3	389.3	378.9	242.3	348.7											
普洱	305.8	412.7	238.7	311.0	575.4	467.1										
临沧	296.3	412.1	254.1	162.2	532.0	338.7	155.4									
楚雄	119.8	234.9	129.6	239.1	339.1	244.2	267.6	200.5								
红河	197.6	233.7	139.0	463.5	429.4	497.9	255.1	340.9	265.0							
文山	244.6	237.4	205.8	548.0	451.5	588.7	343.4	429.4	329.3	89.5						
西双版纳	388.8	488.0	312.2	377.2	667.5	546.6	87.4	220.0	336.4	304.3	382.0					
大理	255.7	355.9	275.0	123.6	394.8	153.2	329.3	201.7	143.5	407.9	484.9	413.2				
德宏	422.2	538.7	401.5	94.6	610.6	317.4	308.9	174.1	306.4	501.1	592.7	370.7	214.6			
怒江	400.7	496.3	412.8	87.5	512.3	178.2	402.8	257.7	282.9	536.5	614.4	478.1	144.9	157.7		
迪庆	436.1	485.4	484.6	311.2	400.6	115.4	582.2	449.6	356.7	626.7	694.8	663.3	255.5	399.5	235.6	

云南省16个州(市)节点间的相互吸引强度 A_{ij} ($\times 10^{-4}$) 表7-13

距离	昆明	曲靖	玉溪	保山	昭通	丽江	普洱	临沧	楚雄	红河	文山	西双版纳	大理	德宏	怒江	迪庆
昆明																
曲靖	2.84															
玉溪	3.44	0.45														
保山	0.11	0.04	0.04													
昭通	0.35	0.43	0.07	0.02												
丽江	0.07	0.03	0.02	0.03	0.03											
普洱	0.16	0.06	0.09	0.03	0.02	0.01										
临沧	0.18	0.06	0.08	0.13	0.02	0.02	0.15									
楚雄	1.39	0.24	0.39	0.08	0.08	0.04	0.07	0.12								
红河	0.75	0.36	0.51	0.03	0.07	0.01	0.11	0.06	0.13							
文山	0.33	0.23	0.15	0.01	0.04	0.01	0.04	0.03	0.06	1.14						
西双版纳	0.05	0.02	0.03	0.01	0.01	0.00	0.23	0.04	0.02	0.04	0.02					
大理	0.33	0.11	0.10	0.32	0.06	0.12	0.05	0.13	0.34	0.06	0.03	0.02				
德宏	0.05	0.02	0.02	0.21	0.01	0.01	0.02	0.07	0.03	0.02	0.01	0.01	0.06			
怒江	0.04	0.02	0.01	0.17	0.01	0.02	0.01	0.02	0.02	0.01	0.00	0.00	0.10	0.03		
迪庆	0.01	0.01	0.00	0.01	0.01	0.02	0.00	0.00	0.01	0.00	0.00	0.00	0.01	0.00	0.00	

云南省16个州(市)直接连通州市间的综合吸引度($B_{ij} \times 10^{-4}$) 表7-14

距离	昆明	曲靖	玉溪	保山	昭通	丽江	普洱	临沧	楚雄	红河	文山	西双版纳	大理	德宏	怒江	迪庆
昆明																
曲靖	4.7361															
玉溪	5.8624															
保山																
昭通	2.1479	0.8890														
丽江																
普洱			2.2399													
临沧				0.8263			1.6508									
楚雄	2.1947		2.0641			0.3654	1.0942									
红河	3.3441	1.6789	3.1689				1.8442									
文山		0.6922								1.8200						
西双版纳							0.4796									
大理				1.0360		0.3418	1.4234	1.4676	1.9829							
德宏				0.6110												
怒江				0.3756		0.2002							0.2669			
迪庆						0.1135									0.0712	

云南省16个州(市)直接连通节点 i 与 j 之间考虑距离条件下的综合吸引度比例 f_{ij}(%)　　表7-15

距离	昆明	曲靖	玉溪	保山	昭通	丽江	普洱	临沧	楚雄	红河	文山	西双版纳	大理	德宏	怒江	迪庆
昆明																
曲靖	7.7298															
玉溪	6.1456															
保山																
昭通	8.2790	2.5092														
丽江																
普洱			7.1978													
临沧				1.8043			3.4540									
楚雄	3.5406		3.6012			1.2012	3.9424									
红河	8.8965	5.2816	5.9310				6.3352									
文山		2.2128								2.1934						
西双版纳							0.5642									
大理				1.7246		0.7050	6.3117	3.9846	3.8306							
德宏				0.7780												
怒江				0.4425		0.4804							0.5208			
迪庆						0.1764									0.2258	

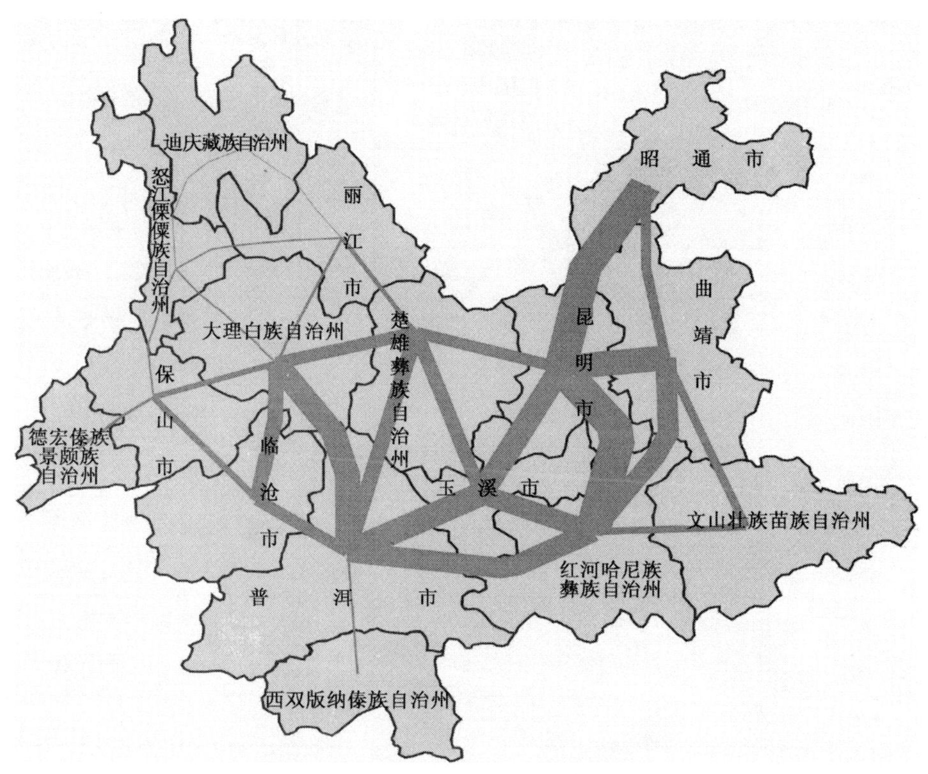

图 7-6 云南省 16 个州(市)直接连通节点间综合吸引度示意图

以第 3 章确定的云南省公路网总体规模为基础,得出 16 个州(市)用于内部、与邻国和邻省交流连通的公路网长度,见表 7-16;并基于考虑距离条件下的综合吸引度比例,求出云南省公路网直接连通节点间布局长度,见表 7-17。

云南省 16 个州(市)对内、对外公路网连通规模 表 7-16

节　点	公路网规模(km)	公路网主要用于对内交流的比例	公路网主要用于内部交流连通的规模长度(km)	公路网用于与邻国和邻省交流连通的规模长度(km)
昆明	4092	0.91	3741.37	350.63
曲靖	4753	0.71	3383.89	1369.11
玉溪	4146	1.00	4146.00	0
保山	2316	0.88	2031.78	284.22
昭通	2512	0.49	1231.31	1280.69

续上表

节　点	公路网规模(km)	公路网主要用于对内交流的比例	公路网主要用于内部交流连通的规模长度(km)	公路网用于与邻国和邻省交流连通的规模长度(km)
丽江	1358	0.77	1051.21	306.79
普洱	3454	0.75	2577.64	876.36
临沧	2406	0.53	1277.18	1128.82
楚雄	2902	0.87	2522.05	379.95
红河	3558	0.76	2718.04	839.96
文山	3199	0.56	1794.64	1404.36
西双版纳	1647	0.45	737.57	909.43
大理	3455	1.00	3455.00	0
德宏	1070	0.33	356.95	713.05
怒江	549	0.70	383.28	165.72
迪庆	805	0.41	332.30	472.70
总规模	42222		31740.23	10481.77

在表7-17中得到了云南省16个州(市)在云南省内部交流连通的布局长度。因为公路总里程网络的规模庞大,并且大部分道路的作用是便利于城市内部的交通连通,因此,城市内部公路网布局需在各个城市内部以乡镇甚至村落为节点,并根据节点重要度—均衡性影响程度模型,计算出相应的节点间吸引度,并根据其吸引度进行第二次布局。下面将主要探讨云南省内以各州(市)为节点的公路网的初步布局问题。

另一方面,表7-17中所得出的公路网长度为云南省16个州(市)在云南省内部交流连通的规模。从表7-17中可以看出,云南省丽江市、文山州、保山市、西双版纳州、怒江州、迪庆州、德宏州的省内节点交流连接的公路网布局里程达不到表7-16所示的云南省公路网主要用于内部交流连通的总规模长度,说明现阶段这几个州(市)内部交流连通的公路网布局发展已趋于成熟,公路网用于内部交流的规模供给大于需求。因此,在下阶段的发展建设中,应将其重心放在与邻省以及对外交流的公路网布局建设上,将冗余的公路网规模主要用于发展对外交流通道,加强对外开放。

云南省十六州市直接连通公路网布局长度(单位:km)

表 7-17

距离	昆明	曲靖	玉溪	保山	昭通	丽江	普洱	临沧	楚雄	红河	文山	西双版纳	大理	德宏	怒江	迪庆
昆明																
曲靖	2453.4															
玉溪	1950.6															
保山																
昭通	2627.8	796.4														
丽江																
普洱			2284.6													
临沧				572.7			1096.3									
楚雄	1123.8		1143.0			381.2	1251.3									
红河	2823.7	1676.4	1882.5				2010.8									
文山		702.3								696.2						
西双版纳							179.1									
大理				547.4		223.8	2003.3	1264.7	1215.8							
德宏				246.9												
怒江				140.4		152.5							165.3			
迪庆						56.0									71.7	

4)云南省直接连通节点间公路网等级结构配比

(1)云南省直接连通节点聚类分析

根据第 5 章所介绍的快速聚类分析的步骤,利用 SPSS 统计数据软件将云南省 16 个州(市)按照综合重要度指标分为三个层次。计算过程与结果如表 7-18～表 7-22 所示。

初始聚类中心 表 7-18

指　标	聚　类		
	1	2	3
综合重要度	2.502 9	1.171 1	0.098 0

最终聚类中心 表 7-19

指　标	聚　类		
	1	2	3
综合重要度	2.502 9	1.035 9	0.381 2

最终聚类中心间的距离 表 7-20

聚　类	1	2	3
1		1.467	2.122
2	1.467		0.655
3	2.122	0.655	

聚类分析结果统计 表 7-21

序　号	区　域	聚　类	与类中心的距离
1	昆明	1	0.000
2	曲靖	2	0.495
3	玉溪	2	0.337
4	保山	3	0.470
5	昭通	2	0.039
6	丽江	3	0.212
7	普洱	3	0.491
8	临沧	3	0.525
9	楚雄	2	0.376

续上表

序　　号	区　　域	聚　　类	与类中心的距离
10	红河	2	0.000
11	文山	2	0.392
12	西双版纳	3	0.195
13	大理	2	0.297
14	德宏	3	0.239
15	怒江	3	0.134
16	迪庆	3	0.000

单因素方差分析结果　　表 7-22

指　标	聚　　类		误　　差		F	sig
	平均类间平方和	df	平均类内平方和	df		
综合重要度	2.346	2	0.067	13	35.098	0.000

一般，如果变量对应的相伴概率（sig）小于显著性水平 0.01，可以认为该变量在各类之间存在显著差异；如果变量对应的相伴概率（sig）小于显著性水平 0.05，可以认为该变量在各类之间存在比较显著差异。在表 7-22 中，综合重要度的相伴概率小于显著性水平 0.01，该变量在各类之间存在显著差异，聚类效果理想。

根据聚类结果将云南省 16 个州（市）划分为重要节点、较重要节点和一般节点三个层次，如表 7-23 所示。

云南省 16 个州（市）节点层次划分表　　表 7-23

层 次 分 类	云南省 16 个州（市）节点
重要节点	昆明
较重要节点	曲靖、玉溪、昭通、楚雄、红河、文山、大理
一般节点	保山、丽江、普洱、临沧、西双版纳、德宏、怒江、迪庆

从云南省社会经济实际发展状况来看，昆明市地处中国西南边陲、云贵高原中部，是云南省政治、经济、文化、交通中心，云南省省会，我国重要的商贸城市。其大部分地区地势起伏平缓，森林、矿产资源丰富，自然条件优越。在社会经济的发展方面，昆明是云南省经济发展的“龙头”城市，经济总量在全省占有较高的比重，人均水平也位居全省前列，人口分布较为密集，城镇化水平高。良好的地理环境、历史渊源和经济社会发展决定了昆明的交通基础设施建设也日趋完善，公路网结构层次分明、脉络清晰，路网较为发达，因此，昆明市在云南省 16 个州（市）节点发展连通起着不可替代的重要作用。位于滇中地区的楚雄、玉溪、红

河，滇东地区的昭通、曲靖、文山以及滇西的大理等州（市）的大部分处于云贵高原的主体和云贵高原景观的标志性区域，地形地貌复杂，矿产资源、水热资源和旅游资源条件较好，开发潜力较大。在社会经济的发展方面，这些州（市）节点作为滇中、滇东和滇西城市群核心成员，担负着承东启西的重任，其大部分地区经济增长较为稳定，在一定程度上有效促进了交通基础设施的发展建设，使得交通运输效率和服务质量全面提升，路网发展态势良好，在云南省的路网连通中属于较为重要的连通节点。位于滇西的保山、丽江、迪庆、怒江、德宏等地区，区域内地形以典型的高山、峡谷为主体性景观，主要的地貌大势受横断山脉控制，地势起伏大，高山谷深，自然环境比较恶劣，人们的生产和生活受到许多制约。而位于滇南的临沧、普洱、西双版纳等地区山峦叠嶂，水系支流密布，导致该区域环境极度封闭，制约着社会经济的发展。因此，这些州（市）属于云南省经济相对贫穷的地区，其公路网发展也一直处于比较落后的状态，路网连通较差。综上所述，可以看出利用 SPSS 统计数据软件按照综合重要度指标所得到的聚类分析结果与云南省 16 个州（市）节点的社会经济以及路网的实际发展情况是相吻合的。

（2）云南省直接连通节点间公路网等级结构配比方案

根据以上云南省 16 个州（市）节点聚类分析结果，采用经验分析法给出不同层次节点间的公路网等级结构配比方案。考虑到云南省节点间公路网现状水平以及作为直接连通节点间交通通道的功能要求，下面主要确定高等级公路等级结构配比方案，即云南省直接连通节点间公路网规模高速与一级、二级等级结构的比例。由于云南省一级公路的规模较小，在此将高速公路与一级公路合并，最终确定一级以上的公路与二级公路的比例。具体配比方案如表 7-24 所示。

云南省 16 个州（市）不同层次节点间相互连通组合的公路网等级结构配比方案

表 7-24

不同层次节点间连通组合	等级结构配比方案：（高速公路＋一级公路）：二级公路
1 ←连通→ 1	—
1 ←连通→ 2	1∶1.5
1 ←连通→ 3	—
2 ←连通→ 2	1∶1
2 ←连通→ 3	1∶1.5
3 ←连通→ 3	1∶2

注：1 代表重要节点层次；2 代表较重要节点层次；3 代表一般节点层次。

由以上云南省公路网布局等级结构配比方案结果可以看出，较重要节点之间、较重要节点与一般节点的连通以及一般节点之间的公路网连通通道的等级结构配比方案符合节点的重要度越高，其高速与一级公路所占的比例越大的规律。但云南省重要节点昆明与其直接连通的较重要节点[如曲靖、玉溪、楚雄等州(市)]之间的通道的高速公路与一级公路的比例不符合节点重要度的配比规律，这是主要是由于云南省重要节点昆明到其直接连通节点间的公路网发展已较为发达，路网处于较密集状态，其高速与一级公路已实现了对于周围节点的全面连通。如果一味的追求重要度的配比规律，反而会造成路网资源的浪费，不利于公路网的均衡性发展，因此没有必要再增加高速的比例。此时应适当的建设和发展二级公路，作为昆明至其连通节点的辅助通道，以确保公路网建设的合理布局，保证公路网建设有秩序的协调发展。

7.4.2 云南省公路网布局评价指标与稳定性

1)利用稳定性分析确定标准边长值

根据云南省公路网三角系统的实际数据，采用7.3所述求得公路网三角系统标准边长值的步骤公式，求得云南省16个州(市)公路网发展三角系统稳定性分析确定标准边长值，由于篇幅有限，在此以怒江州为例进行计算。

(1)寻找怒江州公路网稳定性评价的三角系统的最长边长，根据其无量纲归一后的计算结果可以看出，最长边为公路网交通运行方面，边长值为0.619。

(2)以怒江州公路网最长边长为基础，根据怒江州公路网交通运行单项指标评价评语等级，见表7-25。

怒江州公路网交通运行方面单项指标评价评语等级 表7-25

区 域	交通评价指标			
	行政中心节点间平均车速		路网平均拥挤度	
	排名	评语	排名	评语
怒江州	8	一般	10	一般

(3)从表7-25可以看出，怒江州交通运行方面单项评价指标等级均为一般，由此得到单项指标的发展标准。云南省公路网交通运行方面单项指标评语为优良的州(市)及指标值如表7-26和表7-27所示。

云南省公路网行政中心节点间平均车速评语为“优良”的州市及指标值 表 7-26

区 域	行政中心节点间平均车速	
	评语	指标值(km/h)
曲靖	良	51.43
昭通	优	63.52
丽江	良	50.84
普洱	优	58.71
文山	良	51.2
迪庆	优	65.85

云南省公路网路网平均拥挤度评语为“优良”的州(市)及指标值 表 7-27

区 域	路网平均拥挤度	
	评语	指标值
昆明	良	0.57
玉溪	优	0.49
楚雄	良	0.6
红河	优	0.36
大理	优	0.49
德宏	良	0.62

计算出怒江州公路网交通运行方面单项指标需要发展到的标准值，见表7-28。

怒江州公路网交通运行方面单项指标的发展标准值 表 7-28

区 域	行政中心节点间平均车速(km/h)	路网平均拥挤度
怒江州	56.925	0.522

(4)根据 7.3.1 节中三角系统边长的确定方法，得到怒江州公路网交通运行方面标准边长值，如表 7-29 所示。

怒江州公路网交通运行方面标准边长值 表 7-29

区 域	无量纲化后结果		C_2
	行政中心节点间平均车速	路网平均拥挤度	
怒江州	0.864	0.690	0.769

2)基于稳定性发展的公路网布局评价指标发展范围

利用所求出的怒江州公路网三角系统交通运行方面的评价指标标准边长值,确定其公路网三角系统的较弱两边——技术性能、社会效益方面的发展范围。

(1)求出怒江州公路网三角系统较弱两边——技术性能、社会效益方面需要发展的边长值。根据公式(7-19)得到表7-30。

怒江州公路网三角系统较弱两边需要发展的边长值 表7-30

区　域	技术性能方面 ΔC_1	社会效益方面 ΔC_3
怒江州	0.382	0.159

(2)根据公路网布局结构指标发展权重以及单项指标的均衡性影响程度,确定怒江州较弱边——技术性能、社会效益方面各项评价指标的综合发展权重,如表7-31和表7-32所示。

怒江州公路网三角系统技术性能方面各项评价指标的综合发展权重 表7-31

指　标	技术性能方面									
	公路网连通度		公路网中位点吻合性		以昆明为中心的路网可达性		路网平均可达性系数		路网非直线系数	
	$\delta=0.8$　$\varphi=0.2$									
	ω_{ik}	g_{ik}	ω_{ik}	g_{ik}	ω_{ik}	g_{ik}	ω_{ik}	g_{ik}	ω_{ik}	g_{ik}
怒江州	0.29	0.67	0.16	1.63	0.19	0.47	0.25	0.33	0.11	0.80
综合发展权重	0.23		0.29		0.16		0.16		0.16	

怒江州公路网三角系统社会效益方面各项评价指标的综合发展权重 表7-32

指　标	社会效益方面									
	国防						社会公平			
	沿边国防公路网等级水平		沿边州市单位面积拥有公路网里程		沿边州市距骨干线的最短距离		资源中心距骨干线的最短距离		贫困人口中心距骨干线的最短距离	
	$\delta=0.8$　$\varphi=0.2$									
	ω_{ik}	g_{ik}	ω_{ik}	g_{ik}	ω_{ik}	g_{ik}	ω_{ik}	g_{ik}	ω_{ik}	g_{ik}
怒江州	0.05	−0.40	0.05	0.90	0.05	−0.88	0.19	−0.41	0.16	−0.12
综合发展权重	0.00		0.09		0.00		0.03		0.04	

续上表

指标	社会效益方面									
	少数民族						国际交流			
	少数民族聚集区人均拥有公路网里程		少数民族聚集区公路网等级水平		少数民族聚集区距骨干线的最短距离		对外交流主要州市单位面积拥有公路网里程		对外交流公路网等级水平	
	$\delta=0.8\quad\varphi=0.2$									
	ω_{ik}	g_{ik}	ω_{ik}	g_{ik}	ω_{ik}	g_{ik}	ω_{ik}	g_{ik}	ω_{ik}	g_{ik}
怒江州	0.12	0.45	0.11	6.51	0.12	−0.64	0.08	1.37	0.07	−0.01
综合发展权重	0.08		0.59		0.00		0.14		0.02	

(3)求出公路网布局评价指标发展范围

根据前两步求出的怒江州公路网三角系统较弱两边需要发展的边长值，以及各个评价指标的综合发展权重，求出该区域公路网布局评价指标无量纲化发展范围，如表 7-33 所示；由此可根据反推无量纲化公式求出指标的实际值范围，从而确定怒江州公路网布局三角系统各指标的发展值，如表 7-34 所示；最终给出怒江州公路网布局稳定性发展对策。

怒江州公路网布局评价指标无量纲化发展范围 表 7-33

指标	技术性能方面				
	公路网连通度	公路网中位点吻合性	以昆明为中心的路网可达性	路网平均可达性系数	路网非直线系数
发展范围	0.089	0.109	0.060	0.064	0.060
指标	社会效益方面				
	国防			社会公平	
	沿边国防公路网等级水平	沿边州(市)单位面积拥有公路网里程	沿边州(市)距骨干线的最短距离	资源中心距骨干线的最短距离	贫困人口中心距骨干线的最短距离
发展范围	0	0.015	0	0.005	0.007
指标	社会效益方面				
	少数民族			国际交流	
	少数民族聚集区人均拥有公路网里程	少数民族聚集区公路网等级水平	少数民族聚集区距骨干线的最短距离	对外交流主要州(市)单位面积拥有公路网里程	对外交流公路网等级水平
发展范围	0.013	0.093	0	0.023	0.004

怒江州公路网布局评价现状指标值与发展指标值对比 表7-34

<table>
<tr><td rowspan="2">指　标</td><td colspan="5">技术性能方面</td></tr>
<tr><td>公路网连通度</td><td>公路网中位点吻合性</td><td>以昆明为中心的路网可达性</td><td>路网平均可达性系数</td><td>路网非直线系数</td></tr>
<tr><td>现状指标值</td><td>0.95</td><td>3.69</td><td>10.35</td><td>2.07</td><td>2.00</td></tr>
<tr><td>发展指标值</td><td>1.26</td><td>3.28</td><td>8.81</td><td>3.19</td><td>1.83</td></tr>
<tr><td rowspan="2">指　标</td><td colspan="5">交通运行方面</td></tr>
<tr><td>行政中心节点间平均车速(km/h)</td><td>路网平均拥挤度</td><td></td><td></td><td></td></tr>
<tr><td>现状指标值</td><td>65.85</td><td>0.72</td><td></td><td></td><td></td></tr>
<tr><td>发展指标值</td><td>65.85</td><td>0.52</td><td></td><td></td><td></td></tr>
<tr><td rowspan="3">指　标</td><td colspan="5">社会效益方面</td></tr>
<tr><td colspan="3">国防</td><td colspan="2">社会公平</td></tr>
<tr><td>沿边国防公路网等级水平</td><td>沿边州(市)单位面积拥有公路网里程(km/km²)</td><td>沿边州(市)距骨干线的最短距离(km)</td><td>资源中心距骨干线的最短距离(km)</td><td>贫困人口中心距骨干线的最短距离(km)</td></tr>
<tr><td>现状指标值</td><td>2.00</td><td>0.0159</td><td>1.18</td><td>8.93</td><td>1.40</td></tr>
<tr><td>发展指标值</td><td>2.00</td><td>0.0173</td><td>1.18</td><td>8.81</td><td>1.39</td></tr>
<tr><td rowspan="3">指　标</td><td colspan="5">社会效益方面</td></tr>
<tr><td colspan="3">少数民族</td><td colspan="2">国际交流</td></tr>
<tr><td>少数民族聚集区人均拥有公路网里程(km/万人)</td><td>少数民族聚集区公路网等级水平</td><td>少数民族聚集区距骨干线的最短距离(km)</td><td>对外交流主要州(市)单位面积拥有公路网里程(km/km²)</td><td>对外交流公路网等级水平</td></tr>
<tr><td>现状指标值</td><td>4.43</td><td>4.45</td><td>0.95</td><td>0.0130</td><td>2.00</td></tr>
<tr><td>发展指标值</td><td>4.68</td><td>4.03</td><td>0.95</td><td>0.0153</td><td>1.98</td></tr>
</table>

(4)怒江州公路网布局稳定性发展对策

根据表7-34得出的指标发展需求，得出的怒江州公路网布局稳定性发展对策，为怒江州“十二五”及中长期规划政策建议及保障措施提供了理论支持，有效指导了怒江州“十二五”期间公路项目建设发展规划。

①构建科学合理的公路网规模，突出公路网的层次性，挖掘路网潜力，提升道路等级，加强路网的连通度，消除瓶颈。怒江州交通运输局根据此条建议，提出了怒江、独龙江、澜沧江三江“索改桥”桥梁建设规划以及怒江州三江两岸的公路复线建设任务，有效解决了老百姓的“过江难，出行难”的问题。

②公路交通规划与区域城镇发展规划相协调，处理好与生产力布局、经济中心发展的关系，实现空间形态的协调，使公路网中位点吻合性达到最优；同时加大经济中心、政治中心以及资源中心相对于公路网骨干线的可达性以及便利性。

③提升路网覆盖范围，增加公路网里程，提高路网层次和等级结构，协调路网分布，增强区域各节点之间的可达性。怒江州交通运输局根据建议，提出了贡山—德钦、福贡—维西公路、交通一纵一横的“大十字架”建设方案，以及形成滇西北黄金旅游圈的公路网的发展规划，在巩固成绩的基础上加快了边境山区交通基础设施建设步伐。

④合理地进行公路网的规划，突出公路网效率和效益，增强路网功能和服务水平，在合理的范围内提高行驶车速，以减少公路网拥堵情况的发生。

⑤政策倾斜，强调公路交通的引导作用，提高经济欠发达地区、资源密集区、少数民族聚集区、对外交流区域的公路网覆盖率，增大沿边州市、少数民族聚集区、贫困人口地区的人均公路网里程，增加高等级路网的建设。怒江州交通运输局根据此建议，提出了怒江州福贡县石月亮乡拉马底村、匹河乡瓦娃村交通建设方案，进一步加大了对农村地区、贫困地区、边疆及少数民族地区及边远地区县乡交通建设的扶持力度，有效改善了西部贫困山区、边疆地区农村交通条件。有效落实了党中央重点扶持少数民族地区、边疆地区、贫困地区发展，积极支持民族地区实现跨越式发展的政策措施。

⑥加强构筑对外交流通道，合理衔接省际、国际路网，支持国际大通道发展战略。怒江州交通运输局根据此建议，提出了“十二五”期间滇藏新通道项目、四川攀枝花至怒江片马口岸公路项目发展方案。

此外，根据云南省公路网三角系统的实际数据，采用前面所述求得公路网三角系统标准边长值的公式，通过对云南省其余 15 个州(市)公路网发展三角系统稳定性分析确定标准边长值，最终得出其他各州(市)公路网三角系统各指标的发展值，如表 7-35～表 7-49 所示。由于篇幅有限，具体计算过程在此不予赘述。

昆明市公路网布局评价现状指标值与发展指标值对比 表7-35

指 标	技术性能方面				
	公路网连通度	公路网中位点吻合性	以昆明为中心的路网可达性	路网平均可达性系数	路网非直线系数
现状指标值	2.25	3.23	3.79	5.51	1.37
发展指标值	2.25	3.23	3.79	13.39	1.37
指 标	交通运行方面				
	行政中心节点间平均车速(km/h)	路网平均拥挤度			
现状指标值	42.60	0.57			
发展指标值	50.85	0.51			
指 标	社会效益方面				
	国防			社会公平	
	沿边国防公路网等级水平	沿边州(市)单位面积拥有公路网里程(km/km²)	沿边州(市)距骨干线的最短距离(km)	资源中心距骨干线的最短距离(km)	贫困人口中心距骨干线的最短距离(km)
现状指标值	—	—	—	21.35	4.47
发展指标值	—	—	—	18.03	3.26
指 标	社会效益方面				
	少数民族			国际交流	
	少数民族聚集区人均拥有公路网里程(km/万人)	少数民族聚集区公路网等级水平	少数民族聚集区距骨干线的最短距离(km)	对外交流主要州(市)单位面积拥有公路网里程(km/km²)	对外交流公路网等级水平
现状指标值	6.47	4.08	4.07	—	0.72
发展指标值	7.18	4.08	2.81	—	0.72

曲靖市公路网布局评价现状指标值与发展指标值对比 表7-36

指 标	技术性能方面				
	公路网连通度	公路网中位点吻合性	以昆明为中心的路网可达性	路网平均可达性系数	路网非直线系数
现状指标值	2.17	3.31	4.76	14.01	1.41
发展指标值	2.17	3.31	4.76	14.01	1.41

续上表

指　标	交通运行方面				
	行政中心节点间平均车速(km/h)	路网平均拥挤度			
现状指标值	51.43	0.66			
发展指标值	55.36	0.57			

指　标	社会效益方面				
	国防			社会公平	
	沿边国防公路网等级水平	沿边州(市)单位面积拥有公路网里程(km/km²)	沿边州(市)距骨干线的最短距离(km)	资源中心距骨干线的最短距离(km)	贫困人口中心距骨干线的最短距离(km)
现状指标值	—	—	—	28.64	2.83
发展指标值	—	—	—	25.43	2.60

指　标	社会效益方面				
	少数民族			国际交流	
	少数民族聚集区人均拥有公路网里程(km/万人)	少数民族聚集区公路网等级水平	少数民族聚集区距骨干线的最短距离(km)	对外交流主要州(市)单位面积拥有公路网里程(km/km²)	对外交流公路网等级水平
现状指标值	—	—	—	—	0.70
发展指标值	—	—	—	—	0.70

玉溪市公路网布局评价现状指标值与发展指标值对比　　表 7-37

指　标	技术性能方面				
	公路网连通度	公路网中位点吻合性	以昆明为中心的路网可达性	路网平均可达性系数	路网非直线系数
现状指标值	3.60	3.13	4.10	7.79	1.43
发展指标值	3.60	3.13	4.10	13.39	1.43

指　标	交通运行方面				
	行政中心节点间平均车速(km/h)	路网平均拥挤度			
现状指标值	44.12	0.49			
发展指标值	53.39	0.44			

续上表

指标	社会效益方面				
	国防			社会公平	
	沿边国防公路网等级水平	沿边州(市)单位面积拥有公路网里程(km/km^2)	沿边州(市)距骨干线的最短距离(km)	资源中心距骨干线的最短距离(km)	贫困人口中心距骨干线的最短距离(km)
现状指标值	—	—	—	19.01	2.22
发展指标值	—	—	—	14.83	1.80

指标	社会效益方面				
	少数民族			国际交流	
	少数民族聚集区人均拥有公路网里程(km/万人)	少数民族聚集区公路网等级水平	少数民族聚集区距骨干线的最短距离(km)	对外交流主要州(市)单位面积拥有公路网里程(km/km^2)	对外交流公路网等级水平
现状指标值	17.83	3.92	1.46	—	1.68
发展指标值	17.83	3.92	1.37	—	1.61

保山市公路网布局评价现状指标值与发展指标值对比 表7-38

指标	技术性能方面				
	公路网连通度	公路网中位点吻合性	以昆明为中心的路网可达性	路网平均可达性系数	路网非直线系数
现状指标值	1.65	3.27	7.38	15.56	1.66
发展指标值	1.80	3.27	7.07	15.92	1.62

指标	交通运行方面				
	行政中心节点间平均车速(km/h)	路网平均拥挤度			
现状指标值	44.63	0.64			
发展指标值	52.26	0.56			

续上表

指　标	社会效益方面				
	国防			社会公平	
	沿边国防公路网等级水平	沿边州(市)单位面积拥有公路网里程(km/km^2)	沿边州(市)距骨干线的最短距离(km)	资源中心距骨干线的最短距离(km)	贫困人口中心距骨干线的最短距离(km)
现状指标值	1.58	0.0687	1.48	23.53	1.00
发展指标值	1.58	0.0687	1.25	12.49	1.00
指　标	社会效益方面				
	少数民族			国际交流	
	少数民族聚集区人均拥有公路网里程(km/万人)	少数民族聚集区公路网等级水平	少数民族聚集区距骨干线的最短距离(km)	对外交流主要州(市)单位面积拥有公路网里程(km/km^2)	对外交流公路网等级水平
现状指标值	—	—	—	0.0505	1.91
发展指标值	—	—	—	0.0652	1.37

昭通市公路网布局评价现状指标值与发展指标值对比　　表 7-39

指　标	技术性能方面				
	公路网连通度	公路网中位点吻合性	以昆明为中心的路网可达性	路网平均可达性系数	路网非直线系数
现状指标值	1.59	3.21	8.47	2.20	1.73
发展指标值	1.82	2.86	7.61	3.20	1.67
指　标	交通运行方面				
	行政中心节点间平均车速(km/h)	路网平均拥挤度			
现状指标值	63.52	0.69			
发展指标值	63.52	0.52			
指　标	社会效益方面				
	国防			社会公平	
	沿边国防公路网等级水平	沿边州(市)单位面积拥有公路网里程(km/km^2)	沿边州(市)距骨干线的最短距离(km)	资源中心距骨干线的最短距离(km)	贫困人口中心距骨干线的最短距离(km)
现状指标值	—	—	—	25.61	4.33
发展指标值	—	—	—	21.01	3.35

续上表

指 标	社会效益方面				
	少数民族			国际交流	
	少数民族聚集区人均拥有公路网里程（km/万人）	少数民族聚集区公路网等级水平	少数民族聚集区距骨干线的最短距离(km)	对外交流主要州(市)单位面积拥有公路网里程(km/km^2)	对外交流公路网等级水平
现状指标值	—	—	—	—	2.69
发展指标值	—	—	—	—	2.43

丽江市公路网布局评价现状指标值与发展指标值对比 表7-40

指 标	技术性能方面				
	公路网连通度	公路网中位点吻合性	以昆明为中心的路网可达性	路网平均可达性系数	路网非直线系数
现状指标值	1.33	3.52	7.89	2.54	1.69
发展指标值	1.60	3.33	7.23	3.51	1.64
指 标	交通运行方面				
	行政中心节点间平均车速(km/h)	路网平均拥挤度			
现状指标值	50.84	0.72			
发展指标值	50.84	0.69			
指 标	社会效益方面				
	国防			社会公平	
	沿边国防公路网等级水平	沿边州(市)单位面积拥有公路网里程(km/km^2)	沿边州(市)距骨干线的最短距离(km)	资源中心距骨干线的最短距离(km)	贫困人口中心距骨干线的最短距离(km)
现状指标值	—	—	—	32.82	1.48
发展指标值	—	—	—	28.65	1.43

续上表

指　标	社会效益方面				
	少数民族			国际交流	
	少数民族聚集区人均拥有公路网里程（km/万人）	少数民族聚集区公路网等级水平	少数民族聚集区距骨干线的最短距离（km）	对外交流主要州（市）单位面积拥有公路网里程（km/km²）	对外交流公路网等级水平
现状指标值	5.32	4.22	1.33	—	2.01
发展指标值	5.80	4.09	1.32	—	1.95

普洱市公路网布局评价现状指标值与发展指标值对比　　表 7-41

指　标	技术性能方面				
	公路网连通度	公路网中位点吻合性	以昆明为中心的路网可达性	路网平均可达性系数	路网非直线系数
现状指标值	2.71	3.43	7.11	9.98	1.49
发展指标值	2.71	3.21	4.88	13.39	0.97
指　标	交通运行方面				
	行政中心节点间平均车速（km/h）	路网平均拥挤度			
现状指标值	58.71	0.95			
发展指标值	61.37	0.65			
指　标	社会效益方面				
	国防			社会公平	
	沿边国防公路网等级水平	沿边州（市）单位面积拥有公路网里程（km/km²）	沿边州（市）距骨干线的最短距离（km）	资源中心距骨干线的最短距离（km）	贫困人口中心距骨干线的最短距离（km）
现状指标值	2.87	0.0368	1.64	27.83	1.64
发展指标值	2.55	0.0382	1.63	24.28	1.58
指　标	社会效益方面				
	少数民族			国际交流	
	少数民族聚集区人均拥有公路网里程（km/万人）	少数民族聚集区公路网等级水平	少数民族聚集区距骨干线的最短距离（km）	对外交流主要州（市）单位面积拥有公路网里程（km/km²）	对外交流公路网等级水平
现状指标值	6.33	4.35	1.40	0.0368	2.84
发展指标值	6.78	3.76	1.38	0.0388	2.61

临沧市公路网布局评价现状指标值与发展指标值对比 表7-42

指标	技术性能方面				
	公路网连通度	公路网中位点吻合性	以昆明为中心的路网可达性	路网平均可达性系数	路网非直线系数
现状指标值	1.44	3.86	8.35	2.24	2.02
发展指标值	1.60	3.39	7.88	3.00	1.90
指标	交通运行方面				
	行政中心节点间平均车速(km/h)	路网平均拥挤度			
现状指标值	50.48	1.20			
发展指标值	59.08	0.70			
指标	社会效益方面				
	国防			社会公平	
	沿边国防公路网等级水平	沿边州(市)单位面积拥有公路网里程(km/km²)	沿边州(市)距骨干线的最短距离(km)	资源中心距骨干线的最短距离(km)	贫困人口中心距骨干线的最短距离(km)
现状指标值	2.19	0.0442	1.28	6.03	0.95
发展指标值	1.70	0.0730	1.28	6.03	0.95
指标	社会效益方面				
	少数民族			国际交流	
	少数民族聚集区人均拥有公路网里程(km/万人)	少数民族聚集区公路网等级水平	少数民族聚集区距骨干线的最短距离(km)	对外交流主要州(市)单位面积拥有公路网里程(km/km²)	对外交流公路网等级水平
现状指标值	5.56	4.37	1.16	0.0435	2.50
发展指标值	9.44	4.05	1.16	0.0652	1.37

楚雄州公路网布局评价现状指标值与发展指标值对比 表 7-43

指标	技术性能方面				
	公路网连通度	公路网中位点吻合性	以昆明为中心的路网可达性	路网平均可达性系数	路网非直线系数
现状指标值	1.12	3.66	4.39	16.47	1.66
发展指标值	2.51	3.21	4.39	16.47	1.41

指标	交通运行方面				
	行政中心节点间平均车速(km/h)	路网平均拥挤度			
现状指标值	45.70	0.60			
发展指标值	54.11	0.51			

指标	社会效益方面				
	国防			社会公平	
	沿边国防公路网等级水平	沿边州(市)单位面积拥有公路网里程(km/km²)	沿边州(市)距骨干线的最短距离(km)	资源中心距骨干线的最短距离(km)	贫困人口中心距骨干线的最短距离(km)
现状指标值	—	—	—	17.24	1.62
发展指标值	—	—	—	16.34	1.56

指标	社会效益方面				
	少数民族			国际交流	
	少数民族聚集区人均拥有公路网里程(km/万人)	少数民族聚集区公路网等级水平	少数民族聚集区距骨干线的最短距离(km)	对外交流主要州(市)单位面积拥有公路网里程(km/km²)	对外交流公路网等级水平
现状指标值	5.99	4.42	1.62	—	1.74
发展指标值	6.41	3.66	1.58	—	1.73

红河州公路网布局评价现状指标值与发展指标值对比 表 7-44

指标	技术性能方面				
	公路网连通度	公路网中位点吻合性	以昆明为中心的路网可达性	路网平均可达性系数	路网非直线系数
现状指标值	2.19	3.21	5.86	12.12	1.41
发展指标值	2.48	3.21	5.49	13.36	1.41

续上表

指　标	交通运行方面				
	行政中心节点间平均车速(km/h)	路网平均拥挤度			
现状指标值	46.84	0.36			
发展指标值	56.93	0.36			
指　标	社会效益方面				
	国防			社会公平	
	沿边国防公路网等级水平	沿边州(市)单位面积拥有公路网里程(km/km²)	沿边州(市)距骨干线的最短距离(km)	资源中心距骨干线的最短距离(km)	贫困人口中心距骨干线的最短距离(km)
现状指标值	2.36	0.0842	2.40	16.98	1.47
发展指标值	2.27	0.0842	2.00	14.55	1.37
指　标	社会效益方面				
	少数民族			国际交流	
	少数民族聚集区人均拥有公路网里程(km/万人)	少数民族聚集区公路网等级水平	少数民族聚集区距骨干线的最短距离(km)	对外交流主要州(市)单位面积拥有公路网里程(km/km²)	对外交流公路网等级水平
现状指标值	5.68	4.07	2.29	0.0883	1.66
发展指标值	6.78	4.08	1.98	0.0883	1.63

文山州公路网布局评价现状指标值与发展指标值对比　　表7-45

指　标	技术性能方面				
	公路网连通度	公路网中位点吻合性	以昆明为中心的路网可达性	路网平均可达性系数	路网非直线系数
现状指标值	1.65	3.75	7.45	10.53	1.46
发展指标值	2.51	3.21	4.88	10.53	1.46
指　标	交通运行方面				
	行政中心节点间平均车速(km/h)	路网平均拥挤度			
现状指标值	51.20	0.84			
发展指标值	56.11	0.67			

续上表

指　标	社会效益方面				
	国防			社会公平	
	沿边国防公路网等级水平	沿边州(市)单位面积拥有公路网里程（km/km²）	沿边州(市)距骨干线的最短距离(km)	资源中心距骨干线的最短距离(km)	贫困人口中心距骨干线的最短距离(km)
现状指标值	2.52	0.0578	1.34	14.28	1.10
发展指标值	2.34	0.0583	1.34	13.60	1.08

指　标	社会效益方面				
	少数民族			国际交流	
	少数民族聚集区人均拥有公路网里程（km/万人）	少数民族聚集区公路网等级水平	少数民族聚集区距骨干线的最短距离(km)	对外交流主要州(市)单位面积拥有公路网里程(km/km²)	对外交流公路网等级水平
现状指标值	5.30	4.04	1.33	0.0545	1.87
发展指标值	5.92	4.04	1.32	0.0553	1.85

西双版纳州公路网布局评价现状指标值与发展指标值对比　　表 7-46

指　标	技术性能方面				
	公路网连通度	公路网中位点吻合性	以昆明为中心的路网可达性	路网平均可达性系数	路网非直线系数
现状指标值	2.02	3.34	8.32	6.83	1.49
发展指标值	2.51	3.21	4.88	13.39	1.41

指　标	交通运行方面				
	行政中心节点间平均车速(km/h)	路网平均拥挤度			
现状指标值	43.96	1.22			
发展指标值	55.26	0.75			

续上表

指标	社会效益方面				
	国防			社会公平	
	沿边国防公路网等级水平	沿边州(市)单位面积拥有公路网里程(km/km²)	沿边州(市)距骨干线的最短距离(km)	资源中心距骨干线的最短距离(km)	贫困人口中心距骨干线的最短距离(km)
现状指标值	2.05	0.0380	1.30	28.86	1.00
发展指标值	2.05	0.0401	1.30	22.57	0.97
指标	社会效益方面				
	少数民族			国际交流	
	少数民族聚集区人均拥有公路网里程(km/万人)	少数民族聚集区公路网等级水平	少数民族聚集区距骨干线的最短距离(km)	对外交流主要州(市)单位面积拥有公路网里程(km/km²)	对外交流公路网等级水平
现状指标值	7.13	4.12	1.40	0.0319	3.54
发展指标值	7.71	4.13	1.36	0.0360	2.84

大理州公路网布局评价现状指标值与发展指标值对比 表7-47

指标	技术性能方面				
	公路网连通度	公路网中位点吻合性	以昆明为中心的路网可达性	路网平均可达性系数	路网非直线系数
现状指标值	2.11	3.11	6.35	11.66	1.40
发展指标值	2.11	3.11	6.35	11.66	1.40
指标	交通运行方面				
	行政中心节点间平均车速(km/h)	路网平均拥挤度			
现状指标值	46.27	0.49			
发展指标值	46.59	0.49			
指标	社会效益方面				
	国防			社会公平	
	沿边国防公路网等级水平	沿边州(市)单位面积拥有公路网里程(km/km²)	沿边州(市)距骨干线的最短距离(km)	资源中心距骨干线的最短距离(km)	贫困人口中心距骨干线的最短距离(km)
现状指标值	—	—	—	11.48	1.70
发展指标值	—	—	—	11.17	1.66

续上表

指　标	社会效益方面				
	少数民族			国际交流	
	少数民族聚集区人均拥有公路网里程（km/万人）	少数民族聚集区公路网等级水平	少数民族聚集区距骨干线的最短距离(km)	对外交流主要州(市)单位面积拥有公路网里程（km/km²）	对外交流公路网等级水平
现状指标值	5.38	4.23	1.50	—	1.76
发展指标值	5.64	4.11	1.49	—	1.74

德宏州公路网布局评价现状指标值与发展指标值对比　　表 7-48

指　标	技术性能方面				
	公路网连通度	公路网中位点吻合性	以昆明为中心的路网可达性	路网平均可达性系数	路网非直线系数
现状指标值	1.51	3.72	9.45	7.50	2.34
发展指标值	1.63	3.45	8.86	7.99	2.15
指　标	交通运行方面				
	行政中心节点间平均车速(km/h)	路网平均拥挤度			
现状指标值	45.33	0.62			
发展指标值	56.93	0.62			
指　标	社会效益方面				
	国防			社会公平	
	沿边国防公路网等级水平	沿边州(市)单位面积拥有公路网里程（km/km²）	沿边州(市)距骨干线的最短距离(km)	资源中心距骨干线的最短距离(km)	贫困人口中心距骨干线的最短距离(km)
现状指标值	1.52	0.0662	2.81	17.61	0.90
发展指标值	1.52	0.0665	2.63	17.12	0.89

续上表

指　标	社会效益方面				
	少数民族			国际交流	
	少数民族聚集区人均拥有公路网里程(km/万人)	少数民族聚集区公路网等级水平	少数民族聚集区距骨干线的最短距离(km)	对外交流主要州(市)单位面积拥有公路网里程(km/km²)	对外交流公路网等级水平
现状指标值	5.62	4.23	1.87	0.0529	1.72
发展指标值	5.94	4.12	1.82	0.0533	1.70

迪庆州公路网布局评价现状指标值与发展指标值对比　　表7-49

指　标	技术性能方面				
	公路网连通度	公路网中位点吻合性	以昆明为中心的路网可达性	路网平均可达性系数	路网非直线系数
现状指标值	1.03	3.77	11.05	1.64	2.14
发展指标值	1.37	3.23	9.28	2.82	1.91
指　标	交通运行方面				
	行政中心节点间平均车速(km/h)	路网平均拥挤度			
现状指标值	65.85	0.72			
发展指标值	65.85	0.52			
指　标	社会效益方面				
	国防			社会公平	
	沿边国防公路网等级水平	沿边州(市)单位面积拥有公路网里程(km/km²)	沿边州(市)距骨干线的最短距离(km)	资源中心距骨干线的最短距离(km)	贫困人口中心距骨干线的最短距离(km)
现状指标值	—	0.0174	1.50	64.34	1.01
发展指标值	—	0.0230	1.49	36.67	0.99
指　标	社会效益方面				
	少数民族			国际交流	
	少数民族聚集区人均拥有公路网里程(km/万人)	少数民族聚集区公路网等级水平	少数民族聚集区距骨干线的最短距离(km²)	对外交流主要州(市)单位面积拥有公路网里程(km/km²)	对外交流公路网等级水平
现状指标值	11.94	4.14	1.57	—	3.00
发展指标值	11.95	4.13	1.50	—	2.64

第8章　实践与展望

8.1　均衡性评价方法在高原山区公路网发展中的实践

本书研究的高原山区公路网均衡性评价方法与应用，对公路交通政策和公路交通规划的制订具有一定的指导意义。下面介绍该理论成果在云南省公路交通运输“十二五”规划中的体现以及3个省级单位及7个州(市)的具体应用情况。

1)云南省交通运输厅规划处的应用情况

建设公平的、可持续的交通运输系统，已成为交通运输发展的方向。本书通过大量理论分析和实地调研，对高原山区路网均衡性进行评价，并在均衡理念下提出了符合云南省省情的公路网规模发展模式。研究成果有助于云南省进一步调整完善公路网规划，优化路网布局结构，提高路网构建的科学性、合理性，满足不同层次的交通流量分布要求，具有重要的意义。

本书对高原山区路网等效里程进行分析确定，提出了地形起伏修正系数的确定方法，应用于云南省公路等效里程的计算，避免了复杂地形因素的干扰，这有利于云南省对16个地(州)市公路网规模进行更深层次的对比，可将其作为公路网规模评价的重要参数。

云南省交通运输厅结合本书中的公路网规模均衡性评价方法，考虑地区潜在经济价值，在子区域间建立了横向评价体系，应用本书对云南省公路网现有规模与人口、经济及区域面积的均衡性进行评价，对16个地(州)市不均衡程度进行差距分析，可为今后路网优化配置和投资方向提供详尽的参考依据，使得公路网规模能够在区域内均衡发展，缩小贫富差距，为云南公路网规模均衡发展提供了理论指导，不仅能够应用于云南省的路网均衡评价，也可供国内地区，尤其为具有高原山区特性的地区提供参考借鉴。

在公路网发展模式中，首先，以路网均衡性为指导理念，提出了符合云南省省情的发展模式。云南省交通运输厅在日后的制订全省公路网发展规模时，可融合路网规模均衡性评价指标，同时对最终配比方案进行再评价，确保新的路网规模分配下各地(州)市的均衡性。研究成果提出的路网发展模式，具有重要的应用价值，能够很好地实现交通资源全面、合理的配置。一方面，注重社会公平，

考虑交通不便地区的通达性，提升社会效益；另一方面，注重潜在经济价值，为具有发展潜力的落后地区提升交通服务水平，提供更大、更有力的发展机会，更好地显示出交通对经济的拉动作用。其次，应用本书中提出的“公路网技术性能—交通运行—社会效益系统稳定性”评价理论，对云南省 16 个地(州)市进行了稳定性评价，通过评价明确了“十二五”期间公路网的建设次序以及针对现状公路网布局指标的发展方向，即提高公路网连通度与路网可达性系数，减小公路网拥挤度，缩短资源与贫困人口中心距离，提高公路网等级水平。发展方向有效促进了国家贫困县公路、通县油路、县际油路工程的实施，并制定了“将国道主干线和西部开发省际通道作为建设的重中之重，重点形成通达市(州)、沟通周边的高速公路网络，加强地级市和州首府通达县城的道路建设”的政策。这对于云南省“十二五”期间公路发展新要求、新任务提出，具有十分重要的指导意义。第三，应用本书提出的基于均衡性和稳定性的公路网合理布局理论，完善了云南省“十二五”期间交通发展的思路，构建了“七入省、四出境”运输通道体系以及“9210”骨架路网和“8619”一般干线路网，确定出“七射、一环”重点建设路线，使云南省干线公路网中断头路不断减少，路网网络化程度不断提升，道路技术等级和路面状况不断改善，路网结构得到较大优化，通行条件得到较大改善，有效支持城市化和区域经济发展。均衡理论指导下的发展模式对推进云南省经济社会的和谐发展将起到积极作用。

2)云南省公路局的应用情况

云南省山川、河流密布，地形地貌复杂，边远地区和少数民族地区经济欠发达，资金配套能力不足，公路运输在整个运输系统中占有十分重要的作用，承担着区域间的大部分中长途运输。因此，及时有效地做好公路网的管理养护工作显得尤为重要。

云南省公路局应用公路网布局均衡性评价理论，参考公路网布局三角系统稳定性发展建议值，完善了“十二五”期间公路网养护管理思路，制定了云南省公路养护管理内业规范化指导意见，提出了云南省“十二五”规划期间公路养护及管理任务，即进一步整合全省公路养护行业资源，加快全省公路养护机械化进程，提升养护质量和养护水平，各项工作达到“通、平、美、绿、安”的社会要求，为全省经济社会发展全力做好公路通畅保障服务。明确了“十二五”期间公路网发展养护管理的重点，确定了云南省 16 个地(州)市公路养护与管理的均衡性发展的合理规模。本书成果有助于云南省公路局更加高效的使用公路养护资金，节约养护成本；同时，可进一步加强全省公路网的有效管理，为全省公路养护事业提供新的服务思路，把全省公路养护工作推向新的发展阶段。

3)云南省交通规划设计研究院的应用情况

云南省各地(州)市公路水路交通运输"十二五"发展规划重点涉及高速公路网、国省干线网和农村公路网。由于云南省地处高原山区,区域地理和经济条件差异较大,能否科学地进行公路网发展规划的决策,对于实现区域之间实现均衡发展,具有重要意义。在编写各地(州)市的"十二五"发展规划过程中,云南省交通规划设计研究院应用"高原山区路网均衡性研究"项目均衡性评价成果,有针对性地发展评价过程中各地州市公路网较薄弱指标;应用本书提出的将潜在经济需求进行量化利用基尼系数求得的均衡配比方案,确定规划地(州)市的公路网发展规模。

本书给出了高原山区不同技术等级公路的等效里程修正系数,对于公路网规划和公路投资分析,具有重要的借鉴意义。由于平原地区的非直线系数经验值不适用于高原山区这种特殊地形,高原山区连接两个节点间公路途径不同地形区域时,实际需要建设的公路里程有很大差别,鉴于此,本书首次给出了高原山区特殊地形条件下的地形起伏度修正系数,大大便利了今后云南以及类似地形条件区域的公路网规划、设计和咨询工作。

云南省交通规划设计研究院将不同等级公路地面坡度与地形起伏度修正系数之间的回归模型,成功应用到保山—腾冲高速、普立—宣威高速公路、红河州元阳—绿春二级公路建设的成本预算中,为公路建设节省大量预算;并成功应用到淮西—福贡三级公路可行性研究中。

4)德宏州交通运输局的应用情况

德宏州将成为我国向西南开放的重要的桥头堡,正加快推动"桥头堡黄金口岸"战略实施。为此,必须规划和建设好通往东南亚、南亚的陆上通道。根据本书提出的公路网布局结构单项指标评价方法,得出德宏州的对外交流主要州(市)单位面积拥有公路网里程及对外交流公路网等级水平良好。据此,德宏州交通运输局在制定德宏州公路水路"十二五"交通规划及中长期规划中,提出着力推进"四横二纵二联"交通通道建设,加强与对外进出通道口岸、滇西其他地(州)的通畅、快速连接。根据该方法,同时得出了现有路网结构性指标及网络质量较差,为此,德宏州交通运输局在规划中将大幅度提升公路网的等级结构,提高交通运输服务能力,将三级以及上公路里程占公路总里程的比例由2009年的9.4%上升到22.7%作为工作重点之一;因德宏州内各节点之间依靠公路交通相互连通的强度指标公路网连通度评价指标值较小,德宏州交通运输局制定了所有乡(镇)、建制村实现通畅、较大自然村通公路的发展目标,实现乡(镇)、建制村通畅中农村公路(县道、乡道、村道)新改建里程约2850km,推进乡镇、建制村

连接公路网络建设的任务。根据本书有关路网布局结构单项指标评价结果，该州少数民族聚集区公路网等级水平及少数民族聚集区距骨干线的最短距离指标均为较差，据此，德宏州交通运输局确定了有效连接少数民族聚居村落，支持少数民族地区的发展，促进民族团结发展的规划思想。

总体来看，本书所介绍的公路网均衡性评价理论，有效地指导了德宏州交通运输局制定全州的公路网规划，从而进一步深化同东南亚、南亚和大湄公河次区域的交流合作，不断提升沿边开放质量和水平。

5)怒江州交通运输局的应用情况

怒江州长期以来，受历史、地形、经济以及投资诸多方面的影响，交通基础建设始终处于较为落后的状态，交通仍然是制约怒江发展的最大瓶颈。

本书对怒江州交通运输局制定“十二五”及中长期规划的政策建议及保障措施提供了理论支持。怒江州交通运输局应用本书提出的公路网布局稳定性评价理论，对怒江州公路网布局现状进行了稳定程度评价，即怒江州公路网系统稳定性较弱，三角系统内部发展组合较差；通过评价结果得出了怒江州交通网络结构单一；路网结构不合理；交通死角多，断头路现象严重；路面等级低，等外公路比例严重偏高等公路交通发展方面的关键问题以及薄弱环节，明确了怒江州“十二五”期间公路网的建设次序以及层次重点，即优实现公路保通任务，加快建设怒江州陆、水、空立体交通网络。怒江州交通运输局结合党中央关于解决群众“过江难、出行难”问题的指示，应用公路网均衡性发展对策，提出了“十二五”期间三江桥梁的计划任务：加强怒江、独龙江、澜沧江三江的各类桥梁的维护确保安全通行；对三江上的溜索进行拆除改造；新建和改建部分桥梁。强调要把“索改桥”作为“十二五”开局怒江交通建设的重中之重；同时提出了加快建设怒江交通一纵一横的“大十字架”，争取修通贡山—德钦、福贡—维西等公路，形成滇西北黄金旅游圈的公路网建设方案。其次，怒江州交通运输局利用公路网布局结构评价指标与稳定性分析优化理论，结合《怒江州扶贫攻坚总体规划编制工作方案》，宏观把握了怒江州经济社会发展趋势和交通建设大局，编制完成了怒江州交通通畅工程规划，并进一步加大了对农村地区、贫困地区、边疆及少数民族地区及边远地区县乡交通建设的扶持力度，加快改善西部贫困山区、边疆地区农村交通条件，例如，制订了怒江州福贡县石月亮乡拉马底村及匹江乡瓦娃村交通建设规划方案；进一步完善了怒江州“十二五”公路水路交通发展总体目标及思路：全面完成“通达”、“通畅”工程，有力推动少数民族地区、边境地区、偏远山区基本交通服务均等化，形成服务于群众出行便捷、安全、舒适的公路网布局形态，适应和谐社会的总体要求。怒江州交通运输局利用公路网规模均衡理论，最终确定了“十二五”规划期间的交通通畅工程任务:重点干线公路项目21个,建设里程为1167km;农村公路项目1191个,建设里程为6941km;其他公路项目18个,建设里程为275km;并在此基础上,构建了怒江州“十二五”规划主干线贯通全境、干线连接周边、基本覆盖全州的“二纵、三横”的干线公路网形态。

本书的相关理论和方法,不仅对怒江州“十二五”期间三江“索改桥”桥梁建设规划的提出,具有十分重要的指导意义,并且缩小了怒江州与其他州市的社会经济差异化发展,促进了民族团结与社会稳定,进一步促进了国防、文化、旅游事业的发展。

6)昆明市交通运输局的应用情况

昆明地处云南高原中部,是云南省省会,滇中城市群发展的核心城市,中国西南地区重要的区域性中心城市。随着交通基础设施的不断建设和完善,目前昆明市已形成了以公路运输为主体,多种运输方式优势互补的综合运输体系。因此,科学合理地进行公路网规划显得至关重要。

本书对昆明市交通运输局制定“十二五”及中长期规划的政策建议及保障措施提供了理论支持。利用本书提出的公路网布局稳定性评价理论,昆明市交通运输局对昆明市公路网布局现状进行了稳定程度评价,通过评价得出了昆明市公路网规模大,密度低,等级结构低、布局不均,南密北疏、对外交通不畅、公路网络的规模效益难以发挥等公路交通发展方面的关键问题以及薄弱环节。在此基础上,明确了昆明市“十二五”期间公路网的建设次序以及层次重点,即优先发展北部地区高等级公路;增加与市中心的快速连接和相邻县区之间的便捷通道的建设;加强县区之间横向联系,有效发挥公路网络的规模效益;加快城市绕城高速公路体系建设,形成城市交通与过境交通、城市对外进出交通功能混合的综合交通枢纽体系。完善了昆明市“十二五”期间交通发展的政策,提出公路网发展规划总体目标,即构筑适应昆明市社会经济和交通发展需要,符合全面建设小康社会和现代化要求,符合“五个统筹”科学发展观的高效公路网络。其次,昆明市交通运输局结合均衡理论的研究成果,以满足各地区经济和社会发展的需要为目标,强调交通的引导作用,优化整合现有路网,计算出了昆明市公路网发展的合理规模,最终确定到“十二五”末,昆明市高速公路里程达到1200km,新增高速公路约800km,一级公路680km,二级公路3000km。在此基础上,应用公路网“重要度—不均衡影响度”模型布局理论的方法,昆明市交通运输局制订了“着重加快了构筑昆明对外快速通道,加强昆明与相邻省会城市的出入通道以及构筑滇中城市群快速公路网络,支持城市化和区域经济一体化”的发展思路,构建出了昆明市放射线、环线和纵横网格相结合的“13556”网干线公路网布局形态,实现了公路网市域均衡、协调发展。

本书理论不仅对昆明市公路网的发展提出了新的目标及任务，而且有效指导了交通运输局制定昆明市公路网“十二五”以及中长期规划，在一定程度上加强了昆明市各民族之间的交流，社会的稳定，进一步促进了国防、文化、旅游事业的发展。

7)红河州交通运输局的应用情况

红河州长期以来，受历史、地形、经济以及投资诸多方面的影响，交通基础建设始终处于落后状态，尤其农村地区、贫困地区、边疆及少数民族地区公路状况更是落后且道路技术等级标准低。在制定红河州“十二五”及中长期规划中，红河州交通运输局根据高原山区公路网均衡性研究的公路网空间布局均衡性评价部分中，有关红河州公路网空间均衡与稳定程度评价结果——红河州公路网三角系统稳定性相对较弱、三角系统内部发展组合较差，利用高原山区公路网均衡性研究的基于均衡理论的公路网发展模式部分的部分方法——提高红河州社会效益指标值、提高少数民族聚集区人均拥有公路网里程、缩短少数民族聚集区距骨干线的最短距离，制定了在红河州“十二五”及中长期规划。规划明确提出，政府投资应优先保证公益性明显的基础设施的投入，这将对促进西部边疆、少数民族地区经济发展、具有重要战略意义的交通基础设施重点工程给予倾斜，并进一步加大对农村地区、贫困地区、边疆及少数民族地区及边远地区县乡交通建设的资金支持力度，着力推进这些区域交通的发展规划建议。该理论不仅对红河州公路发展提出了新的发展目标，也为红河州“十二五”及中长期规划政策建议及保障措施提供了理论支持。

8)保山市交通运输局的应用情况

保山市经济总量较小，属于相对贫穷落后的地区，城镇化进程较为缓慢，其城镇化率与全国、云南省的差距均较大。在保山市“十二五”及中长期规划中，保山市交通运输局根据高原山区公路网均衡性研究中基于基尼系数法的高原山区公路网均衡性研究部分均衡配比方案成果得出，在云南省公路网规模均衡发展下，保山市公路网规模里程需达到 2250km。保山市交通运输局制定了“至‘十二五’末，保山公路里程将达 36000km，其中高速公路里程约 268km，一级公路里程约 79km，二级公路里程约 2083km”的规划目标，以实现保山市公路网等效里程达到 2250km，缩小保山市公路网规模与其他地州(市)的差距目标，为保山市的城镇化建设提供交通支撑，促进保山市经济发展，社会稳定和谐，以取得经济社会双收益。

9)楚雄州交通运输局的应用情况

楚雄州公路网骨架基本形成,但未形成网络,密度较低,公路等级结构低,高等级公路稀疏。楚雄州公路网布局不均,在制定州"十二五"及中长期规划中,楚雄州交通运输局根据高原山区公路网均衡性研究中云南省公路网布局结构均衡性评价研究部分的结论——云南省公路网各单项指标中,公路网连通度指标评语楚雄州为差,行政中心节点间平均车速指标评语楚雄州的评语也为较差,即楚雄州的公路网布局水平还有待提高,制定了"以加快区域周边进出通道和区域内部主骨架路网建设,以国、省道改造为支撑,以农村公路建设为重点,以旅游公路为补充,通过'十二五'期间建设,完成国、省道升级改造及通边出州通道建设,实现通县公路高等级化,通乡公路油(水泥)路化,通村公路路面硬化,20户以上自然村通达化,交通运输网络化目标"为总体思路的楚雄州交通运输"十二五"规划。

10)昭通市交通运输局的应用情况

昭通市人口众多,资源富集,但同时也是云南省经济相对贫穷落后的地区。公路运输在该市整个运输系统中占有十分重要的作用,承担着区域间的大部分中长途运输,因此,科学合理地进行公路网规划显得至关重要。

本书对昭通市交通运输局制定"十二五"及中长期规划的政策建议及保障措施提供了理论支持。利用课题提出的公路网布局稳定性评价理论,昭通市交通运输局对本市公路网布局现状进行了稳定程度评价,通过评价得出了昭通市公路网技术等级低,通行能力和服务较差,路网密度低,公路成网率较低,可达性较差,高等级公路布局结构不均匀以及综合效益不高等公路网发展方面的关键问题以及薄弱环节。以此为基础,确定了"十二五"重点建设项目:加快建设区域交通大通道;完善昭通市"两纵三横五连接线(出省通道)"基础路网;强化各区县相互联系均衡发展。提出了"应综合考虑社会经济发展分布特征、公路网建设现状、城市总体规划中公路建设发展目标、与周边地区路网的对接、旅游资源开发和能源基地等重点项目的建设、与其他交通方式的有效衔接等因素而确定公路交通发展规划"建议;并在具体的规划过程中,昭通市交通运输局从均衡角度出发,以满足昭通市经济和社会发展的需要为目标,强调交通的引导作用,优化整合现有路网,计算了昭通市公路网发展的合理规模,最终确定,至"十二五"末,昭通市的公路里程将达到20000km左右,其中高速公路里程约500km,二级公路里程约1750km,体现了落后区域潜在经济资源的挖掘和社会公平。其次,昭通市交通运输局利用公路网布局结构评价指标与稳定性分析优化理论,针对昭通市的现状公路网,提出了针对于各个单项布局指标的发展:提高公路网连通度与路网可达性系数,缩小资源与贫困人口中心距离,提高公路网等级水平,有效指导了昭通市公路交通发展“十二五”规划及中长期规划，明确了“两纵三横五连接线(出省通道)”达到二级(设计车速 60km/h)或二级以上公路标准的干线公路网发展目标。

本书理论不仅对昭通市公路网的发展提出了新的目标及任务，有效指导了交通运输局制定昭通市公路网“十二五”以及中长期规划，并且在一定程度上缩小了昭通市与其他州(市)的社会经济差异化发展，促进了民族团结与社会稳定，进一步促进了国防、文化、旅游事业的发展。

此外，均衡性的理念还在云南省交通规划设计研究院、德宏州交通运输局、怒江州交通运输局、红河州交通运输局、保山市交通运输局、楚雄州交通运输局、昭通市交通运输局等处得到应用，并取得了很好的效果。

8.2 均衡性评价与应用理论的展望

(1)本书在高原山区最常见的地形下，构建了高原山区各等级公路等效里程地形修正系数与地形起伏度的回归关系模型。由于高原山区还有一种特殊地形，即横断山脉，且高原山区人口密度随着海拔的逐渐升高迅速下降，横断山脉地区海拔高、落差大，人口分布非常稀少，因此，本书没有研究横断山脉地形下公路迂回的影响因素及这些影响因素与公路里程的关系，在以后的研究中有待进一步研究。

(2)在完善公路网布局均衡性发展方面，本书在给出直接连通节点间公路网均衡发展等效里程的基础上，进一步考虑不同节点的重要程度，构建了区域节点间连接通道公路网等级结构定量分析模型，得出了求解不同层次节点间的公路网等级结构配比方案。希望能够进一步完善公路网结构均衡性的确定方法和确定结果，使其能够推广到全国的公路网发展建设中，使之具有广泛的适用性。

(3)本书主要探讨了均衡性评价理念在高原山区的应用，即主要是针对高原山区特有的地形地貌、气候特征、经济特征、社会特征等而研究的，使用范围窄。因此，均衡性理念在丘陵、平原、盆地、山岭等地形上的适用性有待进一步研究。此外，均衡性理念不仅仅适用于交通方面，它也可以用来指导经济、资源、产业等的均衡分布。

参 考 文 献

[1] 于江霞.中国西部公路网规模研究[D].西安:长安大学,2006.

[2] 陈培健,杨尚海.区域公路网规划方法的研究[J].公路交通科技,1995,12(2):43-48.

[3] 郭晓峰.国土系数法在公路网总里程预测中的应用[J].公路,2005(2):77-80.

[4] 上官苏.网络规划的定量分析与评价模型[D].西安:西安公路学院,1993.

[5] Pascal Christe. Definition of a Future Use Road Network Potential: a New Approach in Urban Transportation Planning. 1st Swiss Transport Research Conference. 2001.

[6] Bart Egeter, Ben Immers. Netherlands Organization for Applied Research, Institute for Infrastructure, Transport and Regional Development, TNO Inro. 2010.

[7] 蔡良斌.多目标规划法确定公路网的等级结构[J].公路,2002(5):58-62.

[8] 傅新平,蒋斌.区域公路网等级结构优化方法研究[J].武汉理工大学学报(交通科学与工程版),2004,28(3):357-360.

[9] 于江霞,于景群,王选仓.基于神经网络的公路网规模预测[J].长安大学学报(自然科学版),2006,26(1):75-78.

[10] 王选仓,于江霞,王秉纲,等.基于需求函数模型的公路网规模预测[J].长安大学学报(自然科学版),2006,26(3):59-62.

[11] Teodor Gabriel Crainie. Service Network Design in Freight Transportation. European Journal of Operation Research. 2000(122):272-288.

[12] Luis Gouveia,Jose Manuel Pires. Models for a Steiner Ring Network Design Problem with Revenues. European Journal of Operation Research. 2001(133):21-31.

[13] 周伟,马召辉.欠发达地区公路建设规模的发展规律[J].公路,2004(8):127-132.

[14] 裴玉龙,张树升.区域干线公路网规划理论的研究[J].哈尔滨建筑大学学报,1995,28(2):106-114.

[15] Melkote Daskin M. S.. an Intenrated Model of Facility Location and Transportation Network Design. Transportation Research PartA. 2001,

35(6):515-538.

[16] Magnanti T. L. and WongR. T.. Network Design and Transportation Planning: Models and Algorithms. Transportation Science. 1984, 18: 1-55.

[17] Daganzo C.. Queue Spillovers in Transportation Networks with a Route Choice. Transportation Science. 1998,32:3-11.

[18] 赵彤,高自友.城市交通网络设计问题中的双层规划模型[J].土木工程学报,2003,36(1): 6-10.

[19] 凌坚,汪春华.公路网布局方法探讨[J].公路,1997(4):20-23.

[20] Abdulaal M. and Leblanc L. J.. Continuous Equilibrium Network Design Model. Transportation Research Part B. 1979,13:19-32.

[21] Zhao T and Gao. Y.. Model and Solution Algorithm for Bi-level Discrete Network Design Problem with Link Capacity constraints. Proceedings of 2003 International Conference on Management Science & Engineering. 2003.

[22] 余国才.总量控制法的公路网络规划系统研究[D].西安:西安公路交通大学,1995.

[23] 程苏沙.区域公路网规划总量控制法的流量分配理论与实践[D].西安:西安公路交通大学,1996.

[24] 潘艳荣,翟长旭,朱顺应.总量控制与系统平衡相结合的交通量预测方法[J].公路交通科技,2005(1):102-105.

[25] MarCote P.. Network Design Problem with Congestion Effects: A Case of Bilevel Programming. Mathematical Programming, 1986 (34): 142-162.

[26] Gwo-Hshiung Tzeng, Sheng-Hshiung Tsaur. Application of Multiple Criteria Decision Making for Network Improvement, Journal of Advanced Transportation. 1997,31(1):4974-4982.

[27] 张生瑞,周伟.高速公路建设项目的神经网络综合评价方法研究[J].中国公路学报,2001,14 (4):91-95.

[28] 聂伟,邵春福,杨励雅,等.基于DEA和灰色关联分析的区域公路网综合评价方法[J].交通运输系统工程与信息,2007,7(4):96-100.

[29] 高健智,赵耀,邹志云,等.基于AHP的多极模糊公路交通现代化综合评价研究[J].武汉理工大学学报(交通科学与工程版),2007,31(2):

243-246.

[30] 王江平,李继锐.基尼系数与公路发展均衡性分析[J].交通世界,2006(11):66-69.

[31] 李旭东.喀斯特高原山区人口空间结构及其对可持续发展的影响[D].上海:华东师范大学,2007.

[32] 张长生,马荣国.高原山区公路网均衡性评价及发展对策研究[J].公路交通科技,2010(08):114-119.

[33] 封志明,唐焰.中国地形起伏度及其与人口分布的相关性[J].地理学报,2007,62(10):1073-1082.

[34] 董兴武,朱从坤,李国强.基于经济发展层次的公路网适应性研究[J].甘肃科技纵横,2006,35(5):130-131.

[35] 李周,等.森林资源丰富地区的贫困问题研究[M].北京:中国社会科学出版社,2004.

[36] 邹玥,樊毅,郑宏刚,等.海拔因子对农用地自然质量等指数影响研究[J].云南农业大学学报,2009,24(2):274-277.

[37] 傅海鹏,彭毅,李娟.关于高考公平性量化分析指标的探讨[J].教育探索,2007(5):19-20.

[38] 陈跃.高原山区高速公路建设与生态环境的可持续发展——问题与对策探讨[J].昆明理工大学学报(理工版),2003,28(2):27-131.

[39] 方虹,杨云宝.论民族地区发展的非均衡性与协调性[J].今日民族,1998(1):98-102.

[40] 朱方海,凌建明.西部地区公路网规模和结构改善研究[J].交通科技与经济,2007,9(1):59-62.

[41] 李文华,杨兆升,王希伟.基于分形几何学的区域公路网布局评价指标的研究[J].交通运输系统工程与信息,2005,5(5):50-53.

[42] K. G. WILLS, G. D. GARROD, A Preview of Cost-benefit Analysis as Applied to the Evaluation of New Road Proposals in the U. K., Transportation Research, Part D, Vol. 3, No. 3, 1998.

[43] 朱显,辛洪学.公路网可持续发展评价理论与方法研究[J].黑龙江工程学院学报,2006,16(2):37-41.

[44] 朱辉,李沛才,陈绍莹.公路网现状综合评价[J].长安大学学报(自然科学版),2005,25(5):79-82.

[45] 余国才,周伟.公路网布局优化的理论和方法[J].西安公路交通大学学

报,1998,18(3):45-49.

[46] 胡文友,胡国胜.公路建设项目可持续评价指标体系和方法研究[J].华东公路,2003(5):77-80.

[47] 张兴丽.贵州省骨架公路网规划实证研究[D].南京:南京林业大学,2006.

[48] 刘素贞.四川省区域发展差距的赛尔指数分析[J].经济研究导刊,2009,62(24):133-134.

[49] 杨敏.区域差距与区域协调发展[J].中国人民大学学报,2005(2):26-32.

[50] 王宗赐,韩伯棠,钟之阳.国内经济开发区的不平衡发展——基于评价西部大开发之政策角度[J].北京理工大学学报(社会科学版),2010,12(1):11-14.

[51] 张明东,陆玉麒.长三角城市均衡性分析[J].人民长江,2008,39(15):6-27.

[52] 陈勇,艾南山.城市结构的分形研究[J].地理学与国土研究,1994,10(4):35-41.

[53] 林忠.公路网规划综合评价方法及关键技术研究[D].山东:山东理工大学,2007.

[54] 林红.统计变异分析的方法论研究[J].当代财经,1996(05).29-33.

[55] 张丽英.浅谈离散系数的适用原则[J].数学参考,2001(02):22.

[56] 黄凌.公路网合理密度的探讨[J].广东公路交通,1996(01):18-24.

[57] 鲍欣荣.我国西部地区省域公路网规划方法研究[D].南京:东南大学,2004.

[58] 朱诺.基于组合优化和双层规划的区域公路网路线布局优化模型研究[D].北京:北京交通大学,2009.

[59] 孙颖.长三角综合交通运输网络规模和结构优化的研究[D].上海:同济大学,2008.

[60] 孙根年.国家区域公路网密度与人口密度、人均GDP关系的统计分析[J].西南交通大学学报,2000,35(2):220-223.

[61] 鲍欣荣.我国西部地区省域公路网规划方法研究[D].南京:东南大学,2004.

[62] 王富民,李永新.广东省公路网合理密度的研究[J].中南公路工程,1998,23(3):35-38.

[63] 黄凌.关于公路网规划总规模的探讨[J].广东公路交通,1997(2):18-21.

[64] 张树升,周伟.公路网规划的总量控制法[J].华东公路,1996,(2):42-45.

[65] 汪春华,凌坚. 广东公路网发展规模和层次配置探讨[J]. 广东公路交通,1998(1):43-45.
[66] 吴殿廷,等. 区域经济学[M] 北京:科学出版社,2003.
[67] 李旭宏.道路交通规划[M]. 南京:东南大学出版社,1997.
[68] 施耀忠.公路网规划的技术评价指标和评价标准的研究[J]. 中国公路学报,1995,8(1):120-124.
[69] 杨涛.路网规划[M].北京:人民交通出版社,1996.
[70] 王炜,邓卫.公路网规划建设与管理一体化[M].北京:科学出版社,2001.
[71] 陈耀.西部开发大战略与新思路[M].北京:中共中央党校出版社,2000.
[72] 管楚度.交通区位论及其应用[M].北京:人民交通出版社,2000.
[73] 董千里.公路建设与区域经济发展研究[D].西安:西安公路交通大学,1999.
[74] 马召辉,周伟.世界各国公路建设的发展特点分析[J].交通世界,2002(6).
[75] 刘运哲.公路建设项目后评价指标研究[J].长沙交通学院学报,1995,11(3):96-102.
[76] 杨涛.公路网规划[M].北京:人民交通出版社,1998.
[77] 裴玉龙.公路网规划[M].北京:人民交通出版社,2004.
[78] 王莲芬.层次分析法引论[M].北京:中国人民大学出版社,1995.
[79] 沈颖,过秀成.公路建设项目后评价理论体系分析[J].华东公路,1997,(4):58-61.
[80] 李红镝,邹筑煜.公路建设项目后评价指标设立与指标计算探讨[J].华东公路,2001,(1):75-76.
[81] 陈斌,魏庆耀,高利,等.基于多级关联灰度模型的公路建设社会经济环境影响评价[J].中国公路学报,2003 ,16 (1);77-81.
[82] 周伟,向前忠. 公路网规划后评价的理论与方法[J].中国公路学报,2003,16(1),99-103.
[83] 王颖,谢海红. 基于路网规划的道路立体交叉交通量预测方法[J].交通运输工程学报,2003,3(3):106-109.
[84] 王炜.城市交通管理规划方案设计技术[J].交通运输工程学报,2003,16(1):99-103.
[85] 盛勇,刘健新.桥梁景观评价中的差异调查与对策[J].长安大学学报(自然科学版),2003,23(1):49-50.
[86] 周宪华.公路网规划与设计[J].北京:人民交通出版社,1991.

[87] 李旭宏,等.道路交通规划[M].北京:东南大学出版社,1997.
[88] 周伟,张树升.县乡公路网的等级结构优化[J].中国交通工程,1996.
[89] 杨害,刘辉,杨绍锋.县乡公路布局规划方法研究[D].南京:东南大学,1996.
[90] 李旭宏,刘晖,杨绍锋.县乡公路规划网络优化设计方法研究[J].东南大学学报,1997(12).
[91] 刘小明,任福田.公路网规划中交通预测的思想方法[J].中国公路学报,1994(3).
[92] 胡斌.农村公路网规划布局设计方法探讨[J].公路交通科技,2002(10).
[93] 宗传苓.县道公路网规划方法研究[D].上海:同济大学,1994.
[94] 盛玉刚.区域运输走廊布局规划研究[D].南京:东南大学,2002.
[95] 王炜,徐吉谦,杨涛,等.城市交通规划理论及其应用[M].南京:东南大学出版社,1998.
[96] Zeng Song,Yang Peikun. A study of evaluation of urban road network by relative index[J]. China Journal of Highway and Transport,2000(3):93-96.
[97] 杨涛,过秀成.城市交通可达性新概念及其应用研究[J].中国公路学报,1995(2):25-30.
[98] 杨涛,形渊,彭爱星.城市交通网络布局质量评价技术研究[J].城市道桥与防洪,1994(3):9-16.
[99] 周伟,向前忠.公路网规划后评价的理论与方法[J].中国公路学报,2003,16(1):99-103.
[100] 周建军,周列茅.长株潭三市融城后公路网合理密度的探讨[J].湖南交通科技,2004,30(1):108-11.